桥隧工单项作业标准及评价

王英学　刘宝申　冯秀莲　杨传海 编

中 国 铁 道 出 版 社

2016 年·北 京

图书在版编目(CIP)数据

桥隧工单项作业标准及评价/王英学等编．—北京：中国铁道出版社,2012.5(2016.12重印)
ISBN 978-7-113-14156-1

Ⅰ.①桥… Ⅱ.①王… Ⅲ.①铁路桥—桥梁工程—技术培训—教材 ②铁路隧道—隧道工程—技术培训—教材 Ⅳ.①U448.13 ②U459.1

中国版本图书馆CIP数据核字(2012)第012342号

书　　名:桥隧工单项作业标准及评价
作　　者:王英学　刘宝申　冯秀莲　杨传海　编

策　　划:张　婕
责任编辑:张　婕　　**电话**:(010)51873141　　**邮箱**:crph_zj@163.com
封面设计:崔　欣
责任校对:胡明锋
责任印制:陆　宁

出版发行:中国铁道出版社(100054,北京市西城区右安门西街8号)
网　　址:http://www.tdpress.com
印　　刷:虎彩印艺股份有限公司
版　　次:2012年5月第1版　2016年12月第4次印刷
开　　本:850 mm×1 168 mm　1/32　印张:7.875　字数:210千
书　　号:ISBN 978-7-113-14156-1
定　　价:25.00元

前　　言

铁路是国家经济的大动脉,在国民经济中占据着举足轻重的地位。随着国家经济实力增强和铁路科技水平的不断提高,铁路在客货运输和既有线不断提速中,走上了发展高速铁路的道路。高速铁路的普及将成为我国铁路的发展方向和发展目标。在铁路高速化的进程中,铁路的设计水平及养护水平决定了高速铁路的发展和运行速度,铁路企业急需有文化、懂技术、善钻研、肯实干的高技能人才和养护维修人员。

武汉铁路局在培养高技能人才方面进行了不断的探索。《桥隧工单项作业标准及评价》一书是武汉铁路局在总结现场操作经验和作业技能的基础上,为普及既有线提速桥、隧、涵养护维修知识,满足桥隧工实作培训技能及考核评价需要而编写的培训教材。2007 年至 2011 年五年中,曾作为武汉铁路局工务桥隧高技能人才研修班的教材之一,在局内印发试用。在使用过程中,经不断修订、完善,最后定稿。

本书涵盖了铁路工务部门常见的桥、隧、涵作业内容,对于工务职工(特别是新职工)学习了解桥隧维修作业项目、熟练掌握桥隧维修作业过程、准确把握桥隧维修作业标准等方面具有一定的指导作用。

通过在学中练、练中学,力求达到学习规章,熟练掌握《铁路技术管理规程》、《铁路桥隧建筑物修理规则》、《铁路工务安全规则》及《既有线提速 200 ~ 250 km/h 线桥设备维修规则》,提高职工技术和管理水平。

由于铁路发展速度之快,“四新”知识也在不断更新,加之编写时间仓促,本书难免存在不足之处,恳请广大读者提出宝贵意见,以便修改。

编　者

2012 年 2 月

安全意识和安全知识

一、安全生产的概念和重要意义

"违章就是杀人,违章就是自杀,违章就是犯罪"。所以安全生产是企业管理的一项重要内容。

安全生产一是指人身安全,二是指行车安全。安全生产的基本含义就是生产必须注意安全,安全才能促进生产,安全和生产是不可分割的,要把狠抓生产和关心安全统一起来。

所谓安全生产,就是在有关安全生产方针的指导下,充分发挥人的主观能动性和创造精神,在组织和技术上采取综合措施,预防和消除生产过程中发生的各种事故。安全生产的基本内容包括三项:一是要保护人身安全;二是要保护职工身体健康;三是要保证设备安全。

事实和教训证明,安全就是效益,事故就是损失。安全生产对职工、企业、国家具有非常重要的意义。它关系到保护劳动者的基本权利和维护国家的声誉和形象;关系到职工安全与健康和家庭幸福;关系到企业生产发展和社会和谐稳定。

二、桥隧施工的安全知识

《铁路工务安全规则》规定,保证安全生产是工务部门的基本职责。桥隧职工必须认真执行"安全第一、预防为主"的方针,掌握安全生产规律,认真执行各项安全管理制度,严格作业纪律和劳动纪律,积极采用新技术、新设备。落实防范措施,防患于未然。

桥隧工作大多处于高空作业,安全风险大,稍有不当就会发生人身伤亡事故,所以工务工作中桥隧工作在安全上占着举足轻重的地位。这就要求应经常对职工进行人身安全教育,组织学习安全规章及有关安全操作技术。新工人未经安全技术教育,不得上道作业。作业时,应按规定使用劳动保护用品。

（一）野外作业

野外作业遇雷雨时，作业人员应放下手中的金属器具，迅速到安全处所躲避，严禁在大树下、电线杆旁或涵洞内躲藏。酷暑、严寒季节采取切实措施，防止中暑、溺水、冻伤和煤气中毒。

（二）避车

1. 在区间步行上下班时，应在路肩或路旁走行。在双线区间应面迎列车方向；通过桥梁、道口或横越线路时，应做到"一停、二看、三通过"，严禁来车时抢越。在站内如必须走行道心时，应在其前后设专人防护。进路信号辨认不清时，应及时下道避车。

2. 作业人员下道避车时，应遵守以下规定：

（1）距钢轨头部外侧距离：

① $v_{max}\leqslant$120 km/h 时，一般应满足 2 m；

② 120 km/h $<v_{max}\leqslant$160 km/h 时，不小于 2.5 m；

③ 160 km/h $<v_{max}\leqslant$200 km/h 时，不小于 3.0 m。

（2）本线来车按下列距离下道完毕：

① $v_{max}\leqslant$60 km/h 时，不小于 500 m；

② 60 km/h $<v_{max}\leqslant$120 km/h 时，不小于 800 m；

③ 120 km/h $<v_{max}\leqslant$160 km/h 时，不小于 1 400 m；

④ 160 km/h $<v_{max}\leqslant$200 km/h 时，不小于 2 000 m。

（3）邻线（线间距小于 6.5 m）来车下道规定：

① 本线不封锁时

a. 邻线速度 $v_{max}\leqslant$60 km/h 时，本线可不下道；

b. 60 km/h < 邻线速度 $v_{max}\leqslant$120 km/h 时，来车可不下道，但本线必须停止作业；

c. 邻线速度 $v_{max}>$120 km/h 时，下道距离不小于 1 400 m；

d. 瞭望条件不良，邻线来车时本线必须下道。

② 本线封锁时

a. 邻线速度 $v_{max}\leqslant$120 km/h 时，本线可不下道；

b. 120 km/h < 邻线速度 $v_{max}\leqslant$160 km/h 时，本线可不下道，但本线必须停止作业；

c. 邻线速度 $v_{max} > 160$ km/h 时，本线必须下道，距离不小于2 000 m。

3. 在站内其他线路作业，躲避本线列车时，下道距离不小于500 m；邻线来车时，与正线相邻的站线按上述(1)和(3)办理，其他站线可不下道，但必须停止作业。列车进路不明时必须下道避车。

4. 人员下道避车的同时，必须将作业机具、材料移出线路，放置、堆码牢固，不得侵入限界，两线间不得停留人员和放置机具、材料。人员下道避车时应面向列车认真瞭望，防止列车上的抛落、坠落物或绳索伤人。

在长大桥梁、隧道及瞭望条件不良地段作业时，应根据工作性质设专人防护。工班长在上述地段检查设备时，必须有专人负责瞭望列车。

5. 严禁作业人员跳车、钻车、扒车和由车底下、车钩上传递工具材料。休息时不准坐在钢轨、轨枕头及道床边坡上。绕行停留车辆时，其距离应不少于 5 m，并注意车辆动态和邻线开来的列车。遇有降雾、暴风雨(雪)、扬沙等恶劣天气影响瞭望时，应停止线上作业，必须作业时应采取特殊安全措施，保证来车之前按规定的距离及时下道。

6. 遇有降雾、暴风雨(雪)、扬沙等恶劣天气，瞭望困难，或在行车速度为 120 km/h 以上的区段，巡道、巡守人员可在路肩上行走，但应注意察看线路状态。

(三)桥隧高空作业

1. 在地面 2 m 以上的高空及陡坡上作业，必须戴好安全帽、系好安全带或安全绳，不准穿带钉或易溜滑的鞋。安全带、安全绳每次使用前，使用人必须详细检查，段(队)每月半年做 1 次鉴定，其方法为：

静荷载试验：用静荷载 3 000 N 的力拉 5 min 不断。

用 800 N 的重物体从 3 m 高处自由坠落悬空而不断。检验合格的应做出合格标记。

2. 使用脚手架必须满足安全工作的要求。脚手架应搭设牢固,脚手板外伸悬臂,应有专人负责,经常检查整修,不得浮起活动。

脚手架搭设完毕,必须由施工负责人检查合格后方可使用。

3. 脚手架的荷载每平方米不得超过2 700 N,脚手杆间距不应大于1.5 m(经检算许可者除外)。

脚手架使用的材料,必须坚韧耐用,尺寸符合下列规定:

(1)立杆有效部分小头直径:木杆不得小于70 mm,竹竿不得小于80 mm。

(2)横杆有效部分小头直径:木杆不得小于80 mm,竹竿不得小于90 mm。

(3)脚手板厚度不得小于50 mm,两端必须固定在横杆上;斜铺设脚手板铺设坡度不得陡于1:3,陡坡部分应加钉防滑木条。脚手板接头应设在撑杆上,不得悬空。高度在3 m以上的脚手架,其工作边外侧及斜道两侧应安设挡脚板和1 m高的防护栏杆。

(4)采用圆钢弯制成脚手架时,双钩式圆钢直径不得小于22 mm,单钩式圆钢直径不得小于25 mm,钢材不得有裂纹、锈蚀等缺陷,并应按规定检查钢钩质量。

(5)钉脚手板铁钉的长度不得小于100 mm;拆下护木脚手板及模型板上的铁钉,应及时拔掉或打平。

(6)使用脚手架必须满足安全要求。脚手架不宜搭设过高,应有专人负责搭拆脚手架安全和日常检修工作。搭拆脚手架时,脚手架下不准人员停留或通行。靠近架空电线搭拆脚手架时,应严格按照供电部门的规定留出安全距离(动力线一般2 m以上,照明线1 m以上);作业中应时刻注意,防止碰触架空电线。

4. 上山下河经常通过的陡坡和路滑处所,应有步行台阶,必要时应设置栏杆;临时通过可打安全桩,并拴好安全绳。

5. 在无人行道桥上拧动护木螺栓及钩螺栓时不得向桥外方向使劲。桥面及人行道上,不准有露尖的铁钉。

6. 进行钢梁喷砂除锈、喷漆、喷锌,圬工梁灌化学浆液时不准对着人、车、船；不准带风、带砂修理喷砂设备和更换零件。

进行钢梁铆钉作业时，禁止在脚手架上试打铆钉枪。使用铆钉枪打销钉和过冲时，应呼唤应答，防止过冲伤人。换装铆钉枪风弹时不准对人，停用铆钉枪时，必须带好安全环。非风动机具操作人员，不准动用铆钉枪。

铆钉炉应放在适当的位置，放在桥上时，必须设防火盘，列车通过时盖上防火罩，完工后必须熄灭炉火，撤出桥外。

7. 使用移动作业架时，特别是当移动作业架钩挂在桥梁人行道栏杆上时，应详细检查人行道、托架U形螺栓和作业架，同时应对人行道主要控制点的强度和梁体倾覆稳定性进行检算。未经检查和检算或检算结果不符合有关安全规定时，不得上架作业。人员攀登时要扶牢踩稳。没有隔离设备时，禁止双层作业。

8. 桥面上通过的风管、水管必须捆牢，不得侵入限界。

9. 在封锁时间内进行隧道作业，除按规定防护外，还应编好作业组，进出隧道由小组负责人清点人数；施工结束后，施工负责人进行全面检查，确认设备达到放行列车条件，人员、机具、材料全部撤出限界，方可开通线路。

10. 进行桥梁灌注混凝土作业或其他起重作业时，禁止用手拨动钢线绳或起重索。

11. 在隧道内组织多项目、多台机械同时作业时，必须互相通报作业地点、作业内容。自行机械应慢速运行，以免互相碰撞。

12. 开挖建筑物基坑和刷坡时，应注意：

(1) 开挖基坑时，边坡的坡度必须按照设计要求，按放好的边坡线从上向下开挖，不得任意放陡坡度，禁止掏底挖土。

(2) 遇有滑层、裂纹、浸水等情况，基坑壁必须用撑木支撑或改缓边坡。

(3) 靠近基坑上方不得堆土及放置料具等重物。

(4) 在同一坡面的垂直线上，不得上下同时开工，不得在上层挖土时下层运土。

(5) 圬工凿除或人工打眼2人配合作业时，应佩戴防护眼镜，禁止面对面或戴手套打锤，掌钎时应配戴防护手套。

在隧道内处理松动衬砌、危石及翻修衬砌时，必须有预防塌落伤人的安全措施。

13. 水上作业应有救生圈、救生衣或救生船等设备。下水作业前，应观测水深及流速，并选派会游泳的人员担当水中作业，其连续工作时间，应遵守下列规定：

(1)水温在5 ℃ ~15 ℃时不得超过1 h。

(2)水温在16 ℃ ~25 ℃时不得超过2 h。

冬季需在冰上施工时，施工领导人应针对江河水面宽、深程度及地理条件、作业繁简等情况，制订出安全措施。

14. 桥涵大维修施工作业，遇下列情况不得下水作业：

(1)山区遇山洪暴发时。

(2)平原遇江河水位暴涨时。

水害抢险时，要注意工地和建筑物附近有无冲空、坍塌和其他异状，及时采取安全防护措施。钢轨悬空时，应将轨枕与钢轨联结牢固。

15. 在电气化铁路上进行桥隧、路基作业，应注意下列事项：

(1)在距离接触网带电部分不足2 m时，使用高梯搭设脚手架进行隧道的检查、漏水整治、衬砌修理、油刷标志、除冰、隧道口的粉刷、建筑物上作业、桥上使用高压水清洗钢梁和上承式桁梁和上跨限界检查。桥隧、路基大维修作业人员所带的工具、材料(包括长杆、导线、塔尺、钢尺、皮尺、花杆)必须按规定办理接触网停电申请手续，得到许可停电施工命令，并有接触网工区派人安设临时接地线后，方能施工。

(2)在距离接触网带电部分2 ~4 m的导线、支柱、房顶及其他建筑物上施工时，接触网可不停电，但须有接触网工或经专门训练的人员在场监护。

(3)与接触网同杆合架的电力线路设备，非电力部门的专职人员禁止攀登作业。

(4)在电气化区段清除危石、危树，进行爆破作业时，应有供电部门人员配合;有碍接触网及行车安全时,应先停电后作业。

(5)发现接触网断线及其部件损坏或在其上挂有线头、绳索等物时,人员不准与之接触;在接触网检修人员未到达前,应距离断线接地处 10 m 以外设置防护,禁止人员进入。

(6)在接触网支柱及接触网带电部分 5 m 范围以内的金属结构均须接地,与接触网相连的支柱及金属结构上,若未装设接地线或接地线已损坏时,禁止人员与之接触。接地线应由接触网工装设。

(7)在电气化铁路区段使用架空索道或绞车时,应先做好调查研究,其钢丝绳(包括晃动量)离接触网带电部分最小距离应大于 5 m,并有接地线。

通过安全知识的培训,使职工在安全认识或意识上得到明显提高,才能在现场施工按章作业,减少违章,保证安全。

目　　录

第一章　桥 面 作 业

第一节　桥 枕 作 业

一、制作桥枕

(一)作业目的

削除桥上失效桥枕,保证桥上线路几何尺寸和整体刚度符合规定,确保行车安全。

(二)作业条件

1. 插设作业标,设驻站、远端、现场防护,桥上用对讲机或电话防护,利用列车间隔时间进行桥面抄平,或调查要制作的桥枕数据;在桥外制作桥枕。

2. 带班人由不低于工班长或能胜任的桥隧工担任。

(三)作业程序

1. 计算桥枕根数及确定桥枕位置

(1)桥枕净距为 100 ~ 180 mm,专用线上可放宽到 210 mm。

(2)明桥面上的线路钢轨接头可设在桥枕间或桥枕上。

(3)根据钢轨接头、防爬角钢位置计算桥枕根数,并在钢轨上标定桥枕位置和编号。

2. 桥面抄平及计算桥枕厚度

(1)整孔更换桥枕前,除应测量梁端至各层盖板的起终点的距离外,应用水平仪抄平,测出桥头两端一定长度线路及挡砟墙上铁垫板底的高程;测出钢梁端上翼纵梁(或主梁)各层盖板起、终点处高程及相关桥枕的铁垫板高程。在设置钢轨上弯度的桥面上抄平还应每隔 1 ~ 2 m 设有测点,以便能绘出梁的实际拱度曲线和实际钢轨的上弯度曲线,以及曲线梁超高设置的情况。

(2)单根抽换桥枕时,在桥上线路四大项(轨距、水平、方向、高低）不超限的基础上，测量出左、右股钢轨底到上盖板顶面的高度，从中扣除铁垫板和防磨垫板厚度，并算出左、右股桥枕厚度。决定防磨垫板厚度时，需考虑到原有相邻桥枕的高度，以免新换入的桥枕过高或过低。

（3）根据桥面的纵向坡度和测得钢梁上盖板各点的高程，控制桥枕最大刻槽深度不超过30 mm来决定防磨垫板的厚度。在条件允许时防磨垫板厚度种类最好采用一种，在标准断面桥枕高度不够使用时，可采用部分断面较高的桥枕进行调整。

桥枕制作应尽可能采用机械化，以提高质量减轻体力劳动，特别是长大桥梁整孔更换。

3. 画线（采用样板）

（1）根据桥枕需要的高度以及槽口、孔眼的位置及尺寸进行画线。画线采用样板，并将桥枕一端锯齐，使桥枕长为3 m，画线数据要认真校对，确保无误。

（2）选择合格桥枕（树心向下），对个别枕木扭曲不平稍加加工，用枕木刨床进行。并根据画线数据用画针在桥枕上一次画出上盖板槽、钩、压（桥枕下压着的铆钉或高强度螺栓）螺栓孔和防爬角钢螺栓孔位置。

4. 锯　　槽

按画线锯槽。锯出槽口，边线方正良好。

5. 挖槽削平

（1）根据挖槽宽度，先用平口凿划分成几段，然后分段挖槽，以免木料劈裂。

（2）当挖槽接近所需深度时，采用斜口劈凿进行削平，避免产生劈裂与毛刺。

（3）削平时采用留线的方法，使挖槽深度一致，避免成吊板。

（4）桥枕有扭曲时，尽可能在刻槽内调整，当刻槽处不能调整时才允许在轨底部分略加整平。

6. 钻螺栓孔

（1）孔眼直径比螺栓杆不大于2 mm，钻通时，可将钻杆上、下提动两次,镗光孔壁。

(2)钩螺栓孔下端,按钩螺栓方形断面大小、深浅凿出一个方槽。

(3)防爬角钢处的桥枕要钻防爬角钢螺栓孔,孔眼位置应与防爬角钢孔准确对应。

7. 防腐处理

(1)所有挖槽新面螺栓孔眼均需进行防腐处理。

(2)对顶部2 mm以上的裂纹应进行腻缝,对其他各面较大的裂缝也应进行腻缝或填塞,腻子可用氟化纳和煤焦油按比重1∶1配制,填塞料可用沥青麻刀或经防腐处理的木片填塞牢固,大缝用橡塑油膏。

(3)桥枕捆头

① 画线定位:在距桥枕端头100 mm或桥枕劈裂处垂直于轴中心线画线。

② 制作铁线钉:用直径3~3.5 mm的铁线截取50 mm,弯制成U形马钉若干个,截取铁线的两端时应切成尖形。

③ 当裂缝宽在3 mm及以上,长度超过300 mm时,应用夹枕器夹紧桥枕,使裂缝愈合。

④ 捆扎时,先将铁线一头弯成90°、长200 mm的弯钩,钉入侧面距顶面40 mm处,再将铁线绕桥枕2~3圈,用紧线器拉紧铁线,边捆扎边用手锤敲打铁线,使其与桥枕表面密贴、方正、捆紧。

⑤ 捆紧后,分别用U形马钉将两端钉牢。

⑥ 剪断铁线,为防止松弛,应将铁线弯回后打入另一侧面。

(四)作业质量

1. 桥枕无通长纵裂,在铺轨范围内(即桥枕面每端各550 mm长度除外)不得有超过60 mm的活节及死节,在全长范围内不得有腐朽,在铺轨范围内不得有5个以上的直径大于3 mm的虫眼。横弯不超过长度的4%。不得有5 mm以上的锯砍伤痕。

2. 桥枕规格应符合《铁路桥隧建筑物修理规则》第3.1.14条

规定，允许刻槽深度不大于 30 mm，槽口与钢梁翼缘间缝隙不大于 4 mm，也不应过紧，遇到铆钉时应再刻纵槽，其大小和深度不大于铆钉头尺寸 4 mm。

3. 桥枕中心线与钢梁中心线垂直，桥枕一头找齐。

4. 桥枕底面与钢梁联结系间隙大于 3 mm。

5. 螺栓孔位置正确，垂直误差不超过 4 mm。孔壁进行防腐处理（采用烙烫方法）。

6. 桥枕头用 3 ~3.5 mm 铁线捆扎 2 ~3 圈，距端头 100 mm，铁线无重叠、松弛现象。

7. 桥枕顶面 2 mm 及以上裂缝漏灌不超过 15%。

（五）作业安全

1. 开行动车地段，在动车组通过前 30 min 应停止作业，到线路外侧不小于 3 m 外的安全地点避车，视线不良地段加派专人防护。

2. 及时避车并把工具带出桥外。

3. 抬运桥枕要戴手套，使用枕木卡子，画线加工工具要放置平稳，防止砸伤手脚。

4. 所用工具要放置平稳，按规定操作，防止锛斧伤脚。

5. 检查斧头、锛斧柄，如有松动应及时修理。

6. 在自动闭塞区间，钩螺栓铁垫图与钢轨铁垫极间应有不小于 15 mm 的间隙（Ⅱ式钩螺栓的安装）以防止联电。

（六）作业评价

项目	标准分	评 价 标 准	扣分标准	存在问题	扣分	得分
作业条件	10	1. 插设作业标，设驻站、远端、现场防护，桥上用对讲机或电话防护，利用列车间隔时间，进行桥面抄平或调查要制作桥枕的数据；在桥外制作桥枕	违反规定，扣 100 分			
		2. 带班人由不低于工班长或能胜任的桥隧工担任	违反规定，扣 100 分			
作业程序	35	1. 计算桥枕根数及确定桥枕位置				
		（1）桥枕净距为 100 ~ 180 mm，专用线上可放宽到 210 mm	不符合规定，扣 5 分			

续上表

项目	标准分	评价标准	扣分标准	存在问题	扣分	得分
作业程序	35	(2)明桥面上的线路钢轨接头可设在桥枕间或桥枕上	不符合规定，扣5分			
		(3)根据钢轨接头、防爬角钢位置计算桥枕根数，并在钢轨上标定桥枕位置和编号	未计算、防爬角钢位置不正，未编号，每项扣5分			
		2. 桥面抄平及计算桥枕厚度				
		(1)整孔更换桥枕前，除应测量梁端至各层盖板的起终点的距离外，应用水平仪抄平，测出桥头两端一定长度线路及挡砟墙上铁垫板底的高程；测出钢梁端上翼纵梁(或主梁)各层盖板起、终点处高程及相关桥枕的铁垫板高程。在设置钢轨上弯度的桥面上抄平还应每隔1～2 m设有测点，以便能绘出梁的实际拱度曲线和实际钢轨的上弯度曲线，以及曲线梁超高设置的情况	未按要求操作，扣3分			
		(2)单根抽换桥枕时，在桥上线路四大项(轨距、水平、方向、高低)不超限的基础上，测量出左、右股钢轨底到上盖板顶面的高度，从中扣除铁垫板和防磨垫板厚度，并算出左、右股桥枕厚度。决定防磨垫板厚度时，需考虑到原有相邻桥枕的高度，以免新换入的桥枕过高或过低	不符合要求，每项扣5分			
		(3)根据桥面的纵向坡度和测得钢梁上盖板各点的高程，控制桥枕最大刻槽深度不超过300 mm来决定防磨垫板的厚度。在条件允许时防磨垫板厚度种类最好采用一种，在标准断面桥枕高度不够使用时，可采用部分断面较高的桥枕进行调整	刻槽深度超过30 mm，扣3分			
		桥枕制作应尽可能采用机械化，以提高质量减轻体力劳动，特别是在长大桥梁整孔更换	未采用机械化作业，扣3分			
		3. 画线(采用样板)				

续上表

项目	标准分	评 价 标 准	扣分标准	存在问题	扣分	得分
作业程序	35	(1)根据桥枕需要的高度以及槽口、孔眼的位置及尺寸进行画线。画线采用样板;并将桥枕一端锯齐,使桥枕长为3 m,画线数据要认真校对,确保无误	未认真校对数据,数据有误,扣3分			
		(2)选择合格桥枕(树心向下),对个别枕木扭曲不平稍加加工,用枕木刨床进行。并根据画线数据用画针在桥枕上一次画出上盖板槽,钩、压(桥枕下压着的铆钉或高强螺栓)螺栓孔和防爬角钢螺栓孔位置	桥枕不合格或螺栓孔位置歪斜,扣3分			
		4. 锯槽				
		按画线锯槽。锯出槽口,边线方正良好	边线歪斜,扣3分			
		5. 挖槽削平				
		(1)根据挖槽宽度,先用平口凿划分成几段,然后分段挖槽,以免木料劈裂	木料有劈裂,扣3分			
		(2)当挖槽接近所需深度时,采用斜口劈凿进行削平,避免产生劈裂与毛刺	有劈裂与毛刺,扣3分			
		(3)削平时采用留线的方法,使挖槽深度一致,避免成吊板	挖槽深度不一致,造成吊板,扣5分			
		(4)桥枕有扭曲时,尽可能在刻槽内调整,当刻槽处不能调整时才容许在轨底部分略加整平	不符合规定,扣5分			
		6. 钻螺栓孔				
		(1)孔眼直径比螺栓杆不大于2 mm,钻通时,可将钻杆上、下提动两次,镗光孔壁	孔眼直径比螺栓杆大于2 mm,扣3分			
		(2)钩螺栓孔下端,按钩螺栓方形断面大小、深浅凿出一个方槽	未按要求凿出一个方槽,扣5分			
		(3)防爬角钢处的桥枕要钻防爬角钢螺栓孔,孔眼位置应与防爬角钢孔准确对应	不准确对应,扣3分			
		7. 防腐处理				
		(1)所有挖槽新面螺栓孔眼均需进行防腐处理	未进行防腐处理,扣5分			

续上表

项目	标准分	评价标准	扣分标准	存在问题	扣分	得分
作业程序	35	(2)对顶部2 mm以上的裂纹应进行腻缝,对其他各面较大的裂缝也应进行腻缝或填塞,腻子可用氟化纳和煤焦油按比重1:1配制,填塞料可用沥青麻刀或经防腐处理的木片填塞牢固,大缝用橡塑油膏 (3)桥枕捆头	2 mm以上未进行腻缝或漏腻;未按要求配制腻子,大缝未按要求堵塞,每项扣3分			
		①画线定位:在距桥枕端头100 mm或桥枕劈裂处垂直于轴中心线画线	不符合规定,扣3分			
		②制作铁线钉:用直径3~3.5 mm的铁线截取50 mm,弯制成U形马钉若干个,截取铁线的两端时应切成尖形	不符合规定,扣5分			
		③当裂缝宽在3 mm及以上,长度超过300 mm时,应用夹枕器夹紧桥枕,使裂缝愈合	不符合规定,扣3分			
		④捆扎时,先将铁线一头弯成90°、长200 mm的弯钩,钉入侧面距顶面40 mm处,再将铁线绕桥枕2~3圈,用紧线器拉紧铁线,边捆扎边用手锤敲打铁线,使其与桥枕表面密贴、方正、捆紧	误差超限,桥枕表面不密贴、方正、未捆紧,扣5分			
		⑤捆紧后,分别用U形马钉将两端钉牢	马钉每少1个扣1分			
		⑥剪断铁线,为防止松弛,应将铁线弯回后打入另一侧面	不符合要求,扣3分			
作业质量	30	1. 桥枕无通长纵裂,在铺轨范围内(即桥枕面每端各550 mm长度除外)不得有超过60 mm的活节及死节,在全长范围内不得有漏节与腐朽,在铺轨范围内不得有5个以上的直径大于3 mm的虫眼。横弯不超过长度的4%。不得有5 mm以上的锯砍伤痕	不符合规定,每项扣5分。距端头偏差大于±5 mm,每头扣5分			
		2. 桥枕规格应符合《铁路桥隧建筑物修理规则》第3.1.14条规定,允许刻槽深度不大于30 mm,槽口与钢梁翼缘间缝隙不大于4 mm,也不应过紧,遇到铆钉时应再刻纵槽,其大小和深度不大于铆钉头尺寸4 mm	误差超限,每项扣5分			

续上表

项目	标准分	评价标准	扣分标准	存在问题	扣分	得分
作业质量	30	3. 桥枕中心线与钢梁中心线垂直,桥枕一头找齐	未垂直或未找齐,每项扣5分			
		4. 桥枕底面与钢梁联结系间隙大于3 mm	铁线长度偏差大于±30 mm,每头扣2分,捆线重叠、分开(超过2 mm)、歪斜,每项扣5分			
		5. 螺栓孔位置正确,垂直误差不超过4 mm。孔壁进行防腐处理(采用烙烫方法)	垂直误差超过4 mm,扣5分;孔壁未进行防腐处理,扣5分			
		6. 桥枕头用3 ~ 3.5 mm铁线捆扎2 ~ 3圈,距端头100 mm,铁线无重叠、松弛现象	有误差和重叠、松弛现象,扣5分			
		7. 桥枕顶面2 mm及以上裂缝漏灌不超过15%	2 mm及以上裂缝漏灌不超过15%,扣5分			
作业安全	15	1. 开行动车地段,在动车组通过前30 min应停止作业,到线路外侧不少于3 m外的安全地点避车,视线不良地段加派专人防护	违反规定要求,扣100分;视线不良地段未增设中间联络员扣100分			
		2. 及时避车并把工具带出桥外	避车时未把工具带出桥外,每次扣5分			
		3. 抬运桥枕要戴手套,使用枕木卡子,画线加工工具要放置平稳,防止砸伤手脚	未正确使用劳保用品,有伤手脚现象,每项扣5分			
		4. 所用工具要放置平稳,按规定操作,防止锛斧伤脚	工具放置不平稳,有事故苗头,每项扣5分			
		5. 检查斧头、锛斧柄,如有松动应及时修理	未检查和斧头、锛头柄松动未修理,扣5分			
		6. 在自动闭塞区间,钩螺栓铁垫图与钢轨铁垫板间应有不小于15 mm的间隙(Ⅱ式钩螺栓的安装)以防止联电	不符合要求,扣10分			
效率	10	限时96 min/根	提前不加分,每超1 min扣2分			
总分	100					
作业点评:						

(七)试　　题

1. 判 断 题

(1)明桥面上的线路钢轨接头可设在桥枕间或桥枕上。(　　)

(2)在设置钢轨上弯度的桥面上抄平还应每隔 1 ~ 2 m 有测点。(　　)

(3)桥枕最大刻槽深度不超过 80 mm。(　　)

(4)在设置钢轨上弯度的桥面上抄平还应每隔 1 ~ 2 m 有测点,使能绘出梁的实际拱度曲线和实际钢轨的上弯度曲线。(　　)

(5)桥枕制作中,画线数据要认真校对,确保无误。(　　)

(6)当裂缝宽在 2 mm 及以上,长度超过 300 mm 时,应用夹枕器夹紧桥枕,使裂缝愈合。(　　)

(7)捆扎桥枕时,使其与桥枕表面密贴、方正、捆紧。(　　)

(8)捆紧后,分别用扒钉或 U 形马钉将两端钉牢。(　　)

(9)在铺轨范围内不得有 5 个以上的直径大于 2 mm 的虫眼。(　　)

(10)在铺轨范围内(即桥枕面每端各 550 mm 长度除外)不得有超过 50 mm 的活节及死节。(　　)

2. 选 择 题

(1)桥枕净距为(　　)mm。

(A)100 ~ 180　　(B)100 ~ 210　　(C)100 ~ 230

(2)专用线上,桥枕可放宽到(　　)mm。

(A)180　　(B)210　　(C)230

(3)桥枕制作时,应树心(　　)。

(A)向上　　(B)向下　　(C)居中

(4)桥枕制作中,当挖槽接近所需深度时,采用(　　)劈凿进行削平,避免产生劈裂与毛刺。

(A)直口　　(B)中口　　(C)斜口

(5)桥枕制作中,要将桥枕一端锯齐,使桥枕长为(　　)m,

(A)2　　(B)2. 5　　(C)3

(6) 在进行桥枕钻眼距时，孔眼直径比螺栓杆不大于(　　)mm，钻通后，可将钻杆上、下提动两次，镗光孔壁。

(A)2　　(B)3　　(C)4

(7)对桥枕顶部(　　)mm 以上的裂纹应进行腻缝。

(A)0.5　　(B)1　　(C)2

(8)桥枕腻缝的腻子可用氟化纳和煤焦油按比重(　　)配制。

(A)1∶1　　(B)1∶1.5　　(C)1∶2

(9)桥枕捆头画线定位时，应距桥枕端头(　　)mm 或桥枕劈裂处垂直于轴中心线画线。

(A)50　　(B)80　　(C)100

(10)桥枕制作时，横弯不超过长度的 4%，不得有(　　)mm 以上的锯砍伤痕。

(A)3　　(B)5　　(C)10

➢试题参考答案

1. 判 断 题

(1)√　(2)√　(3)×　(4)√　(5)√　(6)×

(7)√　(8)√　(9)×　(10)×

2. 选 择 题

(1)A　(2)B　(3)B　(4)C　(5)C　(6)A

(7)C　(8)A　(9)C　(10)B

二、单根抽换桥枕

(一)作业目的

抽换桥上失效桥枕，保证桥上线路几何尺寸和整体刚度，符合规定，确保行车安全。

(二)作业条件

1. 插设作业标，设驻站、远端、现场防护，桥上用对讲机或电话防护，利用维修“天窗”进行作业。并在车站“运统—46”进行登记，行调下达调度命令后方可施工。

2. 带班人由不低于工班长担任。

(三)作业程序

1. 工具材料

桥枕、螺纹道钉或道钉、撬棍、450 活口扳手、螺纹道钉扳手(电动扳手)、4 镑手锤、道钉锤、10 t 液压起道机或千金顶、除锈刀、钢丝刷、棉纱、油漆、煤焦油、19 mm 电钻、12 ~ 14 mm 麻花钻头。

2. 作业准备

(1)插设作业标,设驻站、远端、现场防护,桥上用对讲机或电话防护,利用维修"天窗"进行作业。

(2)将制作好的桥枕运至施工地点,不得侵入限界。

(3)拆除步行板,钉尖向下,放牢。

(4)按《铁路工务安全规则》第 2. 2. 2 条规定,拆下钩螺栓并及时戴帽放牢。

(5)起下应更换的一根桥枕的道钉。

(6)串动应更换的桥枕,检查上盖板有无锈蚀,必要时进行去污、除锈并作好防锈处理。

3. 作业顺序

(1)设置移动停车信号

① 联系要点,给施工命令和命令号后,驻站联络员抄录并确认维修"天窗"的起止时间,通知现场施工负责人。

② 现场施工负责人通知现场防护员按规定在施工地点两端设置移动停车信号。按规章设置防护。

③ 按规定设置好移动停车信号后发出施工命令。

④ 冒起抽换桥枕附近线路钢轨及护轨道钉(松开扣件螺栓)。拆除护木,抬起主轨、护轨,抬起高度应大于桥枕刻槽深度与铆钉高度之和。

⑤ 撤出铁垫板及防磨垫板,抽出旧桥枕。

⑥ 穿入新桥枕,定位后铺设防磨垫板及铁垫板。

⑦ 落下钢轨,检查轨距、水平、高低、方向不超限时,用电钻钻道钉孔眼并进行防腐处理,拧紧钢轨扣件螺栓,打紧道钉。

⑧ 安装护木并使其平顺、严密。上齐钩螺栓，丝扣涂油，拧紧螺栓。

⑨ 安装步行板，运出旧桥枕。

⑩ 恢复、整修、检查线路及护轨。现场施工负责人检查确认线路已达到放行列车条件。

(2)撤除移动停车信号

① 通知现场防护员撤除施工地段的移动停车信号。

② 通知驻站防护员销记，开通线路。抄报销记命令号。

(四)作业质量

1. 桥枕状态达到下列规定之一时即为失效桥枕，应进行单根更换：

(1)桥枕内部严重腐朽，标准断面桥枕因腐朽、挖补、削平和挖槽累计深度超过 80 mm(按全宽计)。

(2)道钉孔周围腐朽严重，无处改孔，不能持钉及保持轨距。

(3)有连续两根及以上的失效桥枕应予以抽换。

2. 选用的桥枕要符合铺设标准。

3. 桥枕与铁垫板间必须铺设 4 ~ 12 mm 防磨胶垫板一层，防磨垫板三层或总厚度大于 15 mm 者不超过 10% 。吊板2 mm及以上处所不超过 8% 且无连三出现，垫板大小与铁垫板一致，无歪斜、串动，总厚度应便于抽动。

4. 桥枕槽口与钢梁盖板宽窄相应，最大间隙不大于 4 mm。

5. 桥枕与钢梁联结系间空隙大于 3 mm。

6. 槽口、钉孔、栓孔、裂缝须进行防腐灌缝处理。

7. 桥枕与桥梁中心垂直。

8. 护木与新换桥枕扣紧密贴，有缝隙时应小于 2 mm。

9. 钉道钉前要先用木螺钻或电钻钻引道钉孔或螺纹道钉孔，并在孔内注入氟化纳粉末 5 ~6 g，道钉端部蘸煤焦油，也可以在孔内注入少量防腐油再打入道钉。旧钉孔打入道钉时应加木楔。木楔应以氟化纳饱和水溶液浸煮，加温 40 ℃ ~80 ℃泡制一天晾干使用。

(五)作业安全

1. 在维修“天窗”点内作业，插好作业牌，设置驻车站、远端、现场防护员,持对讲机防护。

2. 开行动车地段,在动车组通过前30 min 应停止作业,到线路外侧不小于3 m 外的安全地点避车。视线不良地段应增设中间联络员。

3. 避车时工具应带出桥外,料具放置牢稳且不得侵入限界。

4. 有人行道的桥梁,可在人行道上作业,在两侧无人行道的桥梁上,可在桥梁一侧搭设脚手架作业。

5. 在有轨道电路区段作业,应使用戴绝缘套撬棍并注意防止导电。

6. 在无人行道桥上作业时,禁止在钢轨外面起钉,装卸护木螺栓及钩螺栓不得向桥外方向使劲。

7. 抬起钢轨时在主轨下应加木垫,防止突然落下伤人,抬起后不得将手脚伸入轨底;抽送桥枕时要戴手套,使用枕木夹,人要站稳,动作要协调。禁止站在被换桥枕头上以免摔下。

8. 拆下的步行板要放稳,不准有露尖的铁钉,以防扎伤手脚。

9. 2 m以上高空作业,必须穿戴安全带(绳)、安全帽;严禁穿易溜滑的鞋上桥作业。

(六)作业评价

项目	标准分	评价标准	扣分标准	存在问题	扣分	得分
作业条件	10	1. 插设作业标,设驻站、远端、现场防护,桥上用对讲机或电话防护,利用维修“天窗”进行作业。并在车站“运统—46”上进行登记,行调下达调度命令后方可施工 2. 带班人由不低于工班长担任	违反规定,扣100分 违反有关要求,扣100分			
作业程序	35	1. 工具材料:桥枕、螺纹道钉或道钉、撬棍、450活口扳手、螺纹道钉扳手(电动扳手)、19 mm电钻、12~14 mm麻花钻头、4镑手锤、道钉锤、10 t液压起道机或千金顶、除锈刀、钢丝刷、棉纱、油漆、煤焦油 2. 作业准备 (1)插设作业标,设驻站、远端、现场防护,桥上用对讲机或电话防护,利用维修“天窗”进行作业	工具、材料未配齐,每缺一样扣2分 违反规定扣100分			

续上表

项目	标准分	评价标准	扣分标准	存在问题	扣分	得分
作业程序	35	(2)将制作好的桥枕运至施工地点,不得侵入限界	未做到,扣3分;侵入限界扣100分			
		(3)拆除步行板,钉尖向下,放牢	违反要求,扣10分			
		(4)按《铁路工务安全规则》第2.2.2条规定,拆下钩螺栓并及时戴帽放牢	违反规定,每次扣5分			
		(5)起下应更换的一根桥枕的道钉	未按要求,扣3分			
		(6)串动应更换的桥枕,检查上盖板有无锈蚀,必要时进行去污、除锈并作好防锈处理	没有进行去污和防锈处理,每项扣3分			
		3. 作业顺序				
		(1)设置移动停车信号				
		① 联系要点,给施工命令和命令号后,驻站联络员抄录并确认维修"天窗"的起止时间,通知现场施工负责人	未按要求确认命令和起止时间,抄报施工命令扣100分			
		② 现场施工负责人通知现场防护员按规定在施工地点两端设置移动停车信号。按规章设置防护	未按规定设置防护,扣100分			
		③ 按规定设置好移动停车信号后发出施工命令	未按规定设置防护,扣100分			
		④ 冒起或松开抽换桥枕附近线路钢轨及护轨道钉(松开扣件螺栓)。拆除护木,抬起主轨、护轨,抬起高度应大于桥枕刻槽深度与铆钉高度之和	未按要求操作或高度不够,每项扣5分			
		⑤ 撤出铁垫板及防磨垫板,抽出旧桥枕	操作不符合要求,扣3分			
		⑥ 穿入新桥枕,定位后铺设防磨垫板及铁垫板	操作不符合要求,扣3分			
		⑦ 落下钢轨,检查轨距、水平、方向、高低不超限时,用电钻钻道钉孔眼并进行防腐处理,拧紧钢轨扣件螺栓,打紧道钉	未用电钻钻道钉孔、扣件未拧紧、未进行防腐处理扣5分;未检查轨距、水平、方向、高低扣5分			
		⑧ 安装护木并使其平顺、严密。上齐钩螺栓,丝扣涂油,拧紧螺栓	不平顺、不严密,未上齐钩螺栓,丝扣未涂油,未拧紧螺栓,每项扣3分			
		⑨ 安装步行板,运出旧桥枕	未按要求操作,扣3分			

续上表

项目	标准分	评价标准	扣分标准	存在问题	扣分	得分
作业程序	35	⑩ 恢复、整修、检查线路及护轨。现场施工负责人检查确认线路已达到放行列车条件	未检查线路几何尺寸,盲目放行列车,扣100分			
		(2)撤除移动停车信号				
		① 通知现场防护员撤除施工地段的移动停车信号	不按规定撤除防护扣5分			
		② 通知驻站防护员销记,开通线路。抄报销记命令号	未销记或抄报销记命令号扣5分			
作业质量	30	1. 桥枕状态达到下列规定之一时即为失效桥枕,应进行单根更换: (1)桥枕内部严重腐朽,标准断面桥枕因腐朽、挖补、削平和挖槽累计深度超过80 mm(按全宽计) (2)道钉孔周围腐朽严重,无处改孔,不能满足持钉及保持轨距 (3)有连续两根及以上的失效桥枕应,予以抽换	有失效桥枕未更换者扣5分			
		2. 选用的桥枕要符合铺设标准	选用的桥枕不符合要求,扣5分			
		3. 桥枕与铁垫板间必须铺设4~12 mm防磨胶垫板一层,防磨垫板三层或总厚度大于15 mm者不超过10%。吊板2 mm及以上处所不超过8%且无连三出现,垫板大小与铁垫板一致,无歪斜、串动,总厚度应便于抽动	三层或厚度大于15 mm者超过10%,扣5分;吊板2 mm及以上处所超过8%,有连三出现,每处扣10分;垫板有歪斜、串动,每处扣5分			
		4. 桥枕槽口与钢梁盖板宽窄相应,最大间隙不大于4 mm	间隙大于4 mm者,扣5分			
		5. 桥枕与钢梁联结系间空隙大于3 mm	桥枕与钢梁联结系间隙小于3 mm者,每处扣5分			
		6. 槽口、钉孔、栓孔、裂缝须进行防腐灌缝处理	未进行防腐处理,每处扣5分			
		7. 桥枕与桥梁中心垂直	桥枕与桥梁中心不垂直,每根扣3分			
		8. 护木与新换桥枕扣紧密贴,有缝隙时应小于2 mm	未扣紧密贴,缝隙大于2 mm,每项扣3分			

续上表

项目	标准分	评价标准	扣分标准	存在问题	扣分	得分
作业质量	30	9. 钉道钉前要先用木螺钻或电钻钻引道钉孔或螺纹道钉孔,并在孔内注入氟化纳粉末5~6 g,道钉端部蘸煤焦油,也可以在孔内注入少量防腐油再打入道钉。旧钉孔打入道钉时应加木楔。木楔应以氟化纳饱和水溶液浸煮,加温40 ℃~80 ℃泡制一天凉干使用	未用木螺钻或电钻钻引钻道钉、螺纹道钉孔或未作防腐处理,每次扣2分			
作业安全	15	1. 在维修"天窗"点内作业,插好作业牌,设置驻车站、远端、现场、远端防护员,持对讲机防护	违反规定扣100分			
		2. 开行动车地段,在动车组通过前30 min应停止作业,到线路外侧不少于3 m外的安全地点避车。视线不良地段应增设中间联络员	违反规定,扣100分;视线不良地段未增设中间联络员扣100分			
		3. 避车时工具应带出桥外,料具放置牢稳不侵入限界	避车时工具未带出桥外,每次扣15分			
		4. 有人行道的桥梁,可在人行道上作业,在两侧无人行道的桥梁上,可在桥梁一侧搭设脚手架作业	在两侧无人行道的桥梁上,未在桥梁一侧搭设脚手架,扣100分			
		5. 在有轨道电路区段作业,应使用绝缘撬棍并注意防止导电	未使用戴绝缘套撬扣10分,有发生导电造成信号故障,扣100分			
		6. 在无人行道桥上作业时,禁止在钢轨外面起钉,装卸护木螺栓及钩螺栓不得向桥外方向使劲	违反规定,扣10分			
		7. 抬起钢轨时在主轨下应加木垫,防止突然落下伤人,抬起后不得将手脚伸入轨底;抽送桥枕时要戴手套,使用枕木夹,人要站稳,动作要协调,禁止站在被换桥枕头上以免摔下	未加木垫或未使用劳保用品,每项扣5分			
		8. 拆下的步行板要放稳,不准有露尖的铁钉,以防扎伤手脚	有露尖的铁钉或扎伤手脚,每项扣15分。			
		9. 2 m以上高空作业,必须穿戴安全带(绳)、安全帽;严禁穿易溜滑的鞋上桥作业	未戴安全用品或穿带钉、易溜滑鞋,每项扣5分			
效率	10	限时350 min/根	提前不加分,每超1 min扣10分			
总分	100					
作业点评:						

（七）试　　题

1. 判 断 题

（1）桥枕防磨胶垫防磨垫板三层或总厚度大于 15 mm 者不超过 10% 。（　　）

（2）槽口、钉孔、栓孔、裂缝须进行防腐灌缝处理。（　　）

（3）桥枕与铁垫板间必须铺设 4 ~ 12 mm 防腐胶垫板二层。（　　）

（4）安装护木并使其平顺、严密。（　　）

（5）上齐钩螺栓时，要进行丝扣涂油，螺栓可不拧紧。（　　）

（6）钉入道钉或螺纹道钉时，可直接钉入。（　　）

2. 选 择 题

（1）护木与新换桥枕扣紧密贴，有缝隙时应（　　）2 mm。

（A）小于　　（B）等于　　（C）大于

（2）桥枕与钢梁联结系间空隙（　　）3 mm。

（A）小于　　（B）等于　　（C）大于

（3）木楔应以氟化纳饱和水溶液浸煮，加温（　　）泡制一天晾干使用。

（A）20 ℃ ~ 60 ℃　　（B）40 ℃ ~ 80 ℃　　（C）60 ℃ ~ 100 ℃

（4）桥枕内部严重腐朽，标准断面桥枕因腐朽、挖补、削平和挖槽累计深度超过（　　）mm（按全宽计）。

（A）50　　（B）70　　（C）80

（5）有连续（　　）根及以上的失效桥枕，应抽换。

（A）1　　（B）2　　（C）3

（6）铁垫板切入桥枕，深度不小于（　　）mm。

（A）3　　（B）5　　（C）8

（7）桥隧建筑物保养质量评定标准中，钢轨吊板 2 mm 以上处所不超过（　　），且无连三出现。

（A）5%　　（B）8%　　（C）10%

（8）分开式扣件、扣板螺栓欠拧、超拧数量不超过（　　）。

（A）5%　　（B）10%　　（C）15%

➢试题参考答案

1. 判 断 题

(1)√ (2)√ (3)× (4)√ (5)× (6)×

2. 选 择 题

(1)A (2)C (3)B (4)C (5)B (6)A

(7)B (8)C

三、桥枕涂油作业

(一)作业目的

防止桥枕腐坏,延长桥枕使用寿命。

(二)作业条件

1. 插设作业标,设驻站、远端、现场防护,桥上用对讲机或电话防护,利用列车间隔时间作业。

2. 带班人由不低于工班长或能胜任的桥隧工担任。

(三)作业程序

1. 应备工具:铲刀、扁油刷、扫帚、小油桶、棉纱头

2. 配制防腐油:氟化钠与煤焦油按1:(1~1.5)(质量比)搅拌均匀。

3. 铲除枕木表面污垢、脏物,并清扫干净。

4. 灌缝、镶补、削平作业完毕。

5. 用扁油刷沾防腐油或煤焦油均匀地涂刷于桥枕顶面,对细小裂纹多刷几遍,使防腐油或煤焦油嵌入缝内。

6. 刷防腐油:涂刷时应经常搅拌。

(四)作业质量

1. 枕木表面污垢、脏物清除彻底。

2. 枕木顶面涂油无遗漏。

3. 涂油表面均匀、无漏涂、不流淌、不露底。

4. 防腐油不污染钢梁。

（五）作业安全

1. 开行动车地段，在动车组通过前30 min 应停止作业，到线路外侧不小于3 m 外的安全地点避车，视线不良地段应增设中间联络员。

2. 及时避车并把工具带出桥外。

3. 不得穿带钉和易溜滑的鞋。

4. 面向列车方向作业，并应戴防护手套、口罩以及护目镜。

5. 不伤手脚，并站在风的上方作业，防止发生中毒。

（六）作业评价

项目	标准分	评价标准	扣分标准	存在问题	扣分	得分
作业条件	10	1. 插设作业标，设驻站、远端、现场防护，桥上用对讲机或电话防护，利用列车间隔时间作业	违反规定，扣100分			
		2. 带班人由不低于工班长或能胜任的桥隧工担任	违反规定要求，扣100分			
作业程序	35	1. 应备工具：铲刀、扁油刷、扫帚、小油桶、棉纱头	工具未配齐，每缺一样扣5分			
		2. 配制防腐油：氟化钠与煤焦油按1:（1～1.5）（质量比）搅拌均匀	防腐油未按规定配合比调制，扣5分			
		3. 铲除枕木表面污垢、脏物，并清扫干净	枕木表面污垢、脏物，未清扫干净，每项扣3分			
		4. 镶补、削平、灌缝作业完毕	程序颠倒，漏项，扣5分			
		5. 用扁油刷沾防腐油或煤焦油均匀地涂刷于桥枕顶面，对细小裂纹多刷几遍，使防腐油或煤焦油嵌入缝内	漏项未做，每次扣5分			
		6. 刷防腐油：涂刷时应经常搅拌	涂刷时未经常搅拌，扣3分			
作业质量	30	1. 枕木表面污垢、脏物清除彻底	有4 cm^2 以上之污物未清除彻底，每处扣5分			
		2. 枕木顶面涂油无遗漏	遗漏未涂油，每处（每4 cm^2 为一处）扣5分			
		3. 涂油表面均匀、无漏涂、不流淌、不露底	涂油不均匀、流淌、漏涂露底，每项扣5分			
		4. 防腐油不污染钢梁	防腐油污染钢梁未清除或清除不干净，每处扣5分			

续上表

项目	标准分	评价标准	扣分标准	存在问题	扣分	得分
作业安全	15	1. 开行动车地段,在动车组通过前30 min应停止作业,到线路外侧不小于3 m外的安全地点避车,视线不良地段应增设中间联络员	违反规定扣100分;视线不良地段未增设防护员,扣100分			
		2. 及时避车并把工具带出桥外	未及时携带工具避车,每次扣5分			
		3. 不得穿带钉和易溜滑的鞋	穿带钉、易溜滑鞋,扣5分			
		4. 面向列车方向作业,并应戴防护手套、口罩以及护目镜	背向列车方向作业或未戴防护用品,每项扣5分			
		5. 不伤手脚,并站在风的上方作业,防止发生中毒	伤手脚,每次扣10分;未站在风的上方,每次扣5分			
效率	10	限时10 min/根	提前不加分,每超1 min扣2分			
总分	100					
作业点评:						

(七)试　　题

1. 判 断 题

(1)桥枕涂油可以利用列车间隔施工。　　(　　)

(2)配制防腐油:氟化钠与煤焦油按1:(1~1.5)(质量比)搅拌均匀。　　(　　)

(3)防腐浆膏配制的越稀越好使用。　　(　　)

(4)涂油时按规定戴防护手套、口罩和护目镜。　　(　　)

(5)涂刷防腐油时不应经常搅拌。　　(　　)

2. 选 择 题

(1)桥枕涂油作业的条件:桥面用对讲机进行防护,利用(　　)进行施工。

(A)列车间隔　　(B)天窗修　　(C)可以随时

(2)桥枕涂油由(　　)作为带班人。

(A)工班长　　(B)技术员　　(C)车间主任

(3)配制防腐油:氟化钠与煤焦油按(　　)(质量比)搅拌

均匀。

(A)1∶2　　　(B)1∶3　　　(C)1∶1

(4)刷防腐油涂刷时应(　　)。

(A)经常搅拌　　　(B)不需搅拌　　　(C)都可以

(5)桥枕涂油的作业程序为(　　)。

(A)配理防腐油→清除木枕表面污垢→刷防腐油

(B)清理木枕表面→配制防腐油→刷防腐油

(C)配制防腐油→刷防腐油

(6)警报信号的鸣示方式为(　　)。

(A)一长三短声　　　(B)一长声二短声　　　(C)一长声一短声

➢试题参考答案

1. 判 断 题

(1)√　　(2)√　　(3)×　　(4)√　　(5)×

2. 选 择 题

(1)A　　(2)A　　(3)C　　(4)A　　(5)A　　(6)A

四、桥枕捆扎作业

(一)作业目的

防止桥枕开裂,延长使用寿命。

(二)作业条件

1. 插设作业标,设驻站、远端、现场防护,桥上用对讲机或电话防护,利用列车间隔时间作业。

2. 带班人由不低于工班长或指派能胜任的桥隧工担任。

(三)作业程序

1. 作业前准备

① 插设作业标,设驻站、远端、现场防护,桥上用对讲机或电话防护。

② 料具:紧线器、克丝钳、手锤、木折尺、拐尺、3 ~ 3.5 mm 镀锌铁线、石笔。

2. 作业顺序

① 画线定位：在距桥枕端头 100 mm 或护木劈裂处垂直于轴中心线画线。

② 制作铁线钉：用直径 3 ~ 3.5 mm 的铁线截取 50 mm，弯制成 U 形马钉若干个，截取铁线的两端时应切成尖形。

③ 当裂缝宽在 3 mm 及以上，长度超过 300 mm 时，应用夹枕器夹紧桥枕或护木，使裂缝愈合。

④ 捆扎时，先将铁线一头弯成 90°、长 200 mm 的弯钩，钉入侧面距顶面 40 mm 处，再将铁线绕桥枕或护木 2 ~ 3 圈，用紧线器拉紧铁线，边捆扎边用手锤敲打铁线，使其与桥枕或护木表面密贴、方正、捆紧。

⑤ 捆紧后，分别用扒钉或 U 形马钉将两端钉牢。

⑥ 剪断铁线，为防止松弛，应将铁线弯回后打入另一侧面。

（四）作业质量

1. 捆扎位置正确，铁线应垂直于轴线。

2. 捆扎铁线紧牢，无松弛，表面裂缝小于 2 mm。

3. 捆扎铁线无重叠、分开、歪斜，无损伤桥枕。

4. 清理现场，撤除防护。

（五）作业安全

1. 开行动车地段，在动车组通过前 30 min 应停止作业，到线路外侧不小于 3 m 外的安全地点避车。视线不良地段应增设中间联络员。

2. 避车时工具应带出桥外。

3. 捆扎时，防止碰伤手脚和损伤桥枕。

4. 使用紧线器时，防止蹬脱伤人。

5. 工具良好，会用、无失落。

6. 无事故苗头。

（六）作业评价

项目	标准分	评价标准	扣分标准	存在问题	扣分	得分
作业条件	10	1. 插设作业标，设驻站、远端、现场防护，桥上用对讲机或电话防护，利用列车间隔时间作业	违反规定，扣100分			
		2. 带班人由不低于工班长或指派能胜任的桥隧工担任	违反规定要求，扣100分			
作业程序	35	1. 作业前准备				
		① 插设作业标，设驻站、远端、现场防护，桥上用对讲机或电话防护	违反规定，扣100分			
		② 料具：紧线器、克丝钳、手锤、木折尺、拐尺、3～3.5 mm镀锌铁线、石笔	料具不齐全，每项扣5分			
		2. 作业顺序				
		① 画线定位：在距桥枕端头100 mm或护木劈裂处垂直于轴中心线画线	不符合标准，扣3分			
		② 制作铁线钉：用直径3～3.5 mm的铁线截取50 mm，弯制成U形马钉若干个，截取铁线的两端时应切成尖形	未按要求操作，扣3分			
		③ 当裂缝宽在3 mm及以上，长度超过300 mm时，应用夹枕器夹紧桥枕或护木，使裂缝愈合	未按要求操作，扣3分			
		④ 捆扎时，先将铁线一头弯成90°、长200 mm的弯钩，钉入侧面距顶面40 mm处，再将铁线绕桥枕或护木2～3圈，用紧线器拉紧铁线，边捆扎边用手锤敲打铁线，使其与桥枕或护木表面密贴、方正、捆紧	不符合要求，每项扣2分			
		⑤ 捆紧后，分别用扒钉或U形马钉将两端钉牢	未钉或未钉牢，扣3分			
		⑥ 剪断铁线，为防止松弛，应将铁线弯回后打入另一侧面	不符合标准扣2分			
作业质量	30	1. 捆扎位置正确，铁线应垂直于轴线	位置不正确，距端头偏差大于±5 mm，每头扣5分			
		2. 捆扎铁线紧牢，无松弛，表面裂缝小于2 mm	铁线长度偏差大于±30 mm，每头扣2分，马钉每少1个扣1分			
		3. 捆扎铁线无重叠、分开、歪斜，无损伤桥枕	捆线重叠、分开（超过2 mm）、歪斜，每项扣5分；有损伤桥枕现象每处扣2分			

续上表

项目	标准分	评 价 标 准	扣分标准	存在问题	扣分	得分
作业质量	30	4. 清理现场,撤除防护	未清理现场扣3分;未撤除防护,扣10分			
作业安全	15	1. 开行动车地段,在动车组通过前30 min应停止作业,到线路外侧不小于3 m外的安全地点避车。视线不良地段应增设中间联络员 2. 避车时,工具应带出桥外 3. 捆扎时,注意防止伤手脚和损伤桥枕 4. 使用紧线器时,防止蹬脱伤人 5. 工具良好,会用、无失落 6. 无事故苗头	违反规定扣100分。视线不良地段未增设中间联络员,扣100分 避车时,工具未带出桥外,扣15分 有伤手脚,扣5分,损伤桥枕,每个作业面扣2分 未使用或脱落扣2分;伤人,扣15 工具不良或失落,扣3分 有事故苗头,扣15分			
效率	10	捆扎上个枕头,限时5 min	提前不扣分,每超1 min扣2分			
总分	100					
作业点评:						

(七)试　　题

1. 判 断 题

(1)桥枕捆扎的目的,是提高桥枕的承载力。 (　　)

(2)捆扎铁线紧牢,无松弛,表面裂缝小于2 mm。 (　　)

(3)桥上用对讲机或电话进行防护,利用列车间隔施工。 (　　)

(4)捆扎位置正确,铁线应平行于轴线。 (　　)

(5)捆扎铁线无重叠、分开、歪斜。 (　　)

2. 选 择 题

(1)捆扎桥枕时,距桥枕端头(　　)进行捆扎。

(A)60 ~ 80 mm　　(B)80 ~ 90 mm　　(C)80 ~ 100 mm

(2)桥枕捆扎紧密,缝隙小于(　　)。

(A)2 mm　　　　(B)3 mm　　　　(C)4 mm

(3)捆扎桥枕时,用(　　)的镀锌铁线捆扎。

(A)3 mm　　　　(B)4 mm　　　　(C)5 mm

(4)捆扎铁线紧牢,无松弛,表面裂缝小于(　　)mm。

(A)2 mm　　　　(B)3 mm　　　　(C)4 mm

(5)当裂缝宽在(　　)及以上,长度超过 300 mm 时,应用夹枕器夹紧桥枕或护木,使裂缝愈合。

(A)3 mm　　　　(B)5 mm　　　　(C)8 mm

(6)视觉信号的基本颜色是(　　)

(A)红色、白色、绿色　　(B)红色、蓝色、黄色

(C)红色、黄色、绿色

➢试题参考答案

1. 判 断 题

(1)×　(2)√　(3)√　(4)×　(5)√

2. 选 择 题

(1)C　(2)A　(3)A　(4)A　(5)A　(6)C

五、桥枕腻缝作业

(一)作业目的

延缓桥枕腐朽速度,延长使用寿命

(二)作业条件

1. 插设作业标,设驻站、远端、现场防护,桥上用对讲机或电话防护,利用列车间隔时间作业。

2. 带班人由班长或指派能胜任的桥隧工担任。

(三)作业程序

1. 工具材料:小扁铲、小钢筋钩子(自制)、50 mm 油灰刀、皮老虎、100 mm 毛刷、经防腐处理的木片或浆膏浸麻刀。

2. 清缝:用小扁铲、小钢筋钩子彻底清除桥枕面上和裂缝中的旧腻料及污垢,并用皮老虎吹干净。

3. 堵缝:用经防腐处理的木片或浆膏浸麻刀填塞较大裂缝,并堵塞通向枕头、孔眼和削平槽口处的裂缝端头,防止浆膏外流。

4. 配制浆膏:按质量比 1∶1称出煤焦油和氟化钠的用量;把煤焦油加热到 30 ℃ ~40 ℃(40 ℃开始冒小气泡);慢慢地加入氟化钠,同时不断搅拌,至均匀为止;煤焦油加热超过 35 ℃ ~40 ℃则变稀,氟化钠容易沉淀不好使用,如煤焦油过稠调成的浆膏在涂刷时不易拉开刷子,可适当增加煤焦油的比例,一般选用1∶1.5(氟化钠∶煤焦油) 。为防止氟化钠沉锭,使用时应经常搅拌。

5. 灌缝:用小油壶或铁勺将浆膏灌入;第一次灌满后,经列车振动后下沉,要灌第二次,第三次直到灌缝无变化为止,用小抹子或油灰刀将腻子刮平。

(四)作业质量

1. 桥枕表面无污染,并清扫干净。

2. 灌缝饱满,平整顶面 2 mm 以上裂纹无漏灌,缝口凹陷深度不超过 3 mm。

3. 浆膏和防腐油或煤焦油按规定比例配制,稀稠程度适中。

4. 涂刷均匀、无漏涂、无流淌、不露底。

(五)作业安全

1. 开行动车地段,在动车组通过前 30 min 应停止作业,到线路外侧不小于 3 m 外的安全地点避车。视线不良地段应增设中间联络员。

2. 避车时工具应带出桥外。

3. 作业时应面向列车方向。

4. 作业人员应戴防护手套,口罩及护目镜。

5. 工具良好,无损坏、丢失。

6. 浆膏加热时应注意防火和烫伤。

7. 加热时,应站在风向的上方处,防止发生中毒。

(六)作业评价

项目	标准分	评价标准	扣分标准	存在问题	扣分	得分
作业条件	10	1. 插设作业标,设驻站、远端、现场防护,桥上用对讲机或电话防护,利用列车间隔时间作业	违反有关规定,扣100分			
		2. 带班人由工班长或指派能胜任的桥隧工担任	违反有关要求,扣100分			
作业程序	35	1. 工具材料:小扁铲、小钢筋钩子(自制)、50 mm油灰刀、皮老虎、100 mm毛刷、经防腐处理的木片或浆膏浸麻刀	料具不齐全,每缺一项扣2分			
		2. 清缝:用小扁铲、小钢筋彻底清除桥枕桥面上和裂缝中的旧腻料和污垢,并用皮老虎吹干净	程序颠倒,扣5分,漏一项扣5分。操作不符合要求,每项扣2分			
		3. 堵缝:用经防腐处理的木片或浆膏浸麻刀填塞较大裂缝,并堵塞通向枕头、孔眼和削平槽口处的裂缝端头,防止浆膏外流	未堵缝或用未经过防腐处理的木片、浆膏浸过的麻刀,每项扣5分			
		4. 配制浆膏:按质量比1:1称出煤焦油和氟化钠的用量;把煤焦油加热到30 ℃ ~40 ℃(40 ℃开始冒小气泡);慢慢地加入氟化钠,同时不断搅拌,至均匀为止;煤焦油加热超过35 ℃ ~40 ℃则变稀,氟化钠容易沉淀不好使用,如煤焦油过稠调成的浆膏在涂刷时不易拉开刷子,可适当增加煤焦油的比例,一般选用1:1.5(氟化钠:煤焦油)。为防止氟化钠沉锭,使用时应经常搅拌	未按规定配制浆膏和要求操作,扣3分			
		5. 灌缝:用小油壶或铁勺将浆膏灌入;第一次灌满后,经列车震动后下沉,要灌第二次,第三次直到灌缝无变化为止,用小抹子或油灰刀将腻子刮平	灌缝不密实、平整,每处扣2分			
作业质量	30	1. 桥枕表面无污染,并清扫干净	清扫不干净,扣2分			
		2. 灌缝饱满、平整,顶面2 mm以上裂纹无漏灌,缝口凹陷深度不超过3 mm	灌腻不密实、平整、饱满,每处扣2分			
		3. 浆膏和防腐油或煤焦油按规定比例配制,稀稠程度适中	未按比例配制浆膏,扣10分			
		4. 涂刷均匀、无漏涂、无流淌、不露底	涂刷不均匀,有漏涂,每处扣5分			

续上表

项目	标准分	评 价 标 准	扣分标准	存在问题	扣分	得分
作业安全	15	1. 开行动车地段，在动车组通过前 30 min 应停止作业，到线路外侧不少于 3 m 外的安全地点避车。视线不良地段应增设中间联络员	违反规定扣 100 分，视线不良地段未增设中间联络员扣 100 分			
		2. 避车时工具应带出桥外	避车时工具未带出桥外，扣 15 分			
		3. 作业时应面向列车方向	背向来车方向作业，扣 5 分			
		4. 作业人员应戴防护手套，口罩及护目镜	不按规定戴防护用品，每项扣 5 分			
		5. 工具良好，无损坏、丢失	工具不良，损坏、掉落料具，每件扣 2 分			
		6. 浆膏加热时应注意防火和烫伤	有轻伤或事故苗头，扣 15 分			
		7. 加热时，应站在风向的上方处，防止发生中毒	未站在风向的上方处作业，扣 5 分；发生中毒，扣 100 分			
效率	10	限时 13 min 一根	提前不加分，每超 1 min 扣 2 分			
总分	100					
作业点评：						

（七）试　　题

1. 判 断 题

（1）桥枕腻缝带班人由工班长或能胜任的职工担任。（　　）

（2）作业人员应戴防护手套、口罩及护目镜。（　　）

（3）腻缝只需进行一道即可。（　　）

（4）配制浆膏：按质量比（1∶2）称出煤焦油和氟化钠的用量。（　　）

（5）灌缝饱满，平整顶面 2 mm 以上裂纹无漏灌，缝口凹陷深度不超过 3 mm。（　　）

2. 选 择 题

（1）灌注桥枕防腐浆膏，气温较低时可将浆膏加热到（　　）左右，搅拌均匀，再进行灌注。

(A)30 ℃　　(B)35 ℃　　(C)45 ℃

(2)桥枕、护木灌注防腐浆膏下沉时,应(　　)灌满、刮平。

(A)连续　　(B)停止　　(C)暂停

(3)用小扁铲、小钢筋钩子彻底清除桥枕桥面上和裂缝中的旧腻料和污垢,并用(　　)吹干净。

(A)老虎皮　　(B)嘴　　(C)毛刷

(4)配制浆膏:按质量比(　　)称出煤焦油和氟化钠的用量。

(A)1∶1　　(B)1∶2　　(C)1∶3

(5)把煤焦油加热到(　　)(40 ℃开始冒小气泡);慢慢地加入氟化钠,同时不断搅拌,至均匀为止。

(A)25 ℃ ~30 ℃　　(B)30 ℃ ~40 ℃　　(C)35 ℃ ~45 ℃

(6)在离地面(　　)以上的高空及陡坡上作业时,必须戴安全帽、安全带及安全绳,不得穿带钉或易溜滑的鞋。

(A)2 m　　(B)3 m　　(C)4 m

➢试题参考答案

1. 判 断 题

(1)√　　(2)√　　(3)×　　(4)×　　(5)√

2. 选 择 题

(1)B　　(2)A　　(3)A　　(4)A　　(5)B　　(6)A

六、镶补桥枕

(一)作业目的

确保桥枕无腐蚀,延长桥枕使用寿命。

(二)作业条件

1. 插设作业标,设驻站、远端、施工现场防护,桥上用对讲机或电话防护。

2. 带班人由不低于工班长或能胜任的桥隧工担任。

(三)作业程序

1. 应备料具:撬棍、道钉锤、手锯、木工刨、墨斗、拐尺、2 m 小钢尺或木折尺、小手锤、平口凿子、小油桶、小油刷、斧子、木板(厚20～50 mm)、氟化钠、煤焦油、铁钉或木钉等。

2. 画线:画出挖除腐朽损坏部位的长、宽、厚线条。

3. 开槽:锯凿腐朽部分,并仔细铲修平整。

4. 制作镶板(楔形或燕尾式):按镶补尺寸划线下料。将下好的镶板放在已挖凿好的槽口上比试,并进行细修。

5. 防腐处理:各新挖凿面及镶拼面用防腐油涂刷均匀。

6. 镶补、钉牢:①镶入新板,用铁钉或木钉钉牢。②在桥上轨底部位镶补时,可拨出道钉,撤下铁垫板,后镶嵌新板,安装铁垫板,打入道钉(应先钻孔后打钉,且线路方向、轨距、水平符合标准)。

(四)作业质量

1. 腐朽损坏部位挖除彻底,断面尺寸整齐,镶补厚度不大于50 mm。

2. 镶板尺寸符合挖凿断面,镶补面平整、密贴,其高低差不超过 ±1 mm,镶拼缝宽小于 1 mm。

3. 镶拼牢固,无松动、劈裂。

4. 防腐油涂刷均匀,无漏涂。

(五)作业安全

1. 开行动车地段,在动车组通过前 30 min 应停止作业,到线路外侧不小于 3 m 外的安全地点避车。视线不良地段应增设中间联络员。

2. 应面向来车方向作业。避车时工具应带出桥外。

3. 防腐处理应戴口罩,手套,站在上风处。

4. 根据挖补厚度,准备好同样厚度、半个枕木宽的木块,随时将缺口垫好,以免影响行车安全,视线不良地段应增设中间联络员。

5. 工具良好,无失落。

6. 不伤手脚,无事故苗头。

(六)作业评价

项目	标准分	评价标准	扣分标准	存在问题	扣分	得分
作业条件	10	1. 插设作业标,设驻站、远端、现场防护,桥上用对讲机或电话防护	违反规定,扣100分			
		2. 带班人由不低于工班长或能胜任的桥隧工担任	违反有关规定,扣100分			
作业程序	35	1. 应备料具:撬棍、道钉锤、手锯、木工刨、墨斗、拐尺、2 m小钢尺或木折尺、小手锤、平口凿子、小油桶、小油刷、斧子、木板(厚20~50 mm)、氟化钠、煤焦油、铁钉或木钉等	料具不齐全,每缺一项扣2分			
		2. 画线:画出挖除腐朽损坏部位的长、宽、厚线条	未划线,扣2分			
		3. 开槽:锯凿腐朽部分,并仔细铲修平整	不平整,扣2分			
		4. 制作镶板(楔形或燕尾式):按镶补尺寸划线下料。将下好的镶板放在已挖凿好的槽口上比试,并进行细修	未按要求操作,扣2分			
		5. 防腐处理:各新挖凿面及镶拼面用防腐油涂刷均匀	没有进行防腐处理,扣3分			
		6. 镶补、钉牢:① 镶入新板,用铁钉或木钉钉牢。② 在桥上轨底部位镶补时,可拨出道钉,撤下铁垫板,后镶嵌新板,安装铁垫板,打入道钉(应先钻孔后打钉,且线路方向、轨距、水平符合标准)	操作不符合要求,每项扣2分。线路轨距、水平方向、高低不符合标准,扣5分			
作业质量	30	1. 腐朽损坏部位挖除彻底,断面尺寸整齐,镶补厚度不大于50 mm	外形尺寸不整齐,每处扣10分;镶补厚度大于50 mm,扣5分			
		2. 镶板尺寸符合挖凿断面,镶补面平整、密贴,其高低差不超过±1 mm,镶拼缝宽小于1 mm	高低差超过±1 mm,每处扣2分,拼缝宽超过1 mm及以上,每处扣2分,大于2 mm扣5分			
		3. 镶拼牢固,无松动,劈裂	有松动、劈裂,每处扣10分			
		4. 防腐油涂刷均匀,无漏涂	涂油不均匀或漏涂大于1 cm^2,每处扣5分			
作业安全	15	1. 开行动车地段,在动车组通过前30 min应停止作业,到线路外侧不少于3 m外的安全地点避车,视线不良地段应增设中间联络员	违反规定或视线不良地段未增设中间联络员扣100分			

续上表

项目	标准分	评 价 标 准	扣分标准	存在问题	扣分	得分
作业安全	15	2. 应面向来车方向作业，待避列车应将工具带出桥外	背向列车作业，每次扣10分；避车时未将工具带出桥外，每次扣5分			
		3. 防腐处理应戴口罩，手套，站在上风处	不戴防护品，每项扣5分；未站在风的上风作业，每次扣5分			
		4. 根据挖补厚度，准备好同样厚度、半个枕木宽的木块，随时将缺口垫好，以免影响行车安全	未按要求操作，扣5分			
		5. 工具良好，无失落	工具不良，失落料具，每件扣2分			
		6. 不伤手脚，无事故苗头	伤手脚，每次扣5分。有事故苗头，扣10分			
效率	10	1. 桥上轨底镶补桥枕（楔形），限时50min/处 2. 桥外镶补桥枕（楔形），限时25 min/处	提前不扣分，每超1 min扣2分			
总分	100					
作业点评：						

（七）试　　题

1. 判 断 题

（1）作业时，桥上用对讲机或电话防护，利用列车间隔时间进行。（　　）

（2）防腐处理应戴口罩，手套。（　　）

（3）应面向来车方向作业，待避列车应将工具带出桥外。（　　）

（4）根据挖补厚度，准备好同样厚度、半个枕木宽的木块，随时将缺口垫好，以免影响行车安全。（　　）

（5）防腐油涂刷均匀，无漏涂。（　　）

2. 选 择 题

(1)腐朽损坏部位挖除彻底,断面尺寸整齐,镶补厚度不大于(　　)mm。

(A)60　　(B)70　　(C)50

(2)镶板尺寸符合挖凿断面,镶补面平整、密贴,其高低差不超过(　　)mm。

(A) ±1　　(B) ±2　　(C) ±3

(3)镶板尺寸符合挖凿断面,镶补面平整、密贴,镶拼缝宽小于(　　)mm。

(A)2　　(B)1　　(C)3

(4)镶补桥枕的作业程序为(　　)。

(A)开槽→制作镶板→镶补

(B)划线→开槽→制作镶板→镶补

(C)划线→开槽→制作镶板→防腐处理→镶补

(5)桥上作业时,作业人员应穿(　　)。

(A)皮鞋　　(B)防溜滑的鞋　　(C)高跟鞋

(6)在区间作业来车时,应距车不少于(　　)m 下道避车。

(A)800　　(B)500　　(C)1 000

➢试题参考答案

1. 判 断 题

(1)√　(2)√　(3)√　(4)√　(5)√

2. 选 择 题

(1)C　(2)A　(3)B　(4)C　(5)B　(6)C

七、桥枕削平

(一)作业目的

保证桥枕质量,延长使用寿命。

(二)作业条件

1. 插设作业标,设驻站、远端、现场防护,桥上用对讲机或电话防护,利用列车间隔时间作业。

2. 带班人由不低于工班长或能胜任的桥隧工担任。

(三)作业程序

1. 应备料具:手锯、扁铲、锛斧、画线尺、小钢卷尺或木折尺、小铁钩、扁油刷、小油罐、氟化钠、煤焦油、石笔。

2. 画线:在距垫板两侧边缘各 30 ~ 60 mm 处画好削口线,切口线与枕木轴线垂直。

3. 锯口:用手锯按切口线轻锯一水平切口,深度比垫板面低 1 ~ 2 mm。

4. 削平:①垫板两侧横向切削成斜坡,一般横向两侧较垫板部位低 2 mm。②切削量小时,可直接用扁铲切削并找细、找平;切削量大时,用锛斧切削(锛斧与桥面约成 30°角),然后再用扁铲找细、找平。

5. 清扫、涂油:清除木屑,灌(腻)缝,涂防腐油。

(四)作业质量

1. 削平范围为垫板外 30 ~ 60 mm,允许误差 ±10 mm。

2. 削平槽口,切线整齐并与枕木轴线垂直,槽口有适当坡度,歪斜不超过 3 mm,砍削不过深,累计切削深度不超过 15 mm。

3. 削平面平顺无毛刺,锯口无积水,横向有坡度。

4. 清扫干净,裂缝灌(腻)良好,切削面涂足防腐油。

(五)作业安全

1. 开行动车地段,在动车组通过前 30 min 应停止作业,到线路外侧不少于 3 m 外的安全地点避车,视线不良地段应增设中间联络员。

2. 避车时,工具应带出桥外。

3. 砍削时,注意防止伤手脚和损伤桥枕。

4. 锛斧不用时,锛斧刃应加套保护。

5. 工具良好,无失落。

6. 无事故苗头。

(六)作业评价

项目	标准分	评价标准	扣分标准	存在问题	扣分	得分
作业条件	10	1. 插设作业标,设驻站、远端、现场防护,桥上用对讲机或电话防护,利用列车间隔时间作业	违反规定,扣100分			
		2. 带班人由不低于工班长或能胜任的桥隧工担任	违反有关要求,扣100分			
作业程序	35	1. 应备料具:手锯、扁铲、锛斧、画线尺、小钢卷尺或木折尺、小铁钩、扁油刷、小油罐、氟化钠、煤焦油、石笔	料具不齐全,每缺一项扣2分			
		2. 画线:在距垫板两侧边缘各30~60 mm处画好削口线,切口线与枕木轴线垂直	未画线或切口线未与枕木轴线垂直,扣5分			
		3. 锯口:用手锯按切口线轻锯一水平切口,深度比垫板面低1~2 mm	误差超过2 mm,扣5分			
		4. 削平:① 垫板两侧横向切削成斜坡,一般横向两侧较垫板部位低2 mm。② 切削量小时,可直接用扁铲切削并找细、找平;切削量大时,用锛斧切削(锛斧与桥面约成30°角),然后再用扁铲找细、找平	未按要求操作,每项扣5分			
		5. 清扫、涂油:清除木屑,灌(腻)缝,涂防腐油	不符合要求,每项扣2分			
作业质量	30	1. 削平范围为垫板外30~60 mm,允许误差±10 mm	误差超限,每边扣5分			
		2. 削平槽口,切线整齐并与枕木轴线垂直,槽口有适当坡度,歪斜不超过3 mm,砍削不过深,累计切削深度不超过15 mm	歪斜量大于3 mm,其他不符合要求,每处(边)扣5分			
		3. 削平面平顺无毛刺,锯口有积水,横向有坡度	有毛刺、积水,每边扣5分,无横向坡度,每边扣2分,造成反坡,扣5分			
		4. 清扫干净,裂缝灌(腻)良好,切削面涂足防腐油	不洁,扣2分,防腐不良,每边扣2分,未涂油,每边扣5分			
作业安全	15	1. 开行动车地段,在动车组通过前30 min应停止作业,到线路外侧不少于3 m的安全地点避车,视线不良地段应增设中间联络员	违反规定扣100分,视线不良地段未增设中间联络员扣100分			
		2. 避车时,工具应带出桥外	避车时工具未带出桥外,每次扣2分			

续上表

项目	标准分	评 价 标 准	扣分标准	存在问题	扣分	得分
作业安全	15	3. 砍削时,注意防止伤手脚和损伤桥枕 4. 锛斧不用时,锛斧刃应加套保护 5. 工具良好,无失落 6. 无事故苗头	伤手脚,每次扣5分 锛斧的锛刃未加套保护,每次扣2分 工具不良,失落料具,每件扣2分 有事故苗头,扣15分			
效率	10	限时10 min一根	提前不加分,每超1 min扣2分			
总分	100					
作业点评:						

(七)试 题

1. 判 断 题

(1)画线:在距垫板两侧边缘各30~60 mm处画好削口线。 ( )

(2)削平槽口,切线整齐并与枕木轴线垂直,槽口有适当坡度,歪斜不超过3 mm,砍削不过深,累计切削深度不超过25 mm。 ( )

(3)锛斧不用时,锛刃不应加套保护。 ( )

(4)锯口:用手锯按切口线轻锯一水平切口,深度比垫板面低1~2 mm。 ( )

(5)削平面平顺无毛刺,锯口有积水,横向没有坡度。( )

2. 选 择 题

(1)铁垫板切入桥枕( )及以上时,要对桥枕进行削平。

(A)1 mm (B)2 mm (C)3 mm

(2)桥枕削平范围为铁垫板( ),误差允许增减10 mm。

(A)20~30 mm (B)30~50 mm (C)30~60 mm

(3)桥枕削平平面要平顺、无毛刺、无积水、横向两侧较铁垫板部分低( )。

(A)1 mm　　(B)2 mm　　(C)3 mm

(4)桥枕削平槽口切面整齐并与桥枕轴线垂直,歪斜不超过(　　)。

(A)2 mm　　(B)3 mm　　(C)4 mm

(5)钢轨或铁垫板下桥枕磨损或腐朽较严重时,必须对桥枕进行(　　)。

(A)腻缝　　(B)削平　　(C)挖补

(6)桥枕削平允误差允许增减(　　)。

(A)8 mm　　(B)10 mm　　(C)12 mm

(7)桥枕削平槽口要有(　　)坡度。

(A)1∶1～1∶1.5　　(B)1∶2～1∶1.5　　(C)2∶1～2∶3

➤试题参考答案

1. 判 断 题

(1)√　　(2)×　　(3)×　　(4)√　　(5)×

2. 选 择 题

(1)C　　(2)C　　(3)B　　(4)B　　(5)B　　(6)B

(7)A

第二节　护 木 作 业

一、制作护木

(一)作业目的

消除桥上失效护木,保证桥上桥枕不上下串动、爬行,确保桥上线路几何尺寸稳定和行车安全。

(二)作业条件

1. 线下作业。

2. 带班人由不低于班长或能胜任的桥隧工担任。

(三)作业程序

1. 作业工具:锯子、刨子、斧头、平口凿子、墨斗、19 mm 麻花钻、2～3.5 mm 镀锌铁丝、氟化纳防腐浆膏或煤焦油、油刷、小油桶。

2. 调查更换护木尺寸，数据准确无误。

3. 刨光：护木方正无毛刺。

4. 画线：画出刻槽线及倒棱角线，要求准确无误。

5. 刻槽倒棱角，采取 1∶1坡度进行倒棱，要求顺直。

6. 钻螺栓孔，锯头和捆扎。

7. 涂刷氟化纳防腐浆膏或煤焦油。

（四）作业质量

1. 标准断面为 150 mm×150 mm，倒棱角为 20 mm×20 mm。

2. 护木与桥枕联结处刻 20～30 mm 深的槽口与枕木卡紧。

3. 表面平整无毛刺。

4. 素材制作护木，刨光后应涂氟化纳防腐浆膏或煤焦油两度。

（五）作业安全

1. 作业场地平坦，护木放置稳固。

2. 使用刃具要防止碰伤手脚。

3. 使用电动工具时，要有漏电保护器，防止漏电伤人。

（六）作业评价

项目	标准分	评价标准	扣分标准	存在问题	扣分	得分
作业条件	10	1. 线下作业	违反规定，扣 100 分			
		2. 带班人由不低于班长或能胜任的桥隧工担任	违反要求，扣 100 分			
作业程序	35	1. 作业工具：锯子、刨子、斧头、平口凿子、墨斗、19 mm 麻花钻、2～3.5 mm 镀锌铁丝、氟化纳防腐浆膏或煤焦油、油刷、小油桶	料具不齐全，每项扣 5 分			
		2. 调查更换护木尺寸，数据准确无误	数据有误，扣 5 分			
		3. 刨光：护木方正无毛刺	未刨光或有毛刺，扣 2 分			
		4. 画线：画出刻槽线及倒棱角线，要求准确无误	画线有误，扣 3 分			

续上表

项目	标准分	评价标准	扣分标准	存在问题	扣分	得分
作业程序	35	5. 刻槽倒棱角,采取 1∶1 坡度进行倒棱,要求顺直	未倒棱或比例有无,扣 5 分			
		6. 钻螺栓孔,锯头和捆扎	钻螺栓孔歪斜扣 3 分;护木头未锯齐、未捆扎扣 5 分			
		7. 涂刷氟化纳防腐浆膏或煤焦油	未进行防腐处理,扣 5 分			
作业质量	30	1. 标准断面为 150 mm × 150 mm, 倒棱角为 20 mm × 20 mm	断面不标准,每处扣 5 分			
		2. 护木与桥枕联结处刻 20 ~ 30 mm 深的槽口与枕木卡紧	刻槽深度不够或超限,每头扣 3 分			
		3. 表面平整无毛刺	表面有毛刺每处扣 2 分			
		4. 素材制作护木,刨光后应涂氟化纳防腐浆膏或煤焦油两度	未进行防腐处理,扣 5 分			
作业安全	15	1. 作业场地平坦,护木放置稳固	违反扣 5 分			
		2. 使用刃具要防止碰伤手脚	碰伤手脚,扣 5 分			
		3. 使用电动工具时,要有漏电保护器,防止漏电伤人	未装漏电保护器,扣 15 分;发生触电事故扣 100 分			
效率	10	50 min/m	提前不加分,每延长 10 min 扣 1 分			
总分	100					
作业点评:						

(七)试　　题

1. 判 断 题

(1)制作护木时,要求护木表面平整无毛刺。　　　　(　　)

(2)护木标准断面为 150 mm × 150 mm。　　　　(　　)

2. 选 择 题

(1)护木的倒棱角为(　　)mm。

(A)15 × 15　　　(B)20 × 20　　　(C)25 × 25

(2)护木与桥枕联结处刻(　　)mm 深的槽口,紧扣在桥枕上。

(A)20～30　　　(B)15～30　　　(C)25～35

(3)护木内侧与基本轨头部外侧的距离，Ⅰ式桥面为(　　)mm。

(A)220～500　　　(B)250～350　　　(C)300～500

(4)护木内侧与基本轨头部外侧的距离，Ⅱ式桥面为(　　)mm。

(A)220～500　　　(B)250～350　　　(C)300～500

(5)Ⅰ式桥面为护木与桥枕、钢梁上翼缘用直径(　　)mm钩螺栓联结。

(A)18　　　(B)20　　　(C)22

(6)Ⅱ式桥面为护木与每隔一根桥枕用直径(　　)mm螺栓联结。

(A)18或20　　　(B)20或22　　　(C)22或24

➢试题参考答案

1. 判断题

(1)√　　(2)√

2. 选择题

(1)B　　(2)A　　(3)A　　(4)C　　(5)C　　(6)B

二、更换护木

(一)作业目的

消除桥上失效护木，保证桥上桥枕不上下串动、爬行，确保桥上线路几何尺寸稳定和行车安全。

(二)作业条件

1. 插设作业标，设驻站、远端、现场防护，桥上用对讲机或电话防护，利用维修“天窗”进行作业。

2. 带班人由不低于班长或能胜任的桥隧工担任。

(三)作业程序

1. 作业准备：插好作业牌，设置驻车站、远端、现场防护员，持对讲机防护。

2. 调查确定更换护木的更换长度，制作护木。

3. 护木钻制的螺栓孔，要位置正确，并作防腐处理。

4. 卸钩螺栓或护木螺栓，把拆卸钩螺栓帽戴到螺杆上，将拆除的旧护木移出桥面，放于适当地点。

5. 清扫、清理桥枕面，并根据实际情况做桥枕面及孔眼的挖补和防腐处理。

6. 安装护木，各部要密贴卡紧，用锤敲击护木时要垫木块。

7. 上紧螺栓，螺栓要涂油防锈，注意整正各种垫圈位置并画箭头标志。

8. 接头钉铁皮，应严密无缝，防止漏水、积水。

（四）作业质量

1. 护木槽口深 20 ~ 30 mm，并与桥枕密贴卡紧。

2. 梁端断开，应留有一定空隙，保证梁能自由伸缩。

3. 护木安装顺直，位置正确。

4. Ⅰ式桥面护木内侧距主轨外侧距离 220 ~ 500 mm；Ⅱ式桥面护木内侧距主轨外侧距离 300 ~ 500 mm。

5. 护木接头内侧及上面不允许有错牙，如因钢梁类型不一致必须错开时，在接头处靠外面一根护木的内侧加三角形木块并用螺栓联牢。

6. 护木接头采用半木搭接设于桥枕上。

7. Ⅱ式桥面时护木螺栓与钩螺栓不共用时，下列位置应安装直径 20 ~ 22 mm 的护木螺栓。

（1）护木在每隔一根桥枕上。

（2）主梁或纵梁两端。

（3）设防爬角钢和护木搭接的桥枕上。护木螺栓上、下均配以 80 mm × 80 mm ×（6 ~ 8）mm 铁垫圈及上面安装 100 mm × 100 mm ×（10 ~ 20）mm 倒棱角的木垫圈（或与铁垫大小相同的胶垫）。

8. 螺栓顶不超过主轨顶 20 mm，螺栓孔应垂直，偏差不大于4 mm。

9. 护木必须经过防腐处理。

（五）作业安全

1. 开行动车地段，在动车组通过前 30 min 应停止作业，到线路外侧不小于 3 m 外的安全地点避车。视线不良地段应增设中间联络员。

2. 避车时工具应带出桥外。

3. 放行列车不减速通过时，每隔一根桥枕上紧一根钩螺栓（按明桥面Ⅰ式布置，单根拆除护木时，容许每隔一根桥枕上紧三根钩螺栓）。

4. 放置料具不得侵入限界。

（六）作业评价

项目	标准分	评价标准	扣分标准	存在问题	扣分	得分
作业条件	10	1. 插设作业标，设驻站、远端、现场防护，桥上用对讲机或电话防护，利用维修"天窗"进行作业	违反规定，扣 100 分			
		2. 带班人由不低于班长或能胜任的桥隧工担任	违反有关要求，扣 100 分			
作业程序	35	1. 作业准备：插好作业牌，设置驻车站、远端、现场防护员，持对讲机防护	未按规定，每项扣 100 分			
		2. 调查确定更换护木的更换长度，制作护木	不符合要求，每项扣 2 分			
		3. 护木钻制的螺栓孔，要位置正确，并作防腐处理	位置有误，未进行防腐处理扣 5 分			
		4. 卸钩螺栓或护木螺栓，把拆卸钩螺栓帽戴到螺杆上，将拆除旧护木并移出桥面，放于适当地点	拆卸的钩螺栓帽未戴到螺杆上，每个螺栓扣 3 分；未将拆除的旧护木移出桥面，未放于适当地点，扣 3 分			
		5. 清扫、清理桥枕面，并根据实际情况做桥枕面及孔眼的挖补和防腐处理	未根据实际情况作桥枕面及孔眼的挖补和防腐处理，扣 5 分			
		6. 安装护木，各部要密贴卡紧，用锤敲击护木时要垫木块	安装不密贴，扣 5 分，用锤敲击护木扣 5 分			
		7. 上紧螺栓，螺栓要涂油防锈，注意整正各种垫圈位置并画箭头标志	未进行涂油和防锈处理，扣 5 分；垫圈不正、未画标志扣 3 分			
		8. 接头钉铁皮，应严密无缝，防止漏水、积水	接头未钉铁皮扣 5 分，有缝隙、漏水、积水扣 5 分			

续上表

项目	标准分	评价标准	扣分标准	存在问题	扣分	得分
作业质量	30	1. 护木槽口深20～30 mm，并与桥枕密贴卡紧	刻槽深度不够或超限，与桥枕密贴卡紧，每处扣5分			
		2. 梁端断开，应留有一定空隙，保证梁能自由伸缩	梁端护木未断开，每头扣5分；梁不能自由伸缩扣10分			
		3. 护木安装顺直，位置正确	位置有误、不顺直扣3分			
		4. Ⅰ式桥面护木内侧距主轨外侧距离220～500 mm；Ⅱ式桥面护木内侧距主轨外侧距离300～500 mm	不符合规定，扣5分			
		5. 护木接头内侧及上面不允许有错牙，如因钢梁类型不一致必须错开时，在接头处靠外面一根护木的内侧加三角形木块并用螺栓联牢	有错牙，不符合要求，扣3分			
		6. 护木接头采用半木搭接设于桥枕上	未搭接、未挤拢扣3分			
		7. Ⅱ式桥面时护木螺栓与钩螺栓不共用时，下列位置应安装直径20～22 mm的护木螺栓	未安装20～22 mm护木螺栓，扣5分			
		(1)护木在每隔一根桥枕上	不符合标准，扣5分			
		(2)主梁或纵梁两端	不符合标准，每项扣5分			
		(3)设防爬角钢和护木搭接的桥枕上。护木螺栓上、下均配以80 mm×80 mm×(6～8) mm铁垫圈及上面安装100 mm×100 mm×(10～20) mm倒棱角的木垫圈(或与铁垫大小相同的胶垫)	护木螺栓上、下未配以80 mm×80 mm×(6～8) mm铁垫圈，缺一块扣3分			
		8. 螺栓顶不超过主轨顶20 mm，螺栓孔应垂直，偏差不大于4 mm	螺栓顶部超过钢轨顶部20 mm、偏差大于4 mm扣5分			
		9. 护木必须经过防腐处理	未进行防腐处理扣5分			
作业安全	15	1. 开行动车地段，在动车组通过前30 min应停止作业，到线路外侧不小于3 m外的安全地点避车。视线不良地段应增设中间联络员	违反规定扣100分。视线不良地段未增设中间联络员扣100分			
		2. 避车时工具应带出桥外	避车时工具未带出桥外，扣5分			

续上表

项目	标准分	评价标准	扣分标准	存在问题	扣分	得分
作业安全	15	3. 放行列车不减速通过时，每隔一根桥枕上紧一根钩螺栓(按明桥面Ⅰ式布置，单根拆除护木时，容许每隔一根桥枕上紧三根钩螺栓) 4. 放置料具不得侵入限界	违反规定，每项扣5分 料具侵入限界，扣5分			
效率	10	限时30 min/m	提前不扣分，每延长10 min扣1分			
总分	100					
作业点评:						

(七)试　　题

1. 判 断 题

(1)护木钻制的螺栓孔，要位置正确，可不做防腐处理。 (　　)

(2)卸勾螺栓或护木螺栓，把拆卸勾螺栓帽戴到螺杆上，以免碰坏丝扣。 (　　)

(3)安装护木时，各部要密贴卡紧，不得用锤敲击护木，用锤敲击护木时要垫木块。 (　　)

(4)上紧护木螺栓时，螺栓要涂油，螺栓可不做防锈处理。 (　　)

(5)护木槽口深20～30 mm，并要与桥枕密贴卡紧。 (　　)

(6)护木接头处钉铁皮或进行腻缝，应严密无缝，防止漏水、积水。 (　　)

(7)梁端处护木应断开，留有一定空隙，保证梁的自由伸缩。 (　　)

2. 选 择 题

(1)Ⅰ式桥面护木内侧距主轨外侧距离是(　　)mm。

(A)220～500　　(B)200～300　　(C)350～500

(2) Ⅱ式桥面护木内侧距主轨外侧距离是(　　)mm。

(A)200～300　　(B)210～500　　(C)300～500

(3) Ⅱ式桥面时护木螺栓与钩螺栓不共用时,应用直径(　　)mm 作为护木螺栓。

(A)8～12　　(B)20～22　　(C)25～32

(4)护木螺栓顶不超过主轨顶(　　)mm。

(A)5　　(B)15　　(C)20

(5)护木螺栓孔应垂直,偏差不大于(　　)mm。

(A)2　　(B)4　　(C)8

➢试题参考答案

1. 判 断 题

(1)×　(2)√　(3)√　(4)×　(5)√　(6)√

(7)√

2. 选 择 题

(1)A　(2)C　(3)B　(4)C　(5)B

三、护木腻缝

(一)作业目的

延缓护木腐朽速度,延长使用寿命。

(二)作业条件

1. 插设作业标,设驻站、远端、现场防护,桥上用对讲机或电话防护,利用列车间隔时间作业。

2. 带班人由不低于工班长或指派能胜任的桥隧工担任。

(三)作业程序

1. 应备工具材料:小扁铲、ϕ6 mm 或 ϕ8 mm 钢筋钩、50 mm 油灰刀、100 mm 毛刷、皮老虎、小油壶、铁勺、经防腐处理的木片、浆膏浸麻刀、煤焦油、氟化钠。

2. 清缝:用小扁铲、小钢筋钩彻底清除桥枕桥面上和裂缝中的旧腻料及污垢,用毛刷将护木表面清扫,并用皮老虎吹干净。

3. 堵缝:用经防腐处理的木片或浆膏浸麻刀填塞较大裂缝,并堵塞通向护木头、孔眼和削平槽口处的裂缝端头,防止浆膏外流。

4. 配制浆膏:按质量比1∶1称出煤焦油和氟化钠的用量;把煤焦油加热到30 ℃ ~40 ℃(40 ℃开始冒小气泡);慢慢地加入氟化钠,同时不断搅拌,至均匀为止;煤焦油加热超过35 ℃ ~40 ℃则变稀,氟化钠容易沉淀不好使用,如煤焦油过稠调成的浆膏在涂刷时不易拉开刷子,可适当增加煤焦油的比例,一般选用1∶1.5(氟化钠∶煤焦油)。为防止氟化钠沉锭,使用时应经常搅拌。

5. 灌缝:用小油壶或铁勺将浆膏灌入;第一次灌满后,经列车振动后下沉,要灌第二次,第三次直到灌缝无变化为止,用小抹子将腻子刮平。

(四)作业质量

1. 护木表面无污染,并清扫干净。

2. 灌缝饱满,平整顶面2 mm以上裂纹无漏灌,缝口凹陷深度不超过3 mm。

3. 浆膏和防腐油或煤焦油按规定比例配制,稀稠程度适中。

4. 涂刷均匀、无漏涂、无流淌、不露底。

(五)作业安全

1. 开行动车地段,在动车组通过前30 min应停止作业,到线路外侧不少于3 m外的安全地点避车。视线不良地段应增设中间联络员。

2. 避车时工具应带出桥外。

3. 作业时应面向列车方向。

4. 作业人员应戴防护手套、口罩及护目镜。

5. 工具良好,无损坏、丢失。

6. 浆膏加热时应注意防火和烫伤。

7. 加热时,应站在风向的上风处。

(六)作业评价

项目	标准分	评价标准	扣分标准	存在问题	扣分	得分
作业条件	10	1. 插设作业标,设驻站、远端、现场防护,桥上用对讲机或电话防护,利用列车间隔时间作业	违反规定,扣100分			
		2. 带班人由不低于工班长或指派能胜任的桥隧工担任	违反要求,扣100分			
作业程序	35	1. 应备工具材料:小扁铲、ϕ6 mm或ϕ8 mm钢筋钩、50 mm油灰刀、100 mm毛刷、皮老虎、小油壶、铁勺、经防腐处理的木片、浆膏浸麻刀、煤焦油、氟化钠	料具不齐全,每缺一项扣3分			
		2. 清缝:用小扁铲、小钢筋钩彻底清除桥枕桥面上和裂缝中的旧腻料和污垢,用毛刷将护木表面清扫,并用皮老虎吹干净	未按要求操作,扣5分,漏一项扣5分			
		3. 堵缝:用经防腐处理的木片或浆膏浸麻刀填塞较大裂缝,并堵塞通向护木头、孔眼和削平槽口处的裂缝端头,防止浆膏外流	操作不符合要求,每项扣3分			
		4. 配制浆膏:按质量比1:1称出煤焦油和氟化钠的用量;把煤焦油加热到30 ℃ ~40 ℃(40 ℃开始冒小气泡);慢慢地加入氟化钠,同时不断搅拌,至均匀为止;煤焦油加热超过35 ℃ ~40 ℃则变稀,氟化钠容易沉淀不好使用,如煤焦油过稠调成的浆膏在涂刷时不易拉开刷子,可适当增加煤焦油的比例,一般选用1:1.5(氟化钠:煤焦油)。为防止氟化钠沉锭,使用时应经常搅拌	未按质量比和要求配制浆膏,扣5分			
		5. 灌缝:用小油壶或铁勺将浆膏灌入;第一次灌满后,经列车振动后下沉,要灌第二次,第三次直到灌缝无变化为止,用小抹子将腻子刮平	未按要求操作,缝隙未灌满、腻子未刮平,每项扣3分			
作业质量	30	1. 护木表面无污染,并清扫干净	清扫不干净,扣2分			
		2. 灌缝饱满,平整顶面2 mm以上裂纹无漏灌,缝口凹陷深度不超过3 mm	灌腻不密实、平整、饱满、有漏灌每处扣2分			
		3. 浆膏和防腐油或煤焦油按规定比例配制,稀稠程度适中	未按比例配制浆膏,扣10分			
		4. 涂刷均匀、无漏涂、无流淌、不露底	涂刷不均匀,有漏涂、露底,每处扣5分			

续上表

项目	标准分	评价标准	扣分标准	存在问题	扣分	得分
作业安全	15	1. 开行动车地段，在动车组通过前 30 min 应停止作业，到线路外侧不少于 3 m 外的安全地点避车。视线不良地段应增设中间联络员	违反规定扣 100 分；视线不良地段未增设中间联络员扣 100 分			
		2. 避车时工具应带出桥外	避车时工具未带出桥外，扣 5 分			
		3. 作业时应面向列车方向	背向列车作业，扣 5 分			
		4. 作业人员应戴防护手套，口罩及护目镜	不按规定佩戴防护用品，每项扣 2 分			
		5. 工具良好，无损坏、丢失	工具不良，损坏、掉落料具，每件扣 2 分			
		6. 浆膏加热时应注意防火和烫伤	有轻伤或事故苗头，扣 15 分			
		7. 加热时，应站在风向的上方	未按要求操作，扣 5 分			
效率	10	限时 4 min/m	提前不扣分，每超 1 min 扣 2 分			
总分	100					
作业点评：						

(七)试　　题

1. 判 断 题

(1)护木腻缝带班人由工班长或能胜任的职工担任。(　　)

(2)作业人员应戴防护手套，口罩及护目镜，并站在上风处。(　　)

(3)腻缝需进行二道即可。(　　)

(4)配制浆膏：按质量比 1∶1称出煤焦油和氟化钠的用量。(　　)

(5)灌缝饱满，平整顶面 2 mm 以上裂纹无漏灌，缝口凹陷深度不超过 3 mm。(　　)

2. 选 择 题

(1)灌注护木防腐浆膏，气温较低时可将浆膏加热到(　　)左右，搅拌均匀，再进行灌注。

(A)30 ℃　　(B)35 ℃　　(C)45 ℃

(2)护木灌注防腐浆膏下沉时,应(　　)灌满、刮平。

(A)连续　　(B)停止　　(C)暂停

(3)用小扁铲、小钢筋彻底清除护木桥面上和裂缝中的旧腻料及污垢,并用(　　)吹干净。

(A)老虎皮　　(B)嘴　　(C)毛刷

(4)配制浆膏:按质量比(　　)称出煤焦油和氟化钠的用量。

(A)1∶1　　(B)1∶2　　(C)1∶3

(5)把煤焦油加热到(　　)(40 ℃开始冒小气泡);慢慢地加入氟化钠,同时不断搅拌,至均匀为止。

(A)25 ℃ ~30 ℃　　(B)30 ℃ ~40 ℃　　(C)35 ℃ ~45 ℃

(6)在离地面(　　)以上的高空及陡坡上作业时,必须戴安全帽、安全带及安全绳,不得穿带钉或易溜滑的鞋。

(A)2 m　　(B)3 m　　(C)4 m

➢试题参考答案

1. 判 断 题

(1)√　　(2)√　　(3)×　　(4)√　　(5)√

2. 选 择 题

(1)B　　(2)A　　(3)A　　(4)A　　(5)B　　(6)A

四、护木涂油

(一)作业目的

防止护木腐坏,延长护木使用寿命。

(二)作业条件

1. 插设作业标,设驻站、远端、现场防护,桥上用对讲机或电话防护,利用列车间隔时间作业。

2. 带班人由不低于工班长或能胜任的桥隧工担任。

(三)作业程序

1. 应备工具:铲刀、扁油刷、扫帚、小油桶、棉纱头、皮老虎

2. 配制防腐油：氟化钠与煤焦油按 1:(1～1.5)(质量比)搅拌均匀。

3. 铲除护木表面污垢、脏物，并清扫干净。

4. 气温低时，可将防腐油或煤焦油用水溶法加热至 35 ℃～40 ℃。

5. 灌缝、镶补、削平作业完毕。

6. 用扁油刷沾防腐油或煤焦油均匀地涂刷于护木顶面，对细小裂纹多刷几遍，使防腐油或煤焦油嵌入缝内。

7. 刷防腐油：涂刷时应经常搅拌。

(四)作业质量

1. 护木表面污垢、脏物清除彻底。

2. 护木顶面涂油无遗漏。

3. 涂油表面均匀、无漏涂、不流淌、不露底。

4. 防腐油不污染钢梁。

(五)作业安全

1. 开行动车地段，在动车组通过前 30 min 应停止作业，到线路外侧不少于 3 m 外的安全地点避车。视线不良地段应增设中间联络员。

2. 及时避车并把工具带出桥外。

3. 不得穿带钉和易溜滑的鞋。

4. 面向列车方向作业，并应戴防护手套、口罩以及护目镜。

5. 涂油时，应站在风向的上风处，以免发生中毒。

6. 不伤手脚。

(六)作业评价

项目	标准分	评价标准	扣分标准	存在问题	扣分	得分
作业条件	10	1. 插设作业标，设驻站、远端、现场防护，桥上用对讲机或电话防护，利用列车间隔时间作业	违反规定，扣 100 分			
		2. 带班人由不低于工班长或能胜任的桥隧工担任	违反有关要求，扣 100 分			

续上表

项目	标准分	评价标准	扣分标准	存在问题	扣分	得分
作业程序	35	1. 应备工具:铲刀、扁油刷、扫帚、小油桶、棉纱头	工具未配齐,每缺一样扣5分			
		2. 配制防腐油:氟化钠与煤焦油按1:(1～1.5)(质量比)搅拌均匀	防腐油未按规定配合比调制,扣5分			
		3. 铲除护木表面污垢、脏物,并清扫干净	未清扫或清扫不干净,扣3分			
		4. 气温低时,可将防腐油或煤焦油用水溶法加热至35℃～40℃	未按要求操作,扣3分			
		5. 灌缝、镶补、削平作业完毕	漏项未做,每次扣3分			
		6. 用扁油刷沾防腐油或煤焦油均匀地涂刷于护木顶面,对细小裂纹多刷几遍,使防腐油或煤焦油嵌入缝内	不均匀、未按要求操作,扣3分			
		7. 刷防腐油:涂刷时应经常搅拌	未做到扣3分			
作业质量	30	1. 护木表面污垢、脏物清除彻底	有4 cm^2 以上之污物未清除彻底,每处扣5分			
		2. 护木顶面涂油无遗漏	遗漏未涂油,每处(每4 cm^2 为一处)扣5分			
		3. 涂油表面均匀、无漏涂、不流淌、不露底	涂油不均匀、流淌、露底,每项扣5分			
		4. 防腐油不污染钢梁	防腐油污染钢梁未清除或清除不干净,每处扣5分			
作业安全	15	1. 开行动车地段,在动车组通过前30 min应停止作业,到线路外侧不少于3 m外的安全地点避车,视线不良地段应增设中间联络员	违反规定或视线不良地段未增设中间联络员,扣100分			
		2. 及时避车并把工具带出桥外	未及时携带工具避车,每次扣5分			
		3. 不得穿带钉和易溜滑的鞋	穿带钉、易溜滑鞋,扣5分			
		4. 面向列车方向作业,并应戴防护手套、口罩以及护目镜	背向列车方向作业或未戴防护用品,每项扣5分			

续上表

项目	标准分	评 价 标 准	扣分标准	存在问题	扣分	得分
作业安全	15	5. 涂油时,应站在风向的上风处,以免发生中毒 6. 不伤手脚	未做到,扣5分 伤手脚,每次扣5分			
效率	10	限时23 min/10 m	提前不加分,每超1 min扣2分			
总分	100					
作业点评:						

(七)试　　题

1. 判 断 题

(1)护木涂油可以利用列车间隔施工。（　　）

(2)配制防腐油:氟化钠与煤焦油按1:(1～1.5)(质量比)搅拌均匀。（　　）

(3)防腐浆膏配制的越稀越好使用。（　　）

(4)涂油时按规定穿戴防护手套、口罩和护目镜。（　　）

(5)涂刷防腐油时应经常搅拌。（　　）

2. 选 择 题

(1)护木涂油作业的条件:桥面用对讲机进行防护,利用(　　)进行施工。

(A)列车间隔　　(B)天窗修　　(C)可以随时

(2)护木涂油由(　　)作为带班人。

(A)工班长　　(B)普通工人　　(C)车间主任

(3)气温低时,可将防腐油或煤焦油用水溶法加热至(　　)。

(A)25 ℃～35 ℃　　(B)35 ℃～40 ℃　　(C)35 ℃～45 ℃

(4)刷防腐油,涂刷时应(　　)

(A)经常搅拌　　(B)不需搅拌　　(C)都可以

(5)护木涂油的作业程序为(　　)

(A)配制防腐油→清除木枕表面→刷防腐油

(B)清除木枕表面→配制防腐油→刷防腐油

(C)配制防腐油→刷防腐油

➢试题参考答案

1. 判 断 题

(1)√　(2)√　(3)×　(4)√　(5)√

2. 选 择 题

(1)A　(2)A　(3)B　(4)A　(5)A

五、挖补护木

(一)作业目的

确保护木无腐朽,延长使用寿命。

(二)作业条件

1. 插设作业标,设驻站、远端、现场防护,桥上用对讲机或电话防护,利用列车间隔时间进行作业。

2. 带班人由不低于工班长或能胜任的桥隧工担任。

(三)作业程序

1. 应备料具:木工刨、墨斗、拐尺、2 m 小钢尺或木折尺、小手锤、平口凿子、小油桶、小油刷、斧子、木板(厚 20 ~ 50 mm)、氟化钠、煤焦油、铁钉或木钉等。

2. 画线:画出挖除腐朽损坏部位的长、宽、厚线条,去腐彻底,挖除量要少。

3. 开槽:锯凿腐朽部分,并仔细铲修平整,槽口平整。

4. 制作镶板(楔形或燕尾式):按镶补尺寸画线下料。将下好的镶板放在已挖凿好的槽口上比试,并进行细修。

5. 防腐处理:各新挖凿面及镶拼面用防腐油涂刷均匀。

6. 镶补、钉牢:① 镶入新板,用铁钉或木钉钉牢。② 镶嵌密贴无缝隙。

(四)作业质量

1. 腐朽损坏部位挖除彻底,木材损失最小,断面尺寸整齐。

2. 镶板嵌紧，镶补面平整、密贴，镶拼缝宽小于1 mm。

3. 镶拼牢固，钉牢无松动、劈裂。

4. 防腐油涂刷均匀，无漏涂。

（五）作业安全

1. 开行动车地段，在动车组通过前30 min应停止作业，到线路外侧不小于3 m外的安全地点避车。视线不良地段应增设中间联络员。

2. 应面向来车方向作业。避车时工具应带出桥外。

3. 防腐处理应戴口罩、手套。

4. 在无人行道桥上作业时，上、卸螺栓不得向外侧用力。

5. 工具良好，无失落。

6. 不伤手脚。

（六）作业评价

项目	标准分	评价标准	扣分标准	存在问题	扣分	得分
作业条件	10	1. 插设作业标，设驻站、远端、现场防护，桥上用对讲机或电话防护，利用列车间隔时间进行作业	违反规定，扣100分			
		2. 带班人由不低于工班长或能胜任的桥隧工担任	违反规定要求，扣100分			
作业程序	35	1. 应备料具：木工刨、墨斗、拐尺、2 m小钢尺或木折尺、小手锤、平口凿子、小油桶、小油刷、斧子、木板（厚20～50 mm）、氟化钠、煤焦油、铁钉或木钉等	料具不齐全，每缺一项扣2分			
		2. 划线：划出挖除腐朽损坏部位的长宽、厚线条，去腐彻底，挖除量要少	未按要求划线，扣3分			
		3. 开槽：锯凿腐朽部分，并仔细铲修平整，槽口平整	铲修不平整，槽口不平整，扣3分			
		4. 制作镶板（楔形或燕尾式）：按镶补尺寸划线下料。将下好的镶板放在已挖凿好的槽口上比试，并进行细修	未按要求操作，扣5分			
		5. 防腐处理：各新挖凿面及镶拼面用防腐油涂刷均匀	操作不符合要求，每项扣2分			
		6. 镶补、钉牢：① 镶入新板，用铁钉或木钉钉牢。② 镶嵌密贴无缝隙	镶补未钉牢或有缝隙，每项扣3分			

续上表

项目	标准分	评价标准	扣分标准	存在问题	扣分	得分
作业质量	30	1. 腐朽损坏部位挖除彻底,木材损失最小,断面尺寸整齐 2. 镶板嵌紧,镶补面平整、密贴,镶拼缝宽小于1 mm 3. 镶拼牢固,钉牢无松动、劈裂 4. 防腐油涂刷均匀,无漏涂	外形尺寸不整齐,每处扣10分 拼缝宽达1 mm及以上,每处扣2分,大于2 mm扣5分 有松动、劈裂,每处扣10分 涂油不均匀或漏涂大于1 cm^2,每处扣5分			
作业安全	15	1. 开行动车地段,在动车组通过前30 min应停止作业,到线路外侧不少于3 m外的安全地点避车;视线不良地段应增设中间联络员 2. 应面向来车方向作业。避车时工具应带出桥外 3. 防腐处理应戴口罩,手套 4. 在无人行道桥上作业时,上、卸螺栓不得向外侧用力 5. 工具良好,无失落 6. 不伤手脚	违反规定或视线不良地段未增设中间联络员,扣100分 背向列车作业,每次扣10分;避车时工具未带出,每次扣5分 不戴防护用品,每项扣5分 未按要求操作,扣5分 工具不良,失落料具,每件扣2分 伤手脚,每次扣15分,或有事故苗头,扣15分			
效率	10	限时25 min/处	提前不加分,每超1 min扣2分			
总分	100					
作业点评:						

(七)判断题

(1)护木挖补时,挖除量要少。 (　　)

(2)护木挖补时,镶嵌密贴无缝隙。 (　　)

(3)在无人行道桥上作业时,上、卸螺栓不得向外侧用力。 (　　)

(4)护木镶板嵌紧,镶补面平整、密贴,镶拼缝宽大于1 mm。 (　　)

(5)应面向来车方向作业,避车时工具应带出桥外。( )

➢试题参考答案

判 断 题

(1)√ (2)√ (3)√ (4)× (5)√

六、护木削平

(一)作业目的

保证护木质量,延长护木使用寿命。

(二)作业条件

1. 插设作业标,设驻站、远端、现场防护,桥上用对讲机或电话防护,利用列车间隔时间进行作业。

2. 带班人由不低于班长或能胜任的桥隧工担任。

(三)作业程序

1. 应备工具:石笔、拐尺、2 m 小钢尺或木折尺、平口凿子(或扁铲)、小油桶、小油刷、锛子、煤焦油。

2. 检查护木,对护木螺栓垫圈切入木质深度在 3 mm 及以上时,进行削平。

3. 画线:画出削平部位的长、宽、厚度。

4. 锯切口,注意防止锯口超限。

5. 用锛子及削平刀(或扁铲)削平,注意顺木纹砍削,不要砍伤护木,使用锛子时两脚站立部位要躲开锛砍方向。

6. 用削平刀(或扁铲)将垫圈四周找细并清扫木屑。

7. 腻缝,刷防腐油。

(四)作业质量

1. 削平槽口长 150 mm,宽 15 ~ 20 mm。

2. 槽口切线与护木垂直,削平后锯口无遗痕。

3. 削平面平整,横向两侧较中间处低 1 ~ 2 mm,无砍削伤痕及毛刺,铁垫圈四周无积水。

4. 削平面腻缝平整,涂防腐油均匀,无流淌。

（五）作业安全

1. 开行动车地段，在动车组通过前 30 min 应停止作业，到线路外侧不小于 3 m 外的安全地点避车，视线不良地段应增设中间联络员。

2. 避车时工具应带出桥外，并放置稳妥。

3. 按操作要领砍削，防止砍伤腿脚、蹬空及摔倒。

（六）作业评价

项目	标准分	评价标准	扣分标准	存在问题	扣分	得分
作业条件	10	1. 插设作业标，设驻站、远端、现场防护，桥上用对讲机或电话防护，利用列车间隔时间进行作业	违反规定，扣 100 分			
		2. 带班人由不低于班长或能胜任的桥隧工担任	违反有关要求，扣 100 分			
作业程序	35	1. 应备料具：石笔、拐尺、2 m小钢尺或木折尺、平口凿子（或扁铲）、小油桶、小油刷、锛子、煤焦油	料具不齐全，每缺一项扣 2 分			
		2. 检查护木，对护木螺栓垫圈切入木质深度在 3 mm 及以上时，进行削平	有 3 mm 以上漏削者，扣 5 分			
		3. 画线：画出削平部位的长、宽、厚度	未按要求画线，扣 3 分			
		4. 锯切口，注意防止锯口超限	锯口超限扣 5 分			
		5. 用锛子及削平刀（或扁铲）削平，注意顺木纹砍削，不要砍伤护木，使用锛子时两脚站立部位要躲开锛砍方向	操作不符合要求，每项扣 3 分			
		6. 用削平刀（或扁铲）将垫圈四周找细并清扫木屑	未找细、清扫扣 2 分			
		7. 腻缝，刷防腐油	未腻缝或防腐处理，扣 5 分			
作业质量	30	1. 削平槽口长 150 mm，宽 15 ~ 20 mm	超限达 ±5 mm 者，扣 5 分			
		2. 槽口切线与护木垂直，削平后锯口无遗痕	锯口有遗痕，扣 3 分			
		3. 削平面平整，横向两侧较中间处低 1 ~ 2 mm，无砍削伤痕及毛刺，铁垫圈四周无积水	横向两侧较中间高，扣 5 分；有伤痕、毛刺，扣 3 分；有积水，扣 5 分			
		4. 削平面腻缝平整，涂防腐油均匀，无流淌	削面不平整，扣 3 分；涂油不均匀、流淌，扣 3 分			

续上表

项目	标准分	评 价 标 准	扣分标准	存在问题	扣分	得分
作业安全	15	1. 开行动车地段，在动车组通过前 30 min 应停止作业，到线路外侧不少于 3 m 外的安全地点避车，视线不良地段应增设中间联络员 2. 避车时工具应带出桥外，并放置稳妥 3. 按操作要领砍削，防止砍伤腿脚、蹬空及摔倒	违反规定扣 100 分；视线不良地段未增设中间联络员，扣 100 分 避车时工具未带出桥外，放置不稳妥，每次扣 10 分 砍伤腿脚，每次扣 5 分，蹬空及摔倒，扣 5 分			
效率	10	限时 5 min/处	提前不扣分，每超 1 min 扣 2 分			
总分	100					
作业点评：						

(七)试　题

1. 判 断 题

(1)护木削平时，应注意顺木纹砍削，不要砍伤护木。(　　)

(2)护木削平完后，要对削平部位进行腻缝，刷防腐油。(　　)

(3)护木削平时，槽口切线与护木平行。(　　)

2. 选 择 题

(1)护木削平时，削平槽口长(　　)mm。

(A)80　　(B)100　　(C)150

(2)护木削平时，削平槽口宽(　　)mm。

(A)10～15　　(B)15～20　　(C)20～25

(3)护木削平时，护木螺栓垫圈切入木质深度在(　　)mm 及以上时，进行削平。

(A)3　　(B)6　　(C)9

(4)护木削平面平整，横向两侧较中间处低(　　)mm，无砍削伤痕及毛刺，铁垫圈四周无积水。

(A)1～2　　　　(B)2～3　　　　(C)3～5

➢试题参考答案

1. 判 断 题

(1)√　(2)√　(3)×

2. 选 择 题

(1)C　(2)B　(3)A　(4)A

七、护木槽口加楔

(一)作业目的

消除护木槽口与桥枕空隙,阻止桥枕顺桥移动(爬行)或偏斜。

(二)作业条件

1. 插设作业标,设驻站、远端、现场防护,桥上用对讲机或电话防护,利用列车间隔时间作业。

2. 带班人由不低于班长或能胜任的桥隧工担任。

(三)作业程序

1. 调查护木空隙情况,劈制相应的木楔,连同斧、刀、锯、凿、铲刀、铁线钉及小油桶等,放在提篮内上桥作业。

2. 用铲刀修整护木槽口并清理其油垢。

3. 选用相应木楔、楔形头蘸煤焦油后从大空隙两端分别打入。

4. 截锯外露木楔、并钉牢,清扫木屑。

5. 木屑白茬用煤焦油涂刷,不得污染桥面。

(四)作业质量

1. 木楔端头削成楔形,端头楔形长度不超过30 mm,其余部分为直杆,木楔全长为90 mm左右。

2. 木楔较槽口空隙稍宽,打紧加实。

3. 打进木楔和外露部分,锯切平整与护木面相平。

4. 用铁线钉钉牢(用35 mm或50 mm铁线钉,根据木楔大小选用)。

（五）作业安全

1. 开行动车地段，在动车组通过前 30 min 应停止作业，到线路外侧不少于 3 m 外的安全地点避车；视线不良地段应增设中间联络员。

2. 避车时工具应带出桥外。

3. 使用刃具注意防止伤人。

（六）作业评价

项目	标准分	评价标准	扣分标准	存在问题	扣分	得分
作业条件	10	1. 插设作业标，设驻站、远端、现场防护，桥上用对讲机或电话防护，利用维修"天窗"进行作业	违反规定，扣 100 分			
		2. 带班人由不低于班长或能胜任的桥隧工担任	违反有关要求，扣 100 分			
作业程序	35	1. 调查护木空隙情况，劈制相应的木楔，连同斧、刀、锯、凿、铲刀、铁线钉及小油桶等，放在提篮内上桥作业	料具不齐全，每缺一项扣 2 分			
		2. 用铲刀修整护木槽口并清理其油垢	未清理，扣 5 分			
		3. 选用相应木楔、楔形头蘸煤焦油后从大空隙两端分别打入	不符合要求，扣 5 分			
		4. 截锯外露木楔并钉牢，清扫木屑	未锯外露木楔、钉牢、清理，每项扣 3 分			
		5. 木屑白茬用煤焦油涂刷，不得污染桥面	未进行防腐处理，污染桥面扣 5 分			
作业质量	30	1. 木楔端头削成楔形，端头楔形长度不超过 30 mm，其余部分为直杆，木楔全长为 90 mm左右	不符合要求，超限达 ±5 mm 者，扣 5 分			
		2. 木楔较槽口空隙稍宽，打紧加实	未打紧、加实，扣 3 分			
		3. 打进木楔和外露部分，锯切平整与护木面相平	锯切不平整或与护木面不相平，扣 3 分			
		4. 用铁线钉钉牢（用 35 mm 或50 mm 铁线钉，根据木楔大小选用）	操作不规定，扣 3 分			
作业安全	15	1. 开行动车地段，在动车组通过前 30 min 应停止作业，到线路外侧不少于 3 m 外的安全地点避车，视线不良地段应增设中间联络员	违反规定或视线不良地段未增设中间防护员扣 100 分			
		2. 避车时工具应带出桥外	避车时工具未带出桥外，扣 10 分			

续上表

项目	标准分	评价标准	扣分标准	存在问题	扣分	得分
作业安全	15	3. 使用刃具注意防止伤人	砍伤腿脚，每次扣5分			
效率	10	限时 3 min/处	提前不扣分，每超1 min 扣2分			
总分	100					
作业点评：						

(七)试　　题

1. 判 断 题

(1)护木槽口加楔作业时，用铲刀修整护木槽口并清理其油垢。（　　）

(2)护木槽口加楔作业时，选用相应木楔，楔形头蘸煤焦油后从大空隙一端打入。（　　）

(3)木屑白茬用氟化钠溶液涂刷，不得污染桥面。（　　）

2. 选 择 题

(1)木楔端头削成楔形，端头楔形长度不超过(　　)mm，其余部分为直杆。

(A)10　　(B)20　　(C)30

(2)护木槽口加楔所用木楔的全长为(　　)mm 左右。

(A)90　　(B)100　　(C)120

(3)护木槽口加楔作业时，用铁线钉钉牢，所用铁线钉的规格是(　　)。

(A)35 mm 或 50 mm　(B)50 mm 或 60 mm　(C)60 mm 或 120 mm

➢试题参考答案

1. 判 断 题

(1)√　(2)×　(3)×

2. 选 择 题

(1)C　(2)A　(3)A

八、护木捆扎作业

(一)作业目的

防止护木开裂,延长使用寿命。

(二)作业条件

1. 插设作业标,设驻站、远端、现场防护,桥上用对讲机或电话防护,利用列车间隔时间作业。

2. 带班人由班长指派能胜任的职工担任。

(三)作业程序

1. 作业前准备

(1)插好作业牌,设驻站、远端、现场防护,桥上持对讲机或电话防护。

(2)料具:紧线器、克丝钳、手锤、木折尺、拐尺、2.5 ~ 3.0 mm 镀锌铁线、石笔。

2. 作业顺序

(1)画线定位:在护木劈裂处垂直于轴中心线画线。

(2)制作铁线钉:用直径 2.5 ~ 3.0 mm 的铁线截取50 mm,弯制成 U 形马钉若干个,截取铁线的两端时应切成尖形。

(3)护木端头有大于 3 mm 裂缝及新设置或更换的护木端头,长度超过 300 mm 时,应用夹枕器夹紧护木,使裂缝愈合。

(4)捆扎时,先将铁线一头弯成 90°、长 200 mm 的弯钩,钉入侧面距顶面 400 mm 处,再将铁线绕护木 2 ~ 3 圈,用紧线器拉紧铁线,边捆扎边用手锤敲打铁线,使其与护木表面密贴、方正、捆紧。

(5)捆紧后,分别用扒钉将两端钉牢。

(6)剪断铁线,为防止松弛,应将铁线弯回后打入另一侧面。

(四)作业质量

1. 捆扎位置正确,铁线应垂直于轴线。

2. 捆扎铁线紧牢,无松弛,表面裂缝小于 2 mm。

3. 捆扎铁线无重叠、分开、歪斜。

4. 清理现场,撤除防护。

(五)作业安全

1. 开行动车地段,在动车组通过前 30 min 应停止作业,到线路外侧不少于 3 m 外的安全地点避车,视线不良地段应加派防护员。

2. 避车时工具应带出桥外。

3. 捆扎时,注意防止碰伤手脚和损伤护木。

4. 使用紧线器时,防止蹬脱伤人。

5. 工具良好,会用,无失落。

6. 无事故苗头。

(六)作业评价

项目	标准分	评价标准	扣分标准	存在问题	扣分	得分
作业条件	10	1. 插设作业标,设驻站、远端、现场防护,桥上用对讲机或电话防护,利用列车间隔时间作业	违反规定,扣 100 分			
		2. 带班人由班长指派能胜任的职工担任	违反有关要求,扣 100 分			
作业程序	35	1. 作业前准备				
		(1)插好作业牌,设驻站、远端、现场防护,桥上持对讲机或电话防护	未按规定设置防护,扣 100 分			
		(2)料具:紧线器、克丝钳、手锤、木折尺、拐尺、2.5 ~ 3.0 mm 镀锌铁线、石笔	料具不齐全,每项扣 5 分			
		2. 作业顺序				
		(1)画线定位:在护木劈裂处垂直于轴中心线画线	不符合要求,每项扣 2 分			
		(2)制作铁线钉:用直径 2.5 ~ 3.0 mm 的铁线截取 50 mm,弯制成 U 形马钉若干个,截取铁线的两端时应切成尖形	不符合要求,每项扣 2 分			
		(3)护木端头有大于 3 mm 裂缝及新设置或更换的护木端头,长度超过 300 mm 时,应用夹枕器夹紧护木,使裂缝愈合	未按要求操作,扣 3 分			
		(4)捆扎时,先将铁线一头弯成 90°、长 200 mm 的弯钩,钉入侧面距顶面 400 mm 处,再将铁线绕护木 2 ~ 3 圈,用紧线器拉紧铁线,边捆扎边用手锤敲打铁线,使其与护木表面密贴、方正、捆紧	未按要求操作,扣 3 分;铁线与护木表面不密贴、方正、未捆紧,每项扣 5 分			

续上表

项目	标准分	评价标准	扣分标准	存在问题	扣分	得分
作业程序	35	(5)捆紧后,分别用扒钉将两端钉牢 (6)剪断铁线,为防止松弛,应将铁线弯回后打入另一侧面	未用扒钉将两端钉牢,扣3分 未按要求操作,扣3分			
作业质量	30	1. 捆扎位置正确,铁线应垂直于轴线 2. 捆扎铁线紧牢,无松弛,表面裂缝小于2 mm 3. 捆扎铁线无重叠、分开、歪斜 4. 清理现场,撤除防护	位置不正确,距端头偏差大于±5 mm,每头扣5分 铁线长度偏差大于±30 mm,每头扣2分,马钉每少1个扣1分 捆线重叠、分开(超过2 mm)、歪斜,每项扣5分 未清理现场,扣2分			
作业安全	15	1. 开行动车地段,在动车组通过前30 min应停止作业,到线路外侧不少于3 m外的安全地点避车,视线不良地段应加派防护员 2. 避车时工具应带出桥外 3. 捆扎时,注意防止碰伤手脚和损伤护木 4. 使用紧线器时,防止蹬脱伤人 5. 工具良好,会用、无失落 6. 无事故苗头	违反规定,视线不良地段未加派防护员扣100分 避车时工具未带出桥外,扣10分 碰伤手脚,扣5分 有蹬脱伤人,扣5分 工具不良、有失落,扣5分 有事故苗头,扣15分			
效率	10	限时4 min/处	提前不加分,每超1 min扣2分			
总分	100					
作业点评:						

(七)试　　题

1. 判 断 题

(1)护木捆扎的目的,是延长护木的使用寿命。　　(　　)

(2)捆扎铁线紧、牢,无松弛,表面裂缝小于2 mm。　　(　　)

(3)插设作业标,设驻站、远端、现场防护,桥上用对讲机或电

话防护,利用列车间隔时间作业。 ( )

(4)捆扎位置正确,铁线应平行于轴线。 ( )

(5)捆扎铁线无重叠、分开、歪斜。 ( )

2. 选 择 题

(1)护木捆扎紧密,缝隙小于( )。

(A)0.3 mm (B)0.4 mm (C)0.5 mm

(2)捆扎护木时,用( )的镀锌铁线捆扎。

(A)1.5 ~2.0 mm (B)2.5 ~3.0 mm (C)3.5 ~4.0 mm

(3)捆扎铁线紧牢,无松弛,无重叠、分开,表面裂缝小于( )。

(A)2 mm (B)3 mm (C)4 mm

(4)当裂缝宽度在( )及以上,长度超过 300 mm 时,应用夹枕器夹紧护木,使裂缝愈合。

(A)3 mm (B)5 mm (C)8 mm

(5)"三位一体"防护是( )。

(A)驻站防护、远端防护、现场防护、远端防护

(B)驻站防护、远端防护、现场防护。

(C)远端防护、现场防护、远端防护

➢试题参考答案

1. 判 断 题

(1)√ (2)√ (3)√ (4)× (5)√

2. 选 择 题

(1)A (2)B (3)A (4)A (5)B

第三节 螺 栓 作 业

一、钩螺栓更换、修理

(一)作业目的

保证螺栓无锈蚀及损坏,确保行车安全。

（二）作业条件

1. 插设作业标，设驻站、远端、现场防护，桥上用对讲机或电话防护，利用维修"天窗"时间进行。

2. 带班人由不低于工班长或指派能胜任的桥隧工担任。

（三）作业程序

1. 修理钩螺栓

（1）拆下秃扣、栓杆过长无法调整的钩螺栓。

（2）锯掉过长部分螺栓杆。

（3）套好螺栓杆丝扣。

（4）丝扣部分涂润滑油。

（5）清除垫圈污垢。

（6）安装木、铁垫圈，拧紧螺帽，刻画箭头。

2. 更换、调整、防锈处理

（1）螺栓调查，确定螺栓长度，调整方案及位置。

（2）拆下旧螺栓并清除螺栓、垫圈圬垢。

（3）做防锈处理，调换螺栓、垫圈，丝扣涂油。

（4）螺栓就位，塞紧，上齐垫圈，拧紧螺帽。

（四）作业质量

1. 拆装钩螺栓不得损伤丝扣。

2. 钩螺栓拧紧后满帽露丝，丝扣高出螺帽不超过 25 mm，螺栓杆不超过基本轨顶面 20 mm，整齐一致。

3. 各种垫圈符合标准，无缺少，损坏、失效和歪斜。

4. 钩螺栓位置正确，钩紧钢梁并须有 2/3 钩头面积与钢梁密贴。不允许钩在铆钉头上，如遇到铆钉时允许偏斜一些，螺杆与钢梁间隙不大于 4 mm。

5. 钩螺栓拧好后松紧适宜，扭矩应达到 30 ~ 50 N · m，不得使垫片、垫圈嵌入木料。

6. 轨道电路地段，钩螺栓铁垫圈与钢轨铁垫板间在任何情况下有 15 mm 以上的间隙。

（五）作业安全

1. 开行动车地段，在动车组通过前 30 min 应停止作业，到线路外侧不少于 3 m 外的安全地点避车；视线不良地段应加派防护员。

2. 注意瞭望，及时避车；避车时工具应带出桥外。

3. 在无人行道的桥上作业，松紧螺栓不得向桥外用力。

4. 拆卸钩螺栓的数目，按《铁路工务安全规则》第 2.1.12 条办理。

（六）作业评价

项目	标准分	评价标准	扣分标准	存在问题	扣分	得分
作业条件	10	1. 插设作业标，设驻站、远端、现场防护，桥上用对讲机或电话防护，利用维修“天窗”时间进行	违反规定，扣 100 分			
		2. 带班人由不低于工班长或指派能胜任的桥隧工担任	违反有关要求，扣 100 分			
作业程序	35	1. 修理钩螺栓				
		（1）拆下秃扣、栓杆过长无法调整的钩螺栓	漏拆，扣 3 分			
		（2）锯掉过长部分栓杆	未锯，扣 3 分			
		（3）套好栓杆丝扣	未套好栓杆丝扣，扣 3 分			
		（4）丝扣部分涂润滑油	丝扣未涂油，扣 3 分			
		（5）清除垫圈污垢	未清理污垢，扣 3 分			
		（6）安装木、铁垫圈，拧紧螺帽，刻画箭头	漏项，达不到要求每项扣 2 分			
		2. 更换、调整、防锈处理				
		（1）螺栓调查，确定螺栓长度，调整方案及位置	不符合规定，扣 3 分			
		（2）拆下旧螺栓并清除螺栓、垫圈圬垢	未清理污垢，扣 3 分			
		（3）做防锈处理，调换螺栓、垫圈，丝扣涂油	未做防锈处理，或漏项，每项，扣 3 分			
		（4）螺栓就位，塞紧，上齐垫圈，拧紧螺帽	缺垫圈或未拧紧，每项扣 2 分			
作业质量	30	1. 拆装钩螺栓不得损伤丝扣	损伤丝扣，每条扣 5 分			
		2. 钩螺栓拧紧后满帽露丝，丝扣高出螺帽不超过 25 mm，螺栓杆不超过轨顶面，整齐一致	丝扣超出螺帽 25 mm每个扣 5 分；螺栓杆不超过基本轨顶面 20 mm，每条扣 10 分			

续上表

项目	标准分	评价标准	扣分标准	存在问题	扣分	得分
作业质量	30	3. 各种垫圈符合标准,无缺少,损坏、失效和歪斜	垫圈不良,每个扣2分			
		4. 钩螺栓位置正确,钩紧钢梁并须有2/3钩头面积与钢梁密贴。不允许钩在铆钉头上,如遇到铆钉时允许偏斜一些,螺杆与钢梁间隙不大于4 mm	位置不当,每处扣2分			
		5. 钩螺栓拧好后松紧适宜,扭矩应达到30～50 N·m。不得使垫片、垫圈嵌入木料	扭矩不足,每个扣2分			
		6. 轨道电路地段,钩螺栓铁垫圈与钢轨铁垫板间在任何情况下有15 mm以上的间隙	钩螺栓铁垫圈与钢轨铁垫板间隙小于15 mm,每处扣5分			
作业安全	15	1. 开行动车地段,在动车组通过前30 min应停止作业,到线路外侧不少于3 m外的安全地点避车,视线不良地段应加派防护员	违反规定扣100分;视线不良地段未加派防护员,扣100分			
		2. 注意瞭望,及时避车;避车时工具应带出桥外	避车时工具未带出桥外,扣10分			
		3. 在无人行道的桥上作业,松紧螺栓不得向桥外用力	操作不标准,扣2分			
		4. 拆卸钩螺栓的数目,按《铁路工务安全规则》第2.1.12条办理	连续撤下钩螺栓,扣10分			
效率	10	限时15 min/个	提前不加分,每超1 min扣2分			
总分	100					
作业点评:						

(七)试　　题

1. 判 断 题

(1)开行动车地段,在动车组通过前30 min应停止作业,到线路外侧不少于3 m外的安全地点避车。 (　　)

(2)在无人行道的桥上作业,松紧螺栓不得向桥外用力。 (　　)

(3)钩螺栓拧好后松紧适宜,扭矩应达到30～40 N·m。 (　　)

(4)轨道电路地段，钩螺栓铁垫圈与钢轨铁垫板间在任何情况下有20 mm以上的间隙。 (　　)

(5)拆装钩螺栓不得损伤丝扣。 (　　)

2. 选 择 题

(1)自动闭塞区间，钩螺栓铁垫圈与钢轨垫子板间必须有(　　)以上的间隙。

(A)10 mm　　(B)15 mm　　(C)20 mm

(2)各种螺母、垫圈符合标准，无损坏、失效，歪斜不超过(　　)。

(A)0.5 mm　　(B)1 mm　　(C)1.5 mm

(3)钩螺栓钩头位置正确，有(　　)钩头面积与钢梁钩紧。

(A)1/2　　(B)1/3　　(C)2/3

(4)钩螺栓钩头位置正确，螺杆与钢梁翼缘间隙不大于(　　)。

(A)2 mm　　(B)3 mm　　(C)4 mm

(5)钩直螺栓拧紧后扭矩应达到(　　)

(A)30 ~ 50N · m　　(B)35 ~ 50 N · m　　(C)40 ~ 50 N · m

6. 钩螺栓的作用是使桥枕与(　　)紧密连接，防止桥枕上下跳动和横向移动。

(A)钢梁　　(B)护木　　(C)护轨

7. (　　)与钢轨扣件间应留不小于15 mm的空隙，以防轨道电路短路。

(A)钩螺栓铁垫圈

(B)护轨螺栓铁垫圈

(C)支座螺栓铁垫圈

(8)螺栓顶端不应超过基本轨顶面(　　)。

(A)15 mm　　(B)20 mm　　(C)25 mm

➢试题参考答案

1. 判 断 题

(1)√　　(2)√　　(3)×　　(4)×　　(5)√

2. 选 择 题

(1)B　(2)A　(3)C　(4)C　(5)A　(6)A
(7)A　(8)B

二、钩螺栓防锈处理

(一)作业目的

保证螺栓无锈蚀及损坏,延长使用寿命,确保行车安全。

(二)作业条件

1. 插设作业标,设驻站、远端、现场防护,桥上用对讲机或电话防护,利用维修“天窗”时间进行。

2. 带班人由不低于工班长或指派能胜任的桥隧工担任。

(三)作业程序

螺栓每隔一定年限(一般为 3 ~5 年)防锈处理一遍。

1. 拆卸螺栓时,加木垫锤击螺栓,卸下后及时戴帽。

2. 将螺栓编号。

3. 螺栓杆烧热到 105 ℃左右,刷去铁锈插入热沥青桶内立即取出,加热温度不可过高,以放入沥青桶内冒白烟为合适(冒黑烟时为加热过度,螺栓除锈后也可涂红丹防锈漆或镀锌)。

4. 晾干后丝扣涂油,按编号装入原位拧紧,打上箭头标志。

(四)作业质量

1. 螺栓及垫圈除锈彻底。

2. 拆装钩螺栓不得损伤丝扣。

3. 钩螺栓拧紧后满帽露丝,丝扣高出螺帽不超过 25 mm,螺栓杆不高出基本轨顶 20 mm 面,整齐一致。

4. 烤漆或涂红丹防锈漆,厚度均匀适宜,有光泽,不沾手,无露底、漏涂现象。

5. 钩螺栓位置正确,钩紧钢梁并须有 2/3 钩头面积与钢梁密贴,不允许钩在铆钉头上,如遇到铆钉时允许偏斜一些,螺杆与钢梁间隙不大于 4 mm。

6. 钩螺栓拧好后松紧适宜，扭矩应达到 30～50 N·m。不得使垫片、垫圈嵌入木料。

7. 轨道电路地段，钩螺栓铁垫圈与钢轨铁垫板间在任何情况下有 15 mm 以上的间隙。

8. 各种垫圈符合标准，无缺少，损坏、失效和歪斜。

（五）作业安全

1. 开行动车地段，在动车组通过前 30 min 应停止作业，到线路外侧不少于 3 m 外的安全地点避车，视线不良地段应加派防护员。

2. 注意瞭望，及时避车；避车时工具应带出桥外。

3. 每隔三根桥枕拆下一根螺栓，轮番进行。

4. 无人行道时，松紧螺栓不得向桥外用力，防止摔下。

5. 搭活动脚手架，吊架要捆绑牢固。作业时戴安全帽，拴好安全带。

（六）作业评价

项目	标准分	评价标准	扣分标准	存在问题	扣分	得分
作业条件	10	1. 插设作业标，设驻站、远端、现场防护，桥上用对讲机或电话防护，利用施工“天窗”时间进行	违反规定，扣 100 分			
		2. 带班人由不低于工班长或指派能胜任的桥隧工担任	违反要求，扣 100 分			
作业程序	35	1. 拆卸螺栓时，加木垫锤击螺栓，卸下后及时戴帽	未要求操作，扣 5 分			
		2. 将螺栓编号	未编号，扣 2 分			
		3. 螺栓杆烧热到 105 ℃左右，刷去铁锈插入热沥青桶内立即取出，加热温度不可过高，以放入沥青桶内冒白烟为合适（冒黑烟时为加热过度。螺栓除锈后也可涂红丹防锈漆或镀锌）	未烧到规定温度或加热过度，冒黑烟、未除锈，每项扣 3 分			
		4. 晾干后丝扣涂油，按编号装入原位拧紧，打上箭头标志	未按要求操作，每项扣 2 分			
作业质量	30	1. 螺栓及垫圈除锈彻底	螺栓及垫圈除锈不彻底，每项扣 5 分			
		2. 拆装钩螺栓不得损伤丝扣	损伤丝扣，每条扣 5 分			

续上表

项目	标准分	评价标准	扣分标准	存在问题	扣分	得分
作业质量	30	3. 钩螺栓拧紧后满帽露丝，丝扣高出螺帽不超过 25 mm，螺栓杆不高出基本轨顶面 20 mm，整齐一致	丝扣超出螺帽25 mm 每个扣5 分；螺栓杆不超过基本轨顶面 20 mm，每条扣10 分			
		4. 烤漆或涂红丹防锈漆，厚度均匀适宜，有光泽，不沾手，无露底、漏涂现象	烤漆或涂漆厚度不均匀，无光泽，露底、漏涂、沾手，每项扣3 分			
		5. 钩螺栓位置正确，钩紧钢梁并须有 2/3 钩头面积与钢梁密贴，不允许钩在铆钉头上，如遇到铆钉时允许偏斜一些，螺杆与钢梁间隙不大于 4 mm	位置不当，每处扣 5 分			
		6. 钩螺栓拧好后松紧适宜，扭矩应达到 30～50 N·m。不得使垫片、垫圈嵌入木料	扭矩达不到 30～50 N·m，每个扣 5 分。垫片、垫圈嵌入木料深度在 3 mm，未及时削平、挖补每处扣 5 分			
		7. 轨道电路地段，钩螺栓铁垫圈与钢轨铁垫板间在任何情况下有 15 mm 以上的间隙	钩螺栓铁垫圈与钢轨铁垫板间没有 15 mm 以上的间隙，每处扣 5 分			
		8. 各种垫圈符合标准，无缺少，损坏、失效和歪斜	各种垫圈不符合标准，有缺少、损坏、失效和歪斜，每项扣 5 分			
作业安全	15	1. 开行动车地段，在动车组通过前 30 min 应停止作业，到线路外侧不少于 3 m 外的安全地点避车，视线不良地段应加派防护员	违反规定扣 100 分；视线不良地段未加派防护员，扣 100 分			
		2. 注意瞭望，及时避车；避车时工具应带出桥外	避车时工具未带出桥外，扣 5 分			
		3. 每隔三根桥枕拆下一根螺栓，轮番进行	连续拆下钩螺栓，扣 10 分			
		4. 无人行道时，松紧螺栓不得向桥外用力，防止摔下	操作不标准，扣 5 分			
		5. 搭活动脚手架，吊架要捆绑牢固。作业时戴安全帽，拴好安全带	未正确使用劳保用品，扣 5 分；存在安全隐患，扣 10 分			
效率	10	1. 钩螺栓涂红丹防锈漆或镀锌，限时 3 min/个 2. 钩螺栓加热沾沥青漆处理，限时 20 min/个	提前不加分，每超 1 min 扣 2 分			
总分	100					
作业点评：						

（七）试　　题

1. 判 断 题

（1）开行动车地段，在动车组通过前 30 min 应停止作业，到线路外侧不少于 3 m 外的安全地点避车。视线不良地段应增设中间联络员。（　　）

（2）在无人行道的桥上作业，松紧螺栓不得向桥外用力。（　　）

（3）螺栓杆烧热到 105 ℃左右为宜。（　　）

（4）轨道电路地段，钩螺栓铁垫圈与钢轨铁垫板间在任何情况下有 20 mm 以上的间隙。（　　）

（5）拆装钩螺栓不得损伤丝扣。（　　）

2. 选 择 题

（1）每隔（　　）桥枕拆下一根螺栓，轮番进行。

（A）隔一根　　（B）隔两根　　（C）隔三根

（2）无人行道时，松紧螺栓不得向（　　）用力，防止摔下。

（A）桥中　　（B）桥外　　（C）桥下

（3）搭活动脚手架，要轻便灵活，吊架要（　　）牢固。

（A）焊接　　（B）连接　　（C）捆绑

（4）在地面（　　）以上的高空及陡坡上作业，必须戴好安全帽，系好安全带或安全绳。

（A）2 m　　（B）3 m　　（C）4 m

（5）脚手架的荷载每平方米不得超过（　　）N。

（A）2 500　　（B）2 700　　（C）3 000

➢试题参考答案

1. 判 断 题

（1）√　（2）√　（3）√　（4）×　（5）√

2. 选 择 题

（1）B　（2）B　（3）C　（4）A　（5）B

三、钩螺栓涂油

(一)作业目的

防止螺栓锈蚀,更换不符合规定的螺栓,延长使用寿命。

(二)作业条件

1. 插设作业标,设驻站、远端、现场防护,桥上用对讲机或电话防护,利用维修"天窗"时间进行作业。

2. 带班人由不低于工班长或能胜任的桥隧工担任。

(三)作业程序

1. 作业准备:插好作业牌,设置驻车站、远端、现场防护,持对讲机防护。

2. 工具材料:450 mm 扳手(或 T 形套筒)、除锈工具、防腐油、油桶、油刷、螺帽(杆)、垫圈、清扫工具等。

3. 作业调查:调查需补充和更换的扣件。

4. 作业程序:

(1)隔三松一、卸掉扣件;

(2)用钢刷去掉扣件、螺杆上的污渍和铁锈,清扫桥枕上的污物;

(3)在螺杆上均匀涂油;

(4)补充、更换、整正缺损的扣件;

(5)安装扣件、拧紧螺栓、检查扣件、螺栓安装符合标准;

(6)清扫现场、撤除防护及作业牌。

(四)作业质量

1. 除锈彻底、沾油厚度适宜;

2. 安装齐全、密贴,无歪斜;

3. 螺杆顶部不高出基本轨 20 mm;

4. 螺栓拧紧后扭矩达到 30 ~ 50 N · m,不足者不超过 2% ,螺栓无松动,位置正确。

(五)作业安全

1. 开行动车地段,在动车组通过前 30 min 应停止作业,到线路外侧不少于3 m外的安全地点避车,视线不良地段应增设中间联络员。

2. 在距地面2 m以上高空作业,必须戴安全帽、系安全带或安全绳。

3. 工具良好,料具无失落。

4. 注意不要碰伤手,无一切事故。

5. 高空作业严禁穿溜滑的鞋。

(六)作业评价

项目	标准分	评价标准	扣分标准	存在问题	扣分	得分
作业条件	10	1. 插设作业标,设驻站、远端、现场防护,桥上用对讲机或电话防护,利用施工"天窗"时间进行作业	违反规定扣100分			
		2. 带班人由不低于工班长或能胜任的桥隧工担任	违反有关要求,扣100分			
作业程序	35	1. 作业准备:插好作业牌,设置驻车站、远端、现场防护,持对讲机防护	未按规定设置防护,扣10分			
		2. 工具材料:450 mm扳手(或T形套筒)、除锈工具、防腐油、油桶、油刷、螺帽(杆)、垫圈、清扫工具等	工具不齐全,每缺一件扣5分			
		3. 作业调查:调查需补充和更换的扣件	未补充和更换,扣5分			
		4. 作业程序:				
		(1)隔三松一、卸掉扣件	超卸扣件,扣10分			
		(2)用钢刷去掉扣件、螺杆上的污渍和铁锈,清扫桥枕上的污物	未按要求操作,扣3分			
		(3)在螺杆上均匀涂油	涂油不均匀,扣5分			
		(4)补充、更换、整正缺损的扣件	未补充、更换、整正缺损的扣件,扣3分			
		(5)安装扣件、拧紧螺栓、检查扣件、螺栓安装符合标准	不标准扣3分			
		(6)清扫现场、撤除防护及作业牌	未清理现场,扣3分			
作业质量	30	1. 除锈彻底、沾油厚度适宜	螺帽、丝扣、垫圈铁锈污垢未除净或涂油不均匀,每项扣5分			
		2. 安装齐全、密贴,无歪斜	未安装齐全、不密贴,歪斜,扣3分			
		3. 螺杆顶部不高出基本轨20 mm	超过标准,扣3分			

续上表

项目	标准分	评价标准	扣分标准	存在问题	扣分	得分
作业质量	30	4. 螺栓拧紧后扭矩达到 30 ~ 50 N · m,不足者不超过 2%,螺栓无松动,位置正确	螺栓松动、螺栓拧紧后扭矩达不到 30 ~ 50 N · m,超过 2%,扣 10 分;位置不正确,扣 5 分			
作业安全	15	1. 开行动车地段,在动车组通过前 30 min 应停止作业,到线路外侧不少于 3 m 外的安全地点避车,视线不良地段应增设中间联络员	违反规定扣 100 分;视线不良地段未增设中间联络员扣 100 分			
		2. 在距地面 2 m 以上高空作业,必须戴安全帽、系安全带或安全绳	未戴防护用品,每项扣 5 分			
		3. 工具良好,料具无失落	工具不良、失落料具,每项扣 5 分			
		4. 注意不要碰伤手,无一切事故	有轻伤或事故苗头扣 10 分,其他酌情扣分			
		5. 高空作业严禁穿溜滑的鞋	违反规定,扣 10 分			
效率	10	限时 5 min/个	提前不加分,每超 1 min 扣 2 分			
总分	100					
作业点评:						

(七)选 择 题

(1)桥枕螺栓涂油螺杆顶部不高出基本轨(　　)mm。

(A)20　　(B)25　　(C)30

(2)桥枕螺栓拧紧后扭矩达到(　　)N · m,不足者不超过(　　)%。

(A)20 ~ 40,1　　(B)30 ~ 50,2　　(C)40 ~ 80,2

(3)桥上各种螺栓丝扣要经常涂油润滑,一般每年不少于(　　)。

(A)一次　　(B)二次　　(C)三次

(4)各种螺母、垫圈符合标准,无损坏、失效歪斜不超过(　　)。

(A)5 mm　　(B)1 mm　　(C)1.5 mm

(5)桥枕螺栓涂油作业时,应隔(　　)松一,卸掉扣件。

(A)三　　　　(B)二　　　　(C)一

➢试题参考答案

选 择 题

(1)A　(2)B　(3)A　(4)B　(5)B

四、护轨接头螺栓、夹板涂油

(一)作业目的

防止护轨接头螺栓、夹板锈蚀,延长使用寿命。

(二)作业条件

1. 插设作业标,设驻站、远端、现场防护,桥上用对讲机或电话防护,利用维修"天窗"进行作业。

2. 在车站"运统—46"上登记,带班人由不低于班长或指派能胜任的桥隧工担任。

(三)作业程序

1. 卸下螺栓和夹板。

2. 用钢丝刷打磨护轨接头、夹板内侧及螺栓杆和丝扣口螺帽,用扁油刷或棉纱头清除铁锈及污垢清擦干净。

3. 用扁油刷沾机油均匀涂刷夹板内侧(与护轨接触面)及螺栓丝扣部分。

4. 安装夹板、螺栓并拧紧。

(四)作业质量

1. 螺栓、夹板铁锈打磨彻底,污垢、铁锈清除干净。

2. 涂油均匀,无漏涂,无流淌。

3. 护轨夹板螺栓安装4个,每端2个,位置正确无松动。

(五)作业安全

1. 开行动车地段,在动车组通过前30 min应停止作业,到线路外侧不少于3 m外的安全地点避车,视线不良地段应加派防护员。

2. 来车时应及时下道避车。避车时工具、材料应带出桥外,并不得侵入限界。

3. 涂油时,拆下的护轨夹板不得放在护轨与基本轨之间。

4. 正确使用劳保用品,防止碰伤手,砸伤脚。

（六）作业评价

项目	标准分	评价标准	扣分标准	存在问题	扣分	得分
作业条件	10	1. 桥面用对讲机或电话防护,利用维修“天窗”进行作业 2. 在车站“运统—46”上登记,带班人由不低于班长或能胜任的桥隧工担任	违反规定,扣100分 违反规定,扣100分			
作业程序	35	1. 卸下螺栓和夹板 2. 用钢丝刷打磨护轨接头、夹板内侧及螺栓杆和丝扣口螺帽,用扁油刷或棉纱头清除铁锈及污垢,清擦干净 3. 用扁油刷沾机油均匀涂刷夹板内侧(与护轨接触面)及螺栓丝扣部分 4. 安装夹板、螺栓并拧紧	未按规定拆卸,扣3分 未打磨或打磨不干净,污垢未清除者,每项扣5分 未涂油或涂油不均匀者,扣3分 安装不正确,螺栓未拧紧者,每项扣5分			
作业质量	30	1. 螺栓、夹板铁锈打磨彻底,污垢、铁锈清除干净 2. 涂油均匀,无漏涂,无流淌 3. 护轨夹板螺栓安装4个,每端2个,位置正确无松动	除锈不彻底,污垢清除不干净者,扣3分 涂油不均匀,有漏涂、流淌现象,扣3分 螺栓安装不正确,缺少、松动,每个扣10分			
作业安全	15	1. 开行动车地段,在动车组通过前30 min应停止作业,到线路外侧不少于3 m外的安全地点避车,视线不良地段应加派防护员 2. 来车时应及时下道避车,避车时工具、材料应带出桥外,并不得侵入限界 3. 涂油时,拆下的护轨夹板不得放在护轨与基本轨之间 4. 正确使用劳保用品,防止碰伤手,砸伤脚	违反规定或视线不良地段未加派防护员,扣100分 来车没有及时下道,料具未带出或有侵限现象,扣5分 拆下夹板放在护轨与基本轨之间,扣100分 不能正确使用劳保用品者,扣5分			

续上表

项目	标准分	评 价 标 准	扣分标准	存在问题	扣分	得分
效率	10	1. 螺栓涂油限时 3 min/个 2. 夹板涂油限时 2 min/个	提前不加分，每超 1 min 扣 2 分			
总分	100					
作业点评：						

(七)判 断 题

(1)护轨接头涂油时，卸下螺栓和夹板后，用扁油刷沾机油均匀涂刷夹板内侧及螺栓丝扣部分。 ( )

(2)安装护轨夹板时，螺栓每端上 3 个螺栓并拧紧。 ( )

(3)护轨接头涂油时，拆下的护轨夹板可以放在护轨与基本轨之间。 ( )

(4)护轨接头涂油时，正确使用劳保用品，防止碰伤手，砸伤脚。 ( )

(5)护轨接头涂油时，涂油要均匀，无漏涂，无流淌。 ( )

➢试题参考答案

判 断 题

(1)× (2)× (3)× (4)√ (5)√

五、护轨扣件、螺栓涂油

(一)作业目的

防止护轨扣件、螺栓锈蚀，延长其使用寿命。

(二)作业条件

1. 插设作业标，设驻站、远端、现场防护，桥上持对讲机或电话防护，利用维修“天窗”进行作业。

2. 在车站“运统—46”上登记，带班人由不低于班长或能胜任的桥隧工担任。

(三)作业程序

1. 应备工具：扭矩扳手、T 形套筒扳手或 350 mm 活动扳手、钢丝刷、刮刀、扁油刷、油桶、机油或长效油脂。

2. 松卸螺帽。

3. 用钢丝刷去扣件、螺杆上污渍和铁锈，清扫轨枕上的污物。

4. 在螺杆上均匀涂抹润滑油。

5. 补充、更换、整正缺损扣件。

6. 安装扣件，并拧紧螺丝帽。

7. 检查护轨轨距是否符合标准。

（四）作业质量

1. 拧紧螺帽，但不宜过紧，扣件扭矩应达到 30 ~ 50 N · m。

2. 扣件无失效、缺损；螺帽、丝扣、铁垫圈无铁锈、污垢。

3. 涂油均匀、无漏涂。

4. 扣件安装安放位置正确，无歪斜。

5. 螺栓无松动。

（五）作业安全

1. 开行动车地段，在动车组通过前 30 min 应停止作业，到线路外侧不少于 3 m 外的安全地点避车，视线不良地段应加派防护员。

2. 避车时工具应带出桥外。

3. 工具良好，料具无失落。

4. 注意碰伤手脚。

（六）作业评价

项目	标准分	评价标准	扣分标准	存在问题	扣分	得分
作业条件	10	1. 插设作业标，设驻站、远端、现场防护，桥上持对讲机或电话防护，利用维修“天窗”进行作业	违反规定，扣 100 分			
		2. 在车站“运统—46”上登记，带班不低于班长或能胜任的桥隧工担任	违反规定，扣 100 分			
作业程序	35	1. 应备工具：扭矩扳手、T 形套筒扳手或 350 mm 活动扳手、钢丝刷、刮刀、扁油刷、油桶、机油或长效油脂	工具不齐全，每缺一件扣 5 分			
		2. 松卸螺帽	未松螺帽，扣 5 分			
		3. 用钢丝刷去扣件、螺杆上污渍和铁锈，清扫轨枕上的污物	未清扫或清扫不干净，扣 3 分			

续上表

项目	标准分	评价标准	扣分标准	存在问题	扣分	得分
作业程序	35	4. 在螺杆上均匀涂抹润滑油	涂油不均匀扣3分			
		5. 补充、更换、整正缺损扣件	未补充、更换、整正缺损扣件，扣3分			
		6. 安装扣件，并拧紧螺丝帽	未拧紧螺帽，每个扣5分			
		7. 检查护轨轨距是否符合标准	不符合标准，扣3分			
作业质量	30	1. 拧紧螺帽，但不宜过紧，扣件扭矩应达到30～50 N·m	扭力矩未达到，扣5分			
		2. 扣件无失效、缺损；螺帽、丝扣、铁垫圈无铁锈、污垢	螺帽、丝扣、垫圈铁锈污垢未除净或涂油不均匀，每项扣5分			
		3. 涂油均匀、无漏涂	铁锈、污垢未除或漏涂润滑油，每项扣5分			
		4. 扣件安装安放位置正确，无歪斜	安装位置不正、歪斜，有松动，每项扣5分			
		5. 螺栓无松动	螺栓有松动，扣3分			
作业安全	15	1. 开行动车地段，在动车组通过前30 min应停止作业，到线路外侧不少于3 m外的安全地点避车，视线不良地段应加派防护员	违反有关规定扣100分；视线不良地段未加派防护员，扣100分			
		2. 避车时工具应带出桥外	工具未带出，每次扣5分			
		3. 工具良好，料具无失落	工具不良、失落料具，每项扣5分			
		4. 注意碰伤手脚	4. 有轻伤或事故苗头扣10分			
效率	10	限时3 min/个	提前不加分，每超1 min扣2分			
总分	100					
作业点评：						

(七)判 断 题

(1)护轨扣件涂油时，扣件安装位置正确，无歪斜。　(　　)

(2)护轨扣件涂油时，扣件无失效、缺损；螺帽、丝扣、铁垫圈无铁锈、污垢。　(　　)

(3)护轨扣件涂油时，拧紧螺帽，扣件扭矩应达到 50 ~ 80 N·m。（ ）

(4)在有砟桥上，护轨与基本轨头部间距为 500 mm，允许误差为 $^{+10}_{-5}$ mm。（ ）

(5)护轨弯轨部分沿线路中心线的长度不小于 1.8 m。（ ）

➢试题参考答案

判断题

(1)√　(2)√　(3)×　(4)√　(5)×

第四节　基本轨、护轨作业

一、整治明桥面基本轨空吊板

(一)作业目的

消灭线路空吊和几何尺寸超限处所，确保行车安全。

(二)作业条件

1. 插设作业标，设驻站、远端、现场防护，桥上用对讲机或电话防护，利用维修“天窗”进行作业。

2. 在实际锁定轨温加 20 ℃以下作业。

3. 带班人由不低于班长担任。

(三)作业程序

1. 作业准备

(1)料具：万能道尺、千斤顶或液压起道机、撬棍(带绝缘套)、丁字扳手、4 ~ 12 mm 胶垫、电钻、粉笔、木楔、4 镑小手锤、12 ~ 13 mm麻花钻头。

(2)防护：插好作业牌，移动停车信号牌，设置驻站、远端、施工现场防护员持对讲机防护。

2. 作业程序

(1)校对量具：由施工负责人对道尺、轨温计进行校对。

(2)到达施工现场后首先测量轨温，确认是否符合作业轨温条件，做到不超温作业，并严格执行作业前、作业中、作业后测量轨温的制度。

(3)驻站联络员与工地防护员用对讲机进行联络，工地设置移动停车手信号防护，设好防护后方可作业。

(4)选择基准股，直线地段单线以顺里程方向左股，双线地段以列车运行方向左股或高低相对较好的一股为标准股。先俯身于基准股看轨头下颚纵向水平线，找出高低超限位置，用道尺检查线路几何尺寸，在线路轨距、水平、方向、高低不超限的基础上，找出水平超限位置和前后 18 m 范围内三角坑超限位置；同时检查 2 mm 及以上的空吊板。准备画好每撬的撬头、撬尾、垫高量和需要更换的防磨垫板，做出标记并备好不同厚度的垫板待用。

(5)起冒道钉或松开 K 式扣件上的螺丝和拧下螺纹道钉。

(6)用千斤顶或液压起道机抬起钢轨，撤出铁垫板及原有防磨垫板。

(7)在原道钉孔中加入木楔，整平钉孔中木楔，与桥枕面持平，并进行防腐处理。

(8)穿入新防磨垫板和铁垫板，落下抬起钢轨。

(9)用万能道尺检查线路几何尺寸和空吊情况，防止人为造成空吊。

(10)用万能道尺卡好轨距，并用电钻钻孔，打入道钉或螺纹道钉，打紧并拧紧冒起的道钉或螺纹道钉及 K 型扣件螺栓。

(11)回检线路。

(四)作业质量

1. 防磨胶垫可采用橡胶、耐压产塑料、木材等材料制作，平面尺寸与铁垫板相同。

2. 木质防磨垫板宜用干透的木材制作，并用氟化钠溶液中热浸 24 h 后取出，平放加压，阴干后使用。

3. 防磨垫板方正、串出、缩入或歪斜不超过 3 mm。

4. 垫板无劈裂、折断、失效，不超过 2 层。三层垫板不超过

10%，厚度不超过 15 mm。

5. 线路轨距、水平、方向、高低符合线路修理标准。

（五）作业安全

1. 开行动车地段，在动车组通过前 30 min 应停止作业，到线路外侧不少于 3 m 外的安全地点避车，避车时工具应带出桥外，视线不良地段应加派防护员。

2. 来车时应及时下道避车，避车时工具应带出桥外。

3. 桥上作业时，不得穿带钉和易溜滑的鞋。在无人行道上禁止在钢轨外侧起钉。

4. 起动钢轨后，应加木垫，防止钢轨落下压伤手脚。

5. 如桥梁在轨道电路区段内时，应使用绝缘撬棍，防止联电。

6. 使用电钻时防止触电。

（六）作业评价

项目	标准分	评价标准	扣分标准	存在问题	扣分	得分
作业条件	10	1. 插设作业标，设驻站、远端、现场防护，桥上用对讲机或电话防护，利用维修“天窗”进行	违反规定，扣 100 分			
		2. 在实际锁定轨温加 20 ℃以下作业	违反规定，扣 100 分			
		3. 带班人由不低于工班长担任	违反规定要求，扣 100 分			
作业程序	35	1. 作业准备				
		（1）料具：万能道尺、千斤顶或液压起道机、撬棍（带绝缘套）、丁字扳手、4 ~ 12 mm 胶垫、电钻、粉笔、木楔、4 镑小手锤、12 ~ 13 mm 麻花钻头	工具未配齐，每缺一件扣 5 分			
		（2）防护：插好作业牌，移动停车信号牌，设置驻站、远端、施工现场防护员持讲机防护	未按规定设置防护，扣 100 分			
		2. 作业程序				
		（1）校对量具：由施工负责人对道尺、轨温计进行校对	未校对道尺、温度计，扣 5 分			
		（2）到达施工现场后首先测量轨温，确认是否符合作业轨温条件，做到不超温作业，并严格执行作业前、作业中、作业后测量轨温的制度	未测量轨温或超温作业，扣 100 分			

续上表

项目	标准分	评 价 标 准	扣分标准	存在问题	扣分	得分
作业程序	35	(3)驻站联络员与工地防护员用对讲机进行联络,工地设置移动停车手信号防护,设好防护后方可作业	未设好防护就作业,扣100分			
		(4)选择基准股,直线地段单线以顺里程方向左股,双线地段以列车运行方向左股或高低相对较好的一股为标准股。先俯身于基准股看轨头下颚纵向水平线,找出高低超限位置,用道尺检查线路几何尺寸,在线路轨距、水平、方向、高低不超限的基础上,找出水平超限位置和前后18 m范围内三角坑超限位置;同时检查2 mm及以上的空吊板。准备画好每撬的撬头、撬尾、垫高量和需要更换的防磨垫板,做出标记并备好不同厚度的垫板待用	未确定基准股,扣5分。未检查出三角坑或漏检、漏项未做,每次扣5分			
		(5)起冒道钉或松开K型扣件上的螺丝和拧下螺纹道钉	未按标准作业,每次扣2分			
		(6)用千斤顶或液压起道机抬起钢轨,撤出铁垫板及原有防磨垫板	未按要求操作,每次扣2分			
		(7)在原道钉孔中加入木楔,整平钉孔中木楔,与桥枕面持平,并进行防腐处理	未加木楔或未进行防腐处理,扣5分			
		(8)穿入新防磨垫板和铁垫板,落下抬起钢轨	垫板歪斜,每块扣2分			
		(9)用万能道尺检查线路几何尺寸和空吊情况,防止人为造成空吊	未检查或人为造成空吊,每处扣5分			
		(10)用万能道尺卡好轨距,并用电钻钻孔,打入道钉或螺纹道钉,打紧或拧紧冒起的道钉或螺纹道钉及K型扣件螺栓	未打紧道钉或拧紧螺纹道钉,每个扣2分			
		(11)回检线路	未回检,扣10分			
作业质量	30	1. 防磨胶垫可采用橡胶、耐压产塑料、木材等材料制作,平面尺寸与铁垫板相同	违反规定扣5分			
		2. 木质防磨垫板宜用干透的木材制作,并用氟化钠溶液中热浸24 h后取出,平放加压,阴干后使用	未按要求制作或存放,扣2分			
		3. 防磨垫板方正、串出、缩入或歪斜不超过3 mm	不方正、有串出、缩入或歪斜超过3 mm者,每处扣5分			

续上表

项目	标准分	评价标准	扣分标准	存在问题	扣分	得分
作业质量	30	4. 垫板无劈裂、折断、失效，不超过2层。三层垫板不超过10%，厚度不超过15 mm	三层垫板超过10%，厚度超过15 mm者，每块扣5分			
		5. 线路轨距、水平、方向、高低符合线路修理标准	线路几何尺寸不符合修理标准，每处扣5分			
作业安全	15	1. 开行动车地段，在动车组通过前30 min应停止作业，到线路外侧不少于3 m外的安全地点避车，避车时工具应带出桥外，视线不良地段应加派防护员	违反规定或视线不良地段未加派防护员，扣100分			
		2. 来车时应及时下道避车，避车时工具应带出桥外	来车时未下道避车，没有及时将工具携带出桥外避车，每次扣10分			
		3. 桥上作业时，不得穿带钉和易溜滑的鞋。在无人行道桥上禁止在钢轨外起钉	违反规定要求，穿带钉、易溜滑鞋，扣10分			
		4. 起动钢轨后应加木垫，防止钢轨落下压伤手脚	有安全隐患，扣5分			
		5. 如桥梁在轨道电路区战内时，应使用绝缘撬棍，防止联电	使用没有绝缘套撬棍，扣5分			
		6. 使用电钻时防止触电	未安装漏电保护器，扣10分			
效率	10	限时7 min/处	提前不扣分，每超1 min扣2分			
总分	100					
作业点评：						

（七）试　　题

1. 判断题

（1）在线路轨距、水平、方向、高低不超限的基础上，对检查出3 mm及以上的空吊板要进行整治。（　　）

（2）起出道钉后，要在原道钉孔中加入木楔，整平钉孔中木楔，与桥枕面持平，并进行防腐处理。（　　）

（3）打入道钉或螺纹道钉时，要用电钻引孔，不宜直接打入。（　　）

2. 选 择 题

(1)垫入防磨垫板后,防磨垫板应方正,串出、缩入或歪斜不超过(　　)。

(A)2 mm　　(B)3 mm　　(C)5 mm

(2)防磨胶垫三层垫板不超过(　　)。

(A)10%　　(B)15%　　(C)20%

(3)三层垫板厚度不超过(　　)。

(A)10 mm　　(B)15 mm　　(C)20 mm

➢试题参考答案

1. 判 断 题

(1)×　　(2)√　　(3)√

2. 选 择 题

(1)B　　(2)A　　(3)B

二、整修温度调节器

(一)作业目的

1. 防止桥上轨道因钢梁伸缩而产生变形。

2. 使桥上钢轨,特别是焊接或冻结接头的钢轨能随温度的变化而自由伸缩,不致影响桥梁。

(二)作业条件

1. 插设作业标,设驻站、远端、现场防护,桥上用对讲机或电话防护,利用维修“天窗”进行作业。

2. 在实际锁定轨温加 20 ℃以下作业。

3. 带班人由工长或班长担任。

(三)作业程序

1. 作业准备

作业防护:插好作业牌,设置车站、工地电话或对讲机防护。

工具材料:撬棍、道钉锤、450 活动扳手、丁字扳手、万能道尺、小油桶、扁刷、钢丝刷、4 ~ 12 mm 防磨胶垫、调整片、石墨粉或油脂、角向打磨机、棉纱。

2. 作业程序

(1)定期擦拭、涂油,保持清洁和伸缩灵活。

(2)检查尖轨尖端与基本轨密贴情况,如出现1 mm间隙,必须及时调整处理,调整轨撑与铁座间的调整片厚度,在导向卡与尖轨间加铁线卡使其密贴,如导向卡磨耗,螺栓损坏,应及时更换。

(3)拧紧松动的螺栓。

(4)及时消除尖轨与基本轨因车轮碾压而产生的肥边(用角向打磨机、走行打磨机或风铲铲除)。

(5)经常检查“缺底式”基本轨开始切割部位有无裂纹;检查并及时消除大垫板端部附近枕木的吊板。

(6)应防止调节器异常伸缩,斜线型或折线型调节器要防止基本轨纵向位移,曲线型调节器还要防止尖轨纵向位移过大,避免调节器轨距变化。

(7)在大垫板上刻标记或安装标尺,每日定时(接近最高或最低温度)测量尖轨尖端至基本轨弯折点的距离(曲线型调节器为大垫板端部至基本轨端的距离)及钢梁温度和钢轨温度,做好记录,与理论尺寸对照,出入超过容许范围时应查明原因进行整正。

(四)作业质量

1. 伸缩调节器各部位清洁、伸缩灵活。

2. 伸缩调节器最大伸缩量能满足当地最高最低温差时钢轨长度的变化,另加活载的影响量。

3. 温度调节器两端轨道应锁定,使钢轨与钢梁伸缩一致。固定轨(曲线型调节器的尖轨,斜线型及折线型调节器的基本轨)应牢固锁定在大垫板上,发生爬行应立即采取防爬措施。

4. 伸缩轨(曲线型为基本轨,斜线型及折线型为尖轨)必须能够自由伸缩。应保持伸缩部分的经常清洁,注意清除妨碍伸缩的砟滓和污垢;经常在摩擦面上涂石墨粉或油脂,使其伸缩灵活。

5. 斜线型、折线型调节器的尖轨尖端绝不容许伸过基本轨弯折点，如伸过，应将伸缩缝重新拼装一次。

两根尖轨尖端应对正，误差不应超过 5 mm。

6. 斜线型、折线型温度调节器，要特别注意使尖轨尖端轨距与当时钢轨温度和钢梁气温跨度相适应，在任何情况下不能超过 1 451 mm，其余各部分均为 1 435 $^{+6}_{-2}$ mm。

7. 尖轨与基本轨应密贴，轨撑应紧贴轨腰，导向卡应紧贴尖轨底，如不密贴，应进行修整，必要时，可在轨撑与铁座间加调整片或在导向卡与尖轨底间加铁线卡挤严。

导向卡磨损过大或轨撑、螺栓失效应及时更换。各种螺栓（铆钉）应经常保持无松动、无锈蚀。

8. 尖轨或基本轨轨头，如有肥边，应及时铲除或打磨掉，防止轨头产生剥离现象。

9. 在温度调节器及其两端各 2 m 范围内，应无失效桥枕和吊板。

10. 做好桥上气温、钢轨温度、钢梁温度、温度调节器伸缩量及钢轨爬行等的经常检查和观测工作，如发现温度调节器伸缩量有反常现象，应检查分析原因，必要时应采取措施，保证安全。

11. 温度调节器有下列情况之一时，禁止使用：

（1）基本轨或尖轨的垂直磨耗超过 6 mm。

（2）尖轨被轧伤，轮缘有爬上尖轨的危险时。

（3）尖轨顶面宽 50 mm 及其以上断面处，尖轨顶面较基本轨顶面低至 2 mm 及以上时。

（4）尖轨或基本轨有裂纹等损伤时。

（5）尖轨尖端与基本轨在静止状态下不密贴时。

12. 护轨在伸缩调节器部位设有伸缩接头，使用带长孔的特制夹板，其伸缩量与基本轨相同，既要满足联结需要，又能满足自由伸缩。

13. 各部位螺栓及螺纹道钉无松动。

14. 尖轨尖端与基本轨密贴良好,间隙小于 1 mm。

(五)作业安全

1. 开行动车地段,在动车组通过前 30 min 应停止作业,到线路外侧不小于 3 m 外的安全地点避车,视线不良地段应增设中间联络员。

2. 避车时工具应带出桥外。

3. 轨道电路区段作业,使用撬棍应加装绝缘套管,防止导电。

4. 工具良好,料具无失落。

5. 注意勿压伤手脚,无一切事故。

6. 作业人员要正确使用劳保用品。

(六)作业评价

项目	标准分	评价标准	扣分标准	存在问题	扣分	得分
作业条件	10	1. 插设作业标,设驻站、远端、现场防护,桥上用对讲机或电话防护,利用维修"天窗"进行作业	违反规定,扣100分			
		2. 在实际锁定轨温加 20 ℃以下作业	违反规定,扣100分			
		3. 带班人由工长或班长担任	违反规定,扣100分			
作业程序	35	1. 作业准备				
		(1)作业防护:插好作业牌,设置车站、工地电话或对讲机防护	违反规定,扣100分			
		(2)工具材料:撬棍、道钉锤、450 mm 活动扳手、丁字扳手、万能道尺、小油桶、扁刷、钢丝刷、4 ~ 12 mm 防磨胶垫、调整片、石墨粉或油脂、角向打磨机、棉纱	工具不齐全,每缺一件扣2分			
		2. 作业程序				
		(1)定期擦拭、涂油,保持清洁和伸缩灵活	未定期擦拭、涂油,不清洁和伸缩灵活,每项扣5分			
		(2)检查尖轨尖端与基本轨密贴情况,如出现 1 mm 间隙,必须及时调整处理,如调整轨撑与铁座间的调整片厚度,在导向卡与尖轨间加铁线卡使其密贴,如导向卡磨耗,螺栓损坏,应及时更换	漏检、漏修,每处扣2分;螺栓损坏未更换,每条扣3分			

续上表

项目	标准分	评价标准	扣分标准	存在问题	扣分	得分
作业程序	35	(3)松动拧紧螺栓	螺栓松动,每个螺栓扣2分			
		(4)及时消除尖轨与基本轨因车轮碾压而产生的肥边(用角向打磨机、走行打磨机或风铲铲除)	有肥边未及时打磨或铲除,扣5分			
		(5)经常检查"缺底式"基本轨开始切割部位有无裂纹;检查并及时消除大垫板端部附近枕木的吊板	基本轨开始切割部位有无裂纹,没有及时削除扣100分,有空吊板未及时消除,每块扣2分			
		(6)应防止调节器异常伸缩,斜线型或折线型调节器要防止基本轨纵向位移,曲线型调节器还要防止尖轨纵向位移过大,避免调节器轨距变化	基本轨、尖轨纵向位移,扣5分;轨距超限,扣5分			
		(7)在大垫板上刻标记或安装标尺,每日定时(接近最高或最低温度)测量尖轨尖端至基本轨弯折点的距离(曲线型调节器为大垫板端部至基本轨端的距离)及钢梁温度和钢轨温度,做好记录,与理论尺寸对照,出入超过容许范围时应查明原因进行整正	未安装防爬观测标,扣3分			
作业质量	30	1. 伸缩调节器各部位清洁、伸缩灵活	伸缩调节器各部位不清洁、伸缩不灵活,每项扣5分			
		2. 伸缩调节器最大伸缩量能满足当地最高最低温差时钢轨长度的变化另加活载的影响量	未加载影响量,扣5分			
		3. 温度调节器两端轨道应锁定,使钢轨与钢梁伸缩一致。固定轨(曲线型调节器的尖轨,斜线型及折线型调节器的基本轨)应牢固锁定在大垫板上,发生爬行,应立即采取防爬措施	未锁定或未采取防爬措施要求,扣5分			
		4. 伸缩轨(曲线型为基本轨,斜线型及折线型为尖轨)必须能够自由伸缩。应保持伸缩部分的经常清洁,注意清除妨碍伸缩的砟滓和污垢;经常在摩擦面上涂石墨粉或油脂,使其伸缩灵活	伸缩轨不能自由伸缩的,未清除妨碍伸缩的砟滓和污垢,未在摩擦面上涂石墨粉或油脂,每项扣3分			

项目	标准分	评 价 标 准	扣分标准	存在问题	扣分	得分
作业质量	30	5. 斜线型、折线型调节器的尖轨尖端绝不容许伸过基本轨弯折点，如伸过，应将伸缩缝重新拼装一次	斜线型、折线型调节器的尖轨尖端伸过基本轨弯折点，没有将伸缩量进行重新拼装，扣100分			
		两根尖轨，尖端应对正，误差不应超过5 mm	两根尖轨尖端应对正，误差超过5 mm，扣5分			
		6. 斜线型、折线型温度调节器，要特别注意使尖轨尖端轨距与当时钢轨温度和钢梁气温跨度相适应，在任何情况下不能超过1 451 mm。其余各部分均为1 435 $^{+6}_{-2}$ mm	不符合规定，扣10分			
		7. 尖轨与基本轨应密贴，轨撑应紧贴轨腰，导向卡应紧贴尖轨底，如不密贴，应进行修整，必要时，可在轨撑与铁座间加调整片或在导向卡与尖轨底间加铁线卡挤严	尖轨与基本轨不密贴，每处扣5分；导向卡未紧贴尖轨底，不密贴，每处扣5分			
		导向卡磨损过大或轨撑、螺栓失效应及时更换。各种螺栓(铆钉)应经常保持无松动、无锈蚀	导向卡磨损过甚或轨撑、螺栓失效未及时更换。各种螺栓(铆钉)有松动、锈蚀。每项扣10分			
		8. 尖轨或基本轨轨头，如有肥边，应及时铲除或打磨掉，防止轨头产生剥离现象	尖轨或基本轨轨头有肥边，未及时铲除或打磨掉，扣5分			
		9. 在温度调节器及其两端各2 m范围内，应无失效桥枕和吊板	有失效桥枕和吊板，每项扣5分			
		10. 做好桥上气温、钢轨温度、钢梁温度、温度调节器伸缩量及钢轨爬行等的经常检查和观测工作，如发现温度调节器伸缩量有反常现象，应检查分析原因，必要时应采取措施，保证安全	未对桥上气温、钢轨温度、钢梁温度、温度调节器有不良现象时，未禁止使用，扣100分；温度调节器伸缩量及钢轨爬行等未经常检查和观测、分析，每项扣3分			
		11. 温度调节器有下列不良情况之一时，禁止使用：	温度调节器有不良现象时，未禁止使用，扣100分			
		(1)基本轨或尖轨的垂直磨耗超过6 mm				
		(2)尖轨被轧伤，轮缘有爬上尖轨的危险时				

续上表

项目	标准分	评 价 标 准	扣分标准	存在问题	扣分	得分
作业质量	30	(3)尖轨顶面宽 50 mm 及其以上断面处，尖轨顶面较基本轨顶面低至 2 mm 及以上时 (4)尖轨或基本轨有裂纹等损伤时 (5)尖轨尖端与基本轨在静止状态下不密贴时				
		12. 护轨在伸缩调节器部位设有伸缩接头，使用带长孔的特制夹板，其伸缩量与基本轨相同，既要满足联结需要，又能满足自由伸缩	不能满足自由伸缩，扣 5 分			
		13. 各部位螺栓及螺纹道钉无松动	各部位螺栓及螺纹道钉有松动，每项扣 5 分			
		14. 尖轨尖端与基本轨密贴良好，间隙小于 1 mm	尖轨尖端与基本轨不密贴，间隙大于 1 mm，扣 10 分			
作业安全	15	1. 开行动车地段，在动车组通过前 30 min 应停止作业，到线路外侧不少于 3 m 外的安全地点避车，视线不良地段应增设中间联络员	违反规定，扣 100 分；视线不良地段未增设中间联络员，扣 100 分			
		2. 避车时工具应带出桥外	避车时工具未带出桥外，扣 15 分			
		3. 轨道电路区段作业，使用撬棍应加装绝缘套管，防止导电	未使用加装绝缘套管撬棍，扣 10 分，发生导电，扣 100 分			
		4. 工具良好，料具无失落	工具不良、失落料具，每项扣 5 分			
		5. 注意勿压伤手脚，无一切事故	发生轻伤扣 15 分，发生事故苗头扣 100 分			
效率	10	限时 90 min	提前不加分，每超 1 min扣 10 分。			
总分	100					
作业点评：						

(七)试　　题

1. 判 断 题

(1)斜线型、折线型调节器的尖轨尖端绝容许伸过基本轨弯

折点。 (　　)

(2)伸缩调节器各部位清洁、伸缩灵活。 (　　)

(3)温度调节器尖轨尖端与基本轨如出现2 mm间隙,必须及时调整处理,使其达到密贴。 (　　)

(4)温度调节器的作用是使桥上钢轨,特别是焊接或冻结接头的钢轨能随温度变化而自由伸缩,不致影响桥梁。 (　　)

(5)尖轨与基本轨因车轮碾压而产生的肥边(用角向打磨机、走行打磨机或风铲铲除)。 (　　)

(6)温度调节器两端轨道应锁定,使钢轨与钢梁伸缩一致。 (　　)

(7)伸缩调节器最大伸缩量是不能满足当地最高最低温差时钢轨长度的变化另加活载的影响量。 (　　)

2. 选 择 题

(1)温度调节器两根尖轨尖端应对正,误差不应超过(　　)mm。

(A)2　　(B)5　　(C)8

(2)斜线型、折线型温度调节器,要特别注意使尖轨尖端轨距与当时钢轨温度和钢梁气温跨度相适应,在任何情况下不能超过(　　)mm。

(A)1 435　　(B)1 438　　(C)1 451

(3)在温度调节器及其两端各(　　)m范围内,应无失效桥枕和吊板。

(A)2　　(B)3　　(C)5

(4)当温度调节器的基本轨或尖轨的垂直磨耗超过(　　)mm时,禁止使用。

(A)2　　(B)4　　(C)6

(5)当温度调节器的尖轨顶面宽(　　)mm及其以上断面处,尖轨顶面较基本轨顶面低至2 mm及以上时,禁止使用。

(A)40　　(B)50　　(C)60

(6)温度调节器尖轨尖端与基本轨密贴良好,间隙小于

(　　)mm。

(A)1　　　　(B)2　　　　(C)5

➢试题参考答案

1. 判 断 题

(1)×　(2)√　(3)×　(4)√　(5)√　(6)√

(7)×

2. 选 择 题

(1)B　(2)C　(3)A　(4)C　(5)B　(6)A

三、整修护轨

(一)作业目的

保证列车安全平稳通过桥梁,对不符合标准的各部尺寸进行整修。

(二)作业条件

1. 插设作业标,设驻站、远端、现场防护,桥上持对讲机或电话防护,利用列车间隔时间作业。

2. 带班人由不低于工班长或能胜任的桥隧工担任。

(三)作业程序

1. 作业准备

(1)作业防护:插好作业牌,设置驻车站、远端、现场防护员,持对讲机防护。

(2)工具材料:撬棍、道钉锤、450 mm 活口扳手或T形套筒扳手、木工工具、钢卷尺或木折尺、小油桶、扁刷、钢丝刷、扁铲、木垫板、木楔、道钉、扣件、防腐油。

(3)作业调查:检查高低、间距、垫板、道钉、接头、梭头,对不符合标准的部位、尺寸和病害进行标划和记录。

2. 作业程序

(1)调整护轨高度

① 木枕地段护轨高度超过基本轨轨面,可削平枕木,涂刷防

腐油后，降低高度。

② 护轨高度不足，则可调整木垫板厚度，但不得大于 30 mm。

(2) 调整护轨间距超限

① 起道钉，按标准的间距拨正护轨方向，对改道处的道钉孔应做防腐处理。

② 加入经过防腐处理的木楔，打入道钉。不合格的道钉应更换。

(3) 护轨下垫木板厚度大于 30 mm 时，应充分利用护轨顶面可以低于线路轨顶 25 mm 的条件，适当降低护轨以减小木垫板厚度。木垫板缺少、腐朽、串动应补齐、更换，整治后钉牢。

(4) 补充道钉，应用直径 12.5 mm 木钻钻孔，钻孔位置距枕木边缘不少于 50 mm，孔深为 110 mm，并注入氟化纳粉，道钉沾防腐油少许后打入钉孔。

(5) 护轨接头安装 4 个螺栓（每端 2 个），外侧水平错牙应剁去肥边，打磨顺坡。

(6) 轨道电路区段，护轨应安装绝缘衬垫。

(7) 梭头尖端与枕木钉齐 4 个道钉。

(8) 作业完后，清理料具，撤除防护，按正常运行速度开通线路。

(四) 作业质量

1. 护轨未改造的作业质量标准（桥上为木枕或Ⅰ型混凝土枕地段）

(1) 检查数据记录标记正确；

(2) 护轨顶面不高于基本轨顶面 5 mm，也不低于基本轨顶面25 mm。

(3) 护轨与基本轨头部间距为 200 mm ± 10 mm（50 kg/m 以下或混凝土枕区段），当基本轨为 60 kg 及以上时为 22 螺杆顶部不高出基本轨，护轨与基本轨头部间距为 220 mm ± 10 mm。

(4) 靠近线路钢轨一侧护轨接头错牙小于 3 mm。

(5) 护轨下容许加垫厚度小于 30 mm 的纵向长垫板（道砟桥

面也可使用横向垫板)，每股轨在每隔一根桥枕上和每根线路枕上钉两个道钉。在使用20～30 mm厚度的垫板时，要求垫板宽与护轨底宽基本一致，无缺少、腐朽、串动、歪斜；钉孔周围无毛刺，道钉无缺少及无八害道钉(歪、仰、爬、斜、浮、离、磨、弯)。

(6)接头螺栓无缺少，螺栓位置安装正确，无松动。

(7)轨底及尖端悬空小于5 mm。

(8)护轨绝缘衬垫安装良好。

(9)护轨道钉或扣件齐全完好，浮离2 mm及以上不超过15%，并不得连五出现。

2. 护轨改造后的护轨作业质量标准(桥上为Ⅱ型或Ⅲ型混凝土桥枕地段)

(1)在有砟桥上，护轨与基本轨头部间净距为500 mm，允许误差为 $^{+10}_{-5}$ mm。

(2)在钢梁明桥面上，护轨与基本轨头部间净距为200 mm(当基本轨为60 kg/m钢轨时为220 mm，允许误差为±10 mm)。当桥上设有伸缩调节器时，其最大净距可为320～350 mm，允许误差为±10 mm。

(3)在混合桥上，当明桥面长度等于或小于50 m时，其净距在明桥面与有砟桥面上均为500 mm；当明桥面长度大于50 m时，在明桥面和有砟桥面上各自采用自身的净距和允许误差，并在明桥面上采用不大于1.5%的斜率完成间距变化的过渡。

(4)护轨顶面不应高出基本轨顶面5 mm，也不应低于25 mm。

(5)对既有道砟桥面的护轨，桥上为Ⅱ型或Ⅲ型混凝土桥枕，可采用增设外侧带有轨卡的通长铁垫板(Ⅲ型混凝土桥枕可在每隔一根桥枕上增设)的方法(自动闭塞区段铁垫板中间应设绝缘)对护轨进行改造；对Ⅱ型混凝土桥枕，也可采取在既有桥枕上打孔，采用新型扣板式扣件进行改造；桥上为木枕或Ⅰ型混凝土桥枕，应更换为新Ⅲ型混凝土桥枕。新建或改建桥梁，当为有砟桥面时，其护轨铺设应采用新Ⅲ型混凝土桥枕。

(6)护轨应伸出桥台挡砟墙以外，直轨部分长度不应小于6 m，然后弯曲交会于线路中心。弯轨部分沿线路中心线的长度不小于1.9 m，梭头尖端超出台尾的长度不小于2.0 m，其顶部应切成不陡于1∶1的斜面并联结密贴，梭头尖端悬出轨枕的长度不得大于5 mm。

(7)对既有明桥面，护轨下可加垫总厚度不大于30 mm的垫板。当护轨与基本轨头部间净距为350～500 mm时，护轨下应设普通铁垫板，扣压每股护轨的钩头道钉应在每根木桥枕上靠基本轨一侧钉两个，另一侧钉一个。当净距为220～350 mm时，护轨下可不加垫铁垫板；垫板厚度在20 mm及以下时，应在每隔一根木桥枕上钉两个道钉扣压每股护轨的两侧；垫板厚度超过20 mm时，应在每根木桥枕上钉两个道钉扣压每股护轨的两侧。

(8)对既有道砟桥面，当护轨下组装通长铁垫板时，铁垫板下可设厚度不小于4 mm的橡胶垫板，固定通长铁垫板的螺栓扭矩不应小于80 N·m，扣板螺栓的扭矩应为40～60 N·m。新型扣板式扣件螺栓扭矩应为30～50 N·m。

(9)自动闭塞区间，护轨应安装绝缘装置。当桥上线路中心设有应答器时，护轨应在应答器处断开，护轨端部距应答器的距离应满足要求。护轨断开后应在其端部安装特殊梭头。

(10)护轨接头安装4个螺栓，每端安装2个，螺栓的螺帽应安装在线路中心一侧，在伸缩调节器处应采用一端带长圆孔的夹板。

(五)作业安全

1. 开行动车地段，在动车组通过前30 min应停止作业，到线路外侧不少于3 m外的安全地点避车；视线不良地段应加派防护员。

2. 避车时工具应带出桥外。

3. 轨道电路区段作业，使用撬棍应加装绝缘套管，防止导电。

4. 工具良好，料具无失落。

5. 注意防止压伤手脚；无一切事故。

(六)作业评价

项目	标准分	评价标准	扣分标准	存在问题	扣分	得分
作业条件	10	1. 桥面用对讲机或电话防护,利用施工“天窗”时间进行作业	违反规定,扣100分			
		2. 带班人由不低于工班长或能胜任的桥隧工担任	违反有关要求,扣100分			
作业程序	35	1. 作业准备				
		(1)作业防护:插好作业牌,设置驻站、远端、现场防护员,持对讲机防护	未按规定设置防护,扣100分			
		(2)工具材料:撬棍、道钉锤、450 mm活口扳手或T形套筒扳手、木工工具、钢卷尺或木折尺、小油桶、扁刷、钢丝刷、扁铲、木垫板、木楔、道钉、扣件、防腐油	工具不齐全,每缺一件扣2分			
		(3)作业调查:检查高低、间距、垫板、道钉、接头、梭头,对不符合标准的部位、尺寸和病害进行标划和记录	检查漏项,每项扣5分			
		2. 作业程序				
		(1)调整护轨高度				
		① 木枕地段护轨高度超过基本轨轨面,可削平枕木,涂刷防腐油后,降低高度	未削平枕木,涂刷防腐油后,降低高度,每项扣3分			
		② 护轨高度不足,则可调整木垫板厚度,但不得大于30 mm	木垫板厚度超过30 mm,扣3分			
		(2)调整护轨间距超限				
		① 起道钉,按标准的间距拨正护轨方向,对改道处的道钉孔应做防腐处理	病害未标记或漏检、漏修,每处扣3分;未拨正、未进行防腐处理,每项扣2分			
		② 加入经过防腐处理的木楔,打入道钉,不合格的道钉应更换	使用未经过防腐处理木楔和不合格道钉,每项扣2分			
		(3)护轨下垫木板大于30 mm时,应充分利用护轨顶面可以低于线路轨顶25 mm的条件,适当降低护轨以减小木垫板厚度。木垫板缺少、腐朽、串动应补齐、更换,整治后钉牢	不符合规定,每项扣3分			
		(4)补充道钉,应用直径12.5 mm木钻钻孔,钻孔位置距枕木边缘不少于50 mm,孔深为110 mm,并注入氟化纳粉,道钉沾防腐油少许后打入钉孔	未用木钻引孔,钻孔位置超过±2 mm或未进行防腐处理,每项扣3分			

续上表

项目	标准分	评 价 标 准	扣分标准	存在问题	扣分	得分
作业程序	35	(5)护轨接头安装4个螺栓(每端2个),外侧水平错牙应剁去肥边,打磨顺坡	护轨接头螺栓安装位置不正确或缺少,每个扣10分,错牙未剁去肥边或打磨顺坡,每项扣10分			
		(6)轨道电路区段,护轨应安装绝缘衬垫	未安装,扣5分			
		(7)梭头尖端与枕木钉齐4个道钉	缺少道钉,每缺一个,扣2分			
		(8)作业完后,清理料具,撤除防护,按正常运行速度开通线路	未按规定清理料具,扣3分			
作业质量	30	1. 护轨未改造的作业质量标准(桥上为木枕或Ⅰ型混凝土桥枕地段)				
		(1)检查数据记录标记正确	检查数据、标记不正确,每项扣5分			
		(2)护轨顶面不高于基本轨轨面5 mm,也不低于基本轨顶面25 mm	护轨顶面高出基本轨轨5 mm或低于基本轨25 mm,每处扣3分			
		(3)护轨与基本轨头部间距为200 mm ± 10 mm(50 kg/m以下或混凝土枕区段),当基本轨为60 kg及以上时为22螺杆顶部不高出基本轨,护轨与基本轨头部间距为220 mm ± 10 mm	误差超过 ± 10 mm,每处扣2分			
		(4)靠近线路钢轨一侧护轨接头错牙小于3 mm	接头错牙大于5 mm,每处扣5分			
		(5)护轨下容许加垫厚度小于30 mm的纵向长垫板(道砟桥面也可使用横向垫板),每股轨在每隔一根桥枕上和每根线路枕上钉两个道钉。在使用20 ~ 30 mm厚度的垫板时,要求垫板宽与护轨底宽基本一致,无缺少、腐朽、串动、歪斜;钉孔周围无毛刺,道钉无缺少及无八害道钉(歪、仰、爬、斜、浮、离、磨、弯)	垫板未防腐处理,厚度大于30 mm或者有缺少、裂损、串动、歪斜,每处扣2分;道钉缺少或有八害钉、断头或浮离2 mm及以上不超过15%,或有连五出现,每个道钉扣5分			
		(6)接头螺栓无缺少,螺栓位置安装正确,无松动	接头螺栓缺少、松动或安装不正确,每条扣2分			

续上表

项目	标准分	评价标准	扣分标准	存在问题	扣分	得分
作业质量	30	(7)轨底及尖端悬空小于5 mm	轨底及尖端悬空大于5 mm,每处扣5分			
		(8)护轨绝缘衬垫安装良好	未安装绝缘衬垫或安装不良,每处扣5分			
		(9)护轨道或扣件齐全完好,浮离2 mm及以上不超过15%,并不得连五出现	护轨道钉或扣件缺少、断头或浮离2 mm及以上超过15%或连五出现,每个扣5分			
		2. 护轨改造后的护轨作业质量标准	不符合规定要求,扣10分			
		(1)在有砟桥上,其净距为500 mm,允许误差为$^{+10}_{-5}$ mm	不符合规定要求,扣10分			
		(2)在钢梁明桥面上,其净距为200 mm,允许误差为±10 mm(当基本轨为60 kg/m钢轨时为220 mm,允许误差为±10 mm),当桥上设有伸缩调节器时,其最大净距可为320~350 mm,允许误差为±10 mm	不符合规定要求,扣10分			
		(3)在混合桥上,当明桥面长度等于或小于50 m时,其净距在明桥面与有砟桥面上均为500 mm;当明桥面长度大于50 m时,在明桥面和有砟桥面上各自采用自身的净距和允许误差,并在明桥面上采用不大于1.5%的斜率完成间距变化的过渡	不符合规定要求,扣3分			
		(4)护轨顶面不应高出基本轨顶面5 mm,也不应低于25 mm	超过标准,扣3分			
		(5)对既有道砟桥面的护轨,桥上为Ⅱ型或Ⅲ型混凝土桥枕,可采用增设外侧带有轨卡的通长铁垫板(Ⅲ型混凝土桥枕可在每隔一根桥枕上增设)的方法(自动闭塞区段铁垫板中间应设绝缘)对护轨进行改造;对Ⅱ型混凝土桥枕,也可采取在既有桥枕上打孔,采用新型扣板式扣件进行改造;桥上为木枕或Ⅰ型混凝土桥枕,应更换为新Ⅲ型混凝土桥枕。新建或改建桥梁,当为有砟桥面时,其护轨铺设应采用新Ⅲ型混凝土桥枕	不符合规定要求,扣3分			
		(6)护轨应伸出桥台挡砟墙以外,直轨部分长度不应小于	弯轨部分沿线路中心线的长度小于			

续上表

项目	标准分	评价标准	扣分标准	存在问题	扣分	得分
作业质量	30	6 m,然后弯曲交会于线路中心。弯轨部分沿线路中心线的长度不小于1.9 m,梭头尖端超出台尾的长度不小于2.0 m,其顶部应切成不陡于1∶1的斜面并联结密贴,梭头尖端悬出轨枕的长度不得大于5 mm	1.9 m,扣5分;梭头尖端超出台尾的长度小于2.0 m,扣5分;护轨梭头顶部未切成不陡于1∶1的斜面或联结不密贴,扣5分;梭头尖端悬出轨枕的长度大于5 mm,扣5分			
		(7)对既有明桥面,护轨下可加垫总厚度不大于30 mm的垫板。当护轨与基本轨头部间净距为350～500 mm时,护轨下应设普通铁垫板,扣压每股护轨的钩头道钉应在每根木桥枕上靠基本轨一侧钉两个,另一侧钉一个。当净距为220～350 mm时,护轨下可不加垫铁垫板;垫板厚度在20 mm及以下时,应在每隔一根木桥枕上钉两个道钉扣压每股护轨的两侧;垫板厚度超过20 mm时,应在每根木桥枕上钉两个道钉扣压每股护轨的两侧	不符合规定,扣3分			
		(8)对既有道砟桥面,当护轨下组装通长铁垫板时,铁垫板下可设厚度不小于4 mm的橡胶垫板,固定通长铁垫板的螺栓扭矩不应小于80 N·m,扣板螺栓的扭矩应为40～60 N·m。新型扣板式扣件螺栓扭矩应为30～50 N·m	不符合规定,扣5分			
		(9)自动闭塞区间,护轨应安装绝缘装置。当桥上线路中心设有应答器时,护轨应在应答器处断开,护轨端部距应答器的距离应满足要求。护轨断开后应在其端部安装特殊梭头	未安装绝缘装置,扣5分			
		(10)护轨接头安装4个螺栓,每端安装2个螺栓,螺栓的螺帽应安装在线路中心一侧,在伸缩调节器处应采用一端带长圆孔的夹板	不符合要求,扣3分			
作业安全	15	1. 开行动车地段,在动车组通过前30 min应停止作业,到线路外侧不少于3 m外的安全地点避车,视线不良地段应加派防护员	违反规定或视线不良地段未加派防护员扣100分			
		2. 避车时工具应带出桥外	避车时工具未带出桥外,扣10分			

续上表

项目	标准分	评 价 标 准	扣分标准	存在问题	扣分	得分
作业安全	15	3. 轨道电路区段作业,使用撬棍应加装绝缘套管,防止导电 4. 工具良好,料具无失落 5. 注意压伤手脚;无一切事故	未使用绝缘工具,扣10分 工具不良、失落料具,每项扣5分 有轻伤或事故苗头扣10分,其他酌情扣分			
效率	10	限时10 min/m	提前不加分,每超1 min扣2分			
总分	100					
作业点评:						

(七)选择题

(1)护轨面不应高出基本轨5 mm,也不应低于基本轨(　　)。

(A)15 mm　　(B)20 mm　　(C)25 mm

(2)护轨高度不足,可调整木垫板厚度,但不得大于(　　)mm。

(A)20　　(B)25　　(C)30

(3)护轨与基本轨头部间净距,当基本轨为60 kg/m及以上时为(　　)。

(A)200 mm ± 10 mm

(B)210 mm ± 10 mm

(C)220 mm ± 10 mm

(4)更换梭头时护轨尖端坡度不陡于(　　)两根轨底保持水平。

(A)1∶1　　(B)1∶1.5　　(C)1∶1.75

(5)更换护轨梭头后,梭头尖端悬空小于(　　),尖端中线与线路中线重合。

(A)5 mm　　(B)7 mm　　(C)8 mm

(6)护轨与基本轨头部净间距,当基本轨为50 kg/m以下时为(　　)。

(A)210 mm ± 10 mm　　(B)220 mm ± 10 mm

(C)230 mm ± 10 mm

(7)桥长在(　　)及以上时,应铺设护轨。

(A)10 mm　　(B)20 m　　(C)30 m

(8)桥高大于(　　)的小桥应铺设护轨。

(A)3 m　　(B)60 m　　(C)10 m

(9)桥上线路曲线半径小于或等于(　　)的桥应铺设护轨。

(A)200 m　　(B)600 m　　(C)800 m

(10)护轨下容许加垫总厚度不大于(　　)mm 的垫板。

(A)30　　(B)50　　(C)60

(11)护轨轨端顶部应切成不陡于(　　)的斜面并联结密贴。

(A)1∶1　　(B)1∶1.5　　(C)1∶2

(12)每个护轨接头安装(　　)个螺栓。

(A)2　　(B)6　　(C)4

(13)护轨接头螺栓,每侧安装(　　)螺栓。

(A)2 个　　(B)4 个　　(C)6 个

(14)改造后的护轨,在有砟桥上,其净距为 500 mm,允许误差为(　　)。

(A) $^{+10}_{-5}$ mm　　(B) $^{+10}_{-10}$ mm　　(C) $^{+6}_{-4}$ mm

(15)在钢梁明桥面上,其净距为 200 mm(当基本轨为 60 kg/m 钢轨时为 220 mm),当桥上设有伸缩调节器时,其最大净距可为(　　)mm,允许误差为 ± 10 mm。

(A)300 ~ 350　　(B)300 ~ 320　　(C)320 ~ 350

➤试题参考答案

选 择 题

(1)C　(2)C　(3)C　(4)A　(5)A　(6)A

(7)A　(8)B　(9)B　(10)A　(11)A　(12)C

(13)A　(14)A　(15)C

第二章　钢 梁 作 业

一、钢梁喷砂除锈

（一）作业目的

确保钢结构涂装质量，延长钢结构使用寿命。

（二）作业条件

1. 除锈宜在气温 +10 ℃以上进行作业，遇雪天、雨天、雾天、潮湿天气不宜工作。

2. 插设作业标，设驻站、远端、现场防护，桥上用对讲机或电话防护，利用维修“天窗”进行作业。瞭望条件不良地段，应增设中间联络员。

3. 需进入限界内的喷砂、除锈必须纳入“天窗”点内作业。

4. 带班人由工班长担任。

（三）作业程序

1. 准备作业

（1）搭设脚手架。

（2）备干燥、洁净、坚硬、粒径 0.5 ~ 2.0 mm 的砂子，装满储砂桶，上紧桶盖。

（3）检查各类风管压力容器是否完好，并按规定进行风压试验。

（4）连接管路，安装好喷砂嘴。

（5）试风，风压达到 4 ~ 6 kg/cm^2，每个喷嘴需通风量 3 ~ 4 m^3/min。

2. 作　　业

（1）喷砂时先开风阀，再开砂阀，停用时先关砂阀后关风阀。

（2）喷砂时，喷砂嘴距钢梁表面距离为 150 ~ 250 mm，喷射角度 45° ~ 80°，移动要均匀。

(3)喷砂由高到低,先边缘、死角,后中部、平面,由一端逐步推进。

(4)喷砂完毕后,应用压缩空气,清除钢梁表面的砂粒、灰尘及锈末等。

(5)检查钢梁有无裂纹、损伤及不良处所。

(6)喷砂除锈后应在 4 h 内涂油或喷锌。

3. 作业结束

清理料具,撤除防护。

(四)作业质量

1. 涂装涂料涂层时,钢表面粗糙度为 $Ra25 \sim 60\ \mu m$;选用最大粗糙度不得超过涂装体系干膜厚度的 1/3。表面粗糙度超过要求时,需加涂一道底漆。

2. 热喷锌或铝金属时,钢表面粗糙度为 $Ra25 \sim 100\ \mu m$;当表面粗糙度超过 100 μm 时,涂层应至少超过轮廓峰 120 ~ 150 μm。

3. 钢梁表面无残留的旧油皮、氧化皮及锈痕,钢表面清理应根据涂装材料要求分别达到 Sa3 级、Sa2. 5 级。

4. 钢梁表面无损伤。

5. 边角及杆件结合缝隙处所的污垢清除干净。

(五)作业安全

1. 开行动车地段,在动车通过前 30 min,到距离动车通过线路钢轨外侧 3 m 外的安全地点避车;瞭望条件不良地段,应增设中间联络员。

2. 脚手架的搭设必须符合规定。

3. 2 m 以上的高空作业必须带安全带。

4. 喷砂人员要戴手套、穿喷砂衣,防护头罩内应输送经过过滤的空气。

5. 喷砂时,喷嘴不准对人、车。

6. 不准带风修理喷砂设备或更换零件。

7. 喷砂胶管要避免弯折过大,防止爆裂,砂管通路要经常检查,磨损要及时更换。

8. 有压容器、压力表、安全阀等，应按规定进行试验，合格后才准使用。

9. 空压机、砂包距作业面距离不少于 40 m。

10. 在桥上喷砂时应设专人防护，来车时及时关闭砂风阀，停止作业。

11. 各种机具、风砂管路都不能侵入限界。

(六)作业评价

项目	标准分	评价标准	扣分标准	存在问题	扣分	得分
作业条件	10	1. 除锈宜在气温 +10 ℃以上进行作业，遇雪天、雨天、雾天、潮湿天气不宜工作	违反规定，扣 15 分			
		2. 插设作业标，设驻站、远端、现场防护，桥上用对讲机或电话防护，利用维修"天窗"进行间作业。瞭望条件不良地段，应增设中间联络员	违反规定，扣 100 分			
		3. 需进入限界内的喷砂、除锈必须纳入"天窗"点内作业	违反规定，扣 15 分			
		4. 带班人由工班长担任	违反规定，扣 100 分			
作业程序	35	1. 准备作业				
		(1)搭设脚手架	未检查脚手架是否符合搭设要求，扣 15 分			
		(2)备干燥、洁净、坚硬、粒径 0.5 ~ 2.0 mm 的砂子，装满储砂桶，上紧桶盖	砂子粒径不对，扣 5 分			
		(3)检查各类风管压力容器是否完好，并按规定进行风压试验	风压及通风量不准扣 2 分			
		(4)连接管路，安装好喷砂嘴	未检查管路、喷砂嘴，扣 10 分			
		(5)试风，风压达到 4 ~ 6 kg/cm^2，每个喷嘴需通风量 3 ~ 4 m^3/min	未试风或风压未达要求，扣 10 分			
		2. 作　业				
		(1)喷砂时先开风阀，再开砂阀，停用时先关砂阀后关风阀	开关顺序错，一次扣 2 分			
		(2)喷砂时，喷砂嘴距钢梁表面距离为 150 ~ 250 mm，喷射角度 45° ~ 80°，移动要均匀	距离、角度不准，移动不均匀，每次扣 2 分			

续上表

项目	标准分	评 价 标 准	扣分标准	存在问题	扣分	得分
作业程序	35	(3)喷砂由高到低,先边缘、死角,后中部、平面,由一端逐步推进	不合要求,程序颠倒,每次扣2分			
		(4)喷砂完毕后,应用压缩空气,清除钢梁表面的砂粒、灰尘及锈末等	未清除砂粒、灰尘及锈末,每处扣2分			
		(5)检查钢梁有无裂纹、损伤及不良处所	未检查,扣3分			
		(6)喷砂除锈后应在4 h内涂油或喷锌	未按规定进行下道工序,扣10分			
		3. 作业结束 清理料具,撤除防护	未清理或未撤除防护,扣5分			
作业质量	30	1. 涂装涂料涂层时,钢表面粗糙度为 *R*a25 ~ 60 μm;选用最大粗糙度不得超过涂装体系干膜厚度的1/3。表面粗糙度超过要求时,需加涂一道底漆	违反规定,扣5分			
		2. 热喷锌或铝金属时,钢表面粗糙度为 *R*a25 ~ 100 μm;当表面粗糙度超过100 μm时,涂层应至少超过轮廓峰120 ~ 150 μm	违反规定,扣5分			
		3. 钢梁表面无残留的旧油皮、氧化皮及锈痕,钢表面清理应根据涂装材料要求分别达到Sa3级、Sa2.5级	有残留漆皮、铁锈,每处,扣2分			
		4. 钢梁表面无损伤	钢表面有损伤,每处扣2分			
		5. 边角及杆件结合缝隙处所的污垢清除干净	未清除干净,每处扣2分			
作业安全	15	1. 开行动车地段,在动车通过前30 min,到距离钢轨外侧3 m以外地点避车;瞭望条件不良地段,应增设中间联络员	违反规定或瞭望条件不良地段未增设中间联络员,扣100分			
		2. 脚手架的搭设必须符合规定	不符合搭设要求,扣15分			
		3. 2 m以上的高空作业必须带安全带	违反安全要求,扣15分			
		4. 喷砂人员要戴手套、穿喷砂衣,防护头罩内应输送经过过滤的空气	违反安全要求,每项扣15分			
		5. 喷砂时,喷嘴不准对人、车	违反安全要求,每项扣15分			

续上表

项目	标准分	评价标准	扣分标准	存在问题	扣分	得分
作业安全	15	6. 不准带风修理喷砂设备或更换零件	违反安全要求，每项扣15分			
		7. 喷砂胶管要避免弯折过大，防止爆裂，砂管通路要经常检查，磨损要及时更换	未检查或及时更换磨损砂管，扣15分			
		8. 有压容器、压力表、安全阀等，应按规定进行试验，合格后才准使用	未按规定检验压力容器、表、阀，扣15分			
		9. 空压机、砂包距作业面距离不少于40 m	违反规定，扣15分			
		10. 在桥上喷砂时应设专人防护，来车时及时关闭砂风阀，停止作业	违反规定，扣100分			
		11. 各种机具、风砂管路都不得侵入限界	各种机具、风管侵入限界，扣100分			
效率	10	1. 喷砂除锈限时5 min/m^2 2. 喷底漆一度限时3 min/m^2 3. 喷上盖板、角落底漆一度限时3 min/m^2	提前不加分，每超1 min扣1分。			
总分	100					
作业点评：						

（七）试　　题

1. 判断题

（1）喷砂试风时，应先开砂阀，再开风阀。（　）

（2）喷砂试风时，应先关风阀，再关砂阀。（　）

（3）钢梁喷砂除锈，遇雪天、雨天、雾天、潮湿天气不宜工作。（　）

（4）喷砂时应由高到低进行。（　）

（5）喷砂时应先中部、平面，后边缘、死角。（　）

（6）喷砂时应由一端逐步推进。（　）

（7）不准带风修理喷砂设备或更换零件。（　）

（8）喷砂除锈带班人为能胜任的桥隧工担任。（　）

（9）喷砂完毕后，应用清水清除钢梁表面的砂粒、灰尘及锈末。（　）

2. 选 择 题

(1)钢梁喷砂除锈宜在气温(　　)℃以上进行。

(A)10　　(B)15　　(C)5

(2)需进入限界内的喷砂除锈必须纳入(　　)内作业。

(A)列车间隔时间　　(B)“天窗”点　　(C)计划

(3)喷砂试风时,风压应达到(　　)kg/cm^2。

(A)3~5　　(B)3~6　　(C)4~6

(4)喷砂试风时,每个喷嘴需通风量(　　)m^3/min。

(A)3~4　　(B)3~5　　(C)4~6

(5)喷砂时,喷砂嘴距钢梁表面距离为(　　)mm。

(A)100~200　　(B)150~250　　(C)200~300

(6)喷砂时,,喷射角度为(　　)。

(A)45°~80°　　(B)50°~90°　　(C)40°~70°

(7)喷砂除锈后应在(　　)h 内涂油或喷锌。

(A)3　　(B)4　　(C)5

(8)空压机、砂包距作业面距离不少于(　　)m。

(A)20　　(B)30　　(C)40

(9)高空作业是(　　)m 以上的作业。

(A)2　　(B)3　　(C)4

(10)喷砂时,喷嘴(　　)对人、车。

(A)不准　　(B)不宜　　(C)不应

➢试题参考答案

1. 判 断 题

(1)×　(2)×　(3)√　(4)√　(5)×　(6)√

(7)√　(8)×　(9)×

2. 选 择 题

(1)A　(2)B　(3)C　(4)A　(5)B　(6)A

(7)B　(8)C　(9)A　(10)A

二、钢梁手工除锈油漆

（一）作业目的

对失效部分除锈，确保钢结构涂装质量，延长钢结构使用寿命。

（二）作业条件

1. 除锈宜在气温 +10 ℃以上进行，遇雪天、雨天、雾天、潮湿和相对湿度大于 80% 及风砂天气不宜作业。

2. 插设作业标，设驻站、远端、现场防护，桥上用对讲机或电话防护，利用列车间隔时间作业。需进入限界内的除锈必须纳入维修“天窗”点内作业。

3. 带班人由工班长或指派胜任其工作的职工担任。

（三）作业程序

1. 应备料具：各类铲锈刀、除锈小锤、钢丝刷、毛刷、扁油刷、棕刷、漆膜测厚仪、“00 号”砂布、棉砂头、4 号黏度杯、160 目钢丝筛、油画笔小油桶、画线尺、小钢尺或木折尺、底漆、面漆、清油、松香水或其他稀料等。

2. 插好作业牌，设置驻车站、远端、现场防护员，持对讲机防护。

3. 除锈：

（1）由一端向另一端进行作业，先上后下，先难后易。

（2）首先清除杆件缝隙、拐角、铆钉头部及周围的污垢、铁锈、失效漆膜及旧腻子等，而后清除大平面。

（3）个别凸凹不平处和牢固附着的铁锈可用小锤将漆皮、锈皮轻轻敲碎后再进行铲刮，至露出钢灰色表面。

（4）若底漆完好，面漆失效，可清除粉化层，用“00 号”砂纸打磨擦净后增涂面漆。

（5）局部除锈处的外形（为取得边缘整齐，可事先画线）应做成单个或相连方形、矩形、台阶形的整齐几何图形，其各边应分别与梁部或杆件的轴线平行或垂直，漆膜接茬处应做成顺坡。

（6）人工除锈应注意防止用力过猛损伤钢料，一般刮刀刃与工作面成 30°～45°角。

(7)铲锈完毕,应仔细检查有无遗漏,钢梁有无裂纹等,确认符合要求后,方可进行各缝隙腻缝及涂漆工作。

4. 打磨:用钢丝刷、砂布打磨,清除残留的污垢、漆膜、铁锈和氧化皮。

5. 揩擦:用毛刷和棉纱头,先后将钢料表面的锈末、粉尘等刷掉揩净。若当日不能涂刷底漆时,可用拭布或棉砂头沾少量清油涂刷覆盖钢面。

6. 油漆:

(1)漆料符合规定,且清洁,如表面有凝结油皮应去掉,并用木棒仔细搅拌,必要时可用纱布或钢丝筛过滤后使用;若油漆过稠,可按规定要求酌量加入稀释剂。

(2)涂漆时,应少沾多刷(漆刷蘸漆深度以刷毛的1/3,不超过2/3为宜),用力平稳,先将油漆均匀地散涂在钢梁表面上,然后横刷、竖刷(或先竖刷后横刷),自上而下,从左到右,先难后易(在用大油刷刷涂整个表面之前,角落、边缘、缝隙、铆头部及周围应用线条式毛刷或油滑,厚度合乎要求),依次刷匀,使漆膜平整、光滑,厚度合乎要求。

(3)铲锈完毕后,应仔细检查有无遗漏,钢梁有无裂纹等,确认符合要求后,方可进行缝隙腻缝及涂漆工作。

(4)前层漆未干燥不得涂后一层,每涂一层油漆前,须将表面油漆用"00号"砂布轻轻打磨一遍,并用棉纱头擦拭干净。

(5)恢复描绘钢梁上原有的各种标志。

(6)作业结束后,清扫现场,清洗工具。

(四)作业质量

1. 严格执行"八无"、"五不涂"。

"八无":无粗粒和积水;无漏涂(或露底),每层漆膜必须上层盖着下层;无不匀;无皱纹或明显刷痕;无流挂;无膨泡;无斑痕;无脱皮。

"五不涂":除锈不彻底不涂;表面氧化皮未除尽不涂;钢梁表面潮湿不涂;下层未干透不涂;表面未打磨或有砂粒、灰尘等未清除不涂。

2. 旧油漆、腻料开裂失效及铁锈清除彻底,边缘整齐,无污垢、漆皮、锈斑。

3. 钢面无 0.5 mm 及以上刀痕损伤。

4. 涂油面清洁，加涂面漆时，表面打磨彻底，揩擦干净，无污垢及失效漆膜。

5. 漆膜均匀，层数、厚度符合规定（一般部位底漆二度，面漆二度，个别易损坏或施工困难部位底漆二度，面漆三度，干膜总厚度为 150 ~ 200 μm）。

6. 油漆无漏涂、裂纹、斑点、脱皮、鼓泡、流淌、皱纹，表面光泽好。

7. 上层漆膜应均匀覆盖下层漆膜，新、旧油漆衔接处平顺整齐，允许新涂油漆延伸至未损坏涂层区域 50 ~ 80 mm 坡口。

8. 各种标志描绘齐全，字迹清晰，无遗漏。

（五）作业安全

1. 开行动车地段，在动车组通过前 30 min 应停止作业，到线路外侧不少于 3 m 外的安全地点避车，视线不良地段应增设中间联络员。

2. 避车时工具应带出桥外。

3. 作业时应戴护目镜、口罩、手套，穿工作服。

4. 工具良好，无失落。

5. 不伤手脚，无事故苗头。

（六）评价办法

项目	标准分	评 价 标 准	扣分标准	存在问题	扣分	得分
作业条件	10	1. 除锈宜在气温 +10 ℃以上进行，遇雪天、雨天、雾天、潮湿和相对湿度大于 80% 及风沙天气不宜作业	违反规定，扣 100 分			
		2. 插设作业标，设驻站、远端、现场防护，桥上用对讲机或电话防护，利用列车间隔时间作业。需进入限界内的除锈必须纳入维修“天窗”点内作业	违反规定，扣 100 分			
		3. 带班人由工班长或指派胜任其工作的职工担任。	违反规定，扣 100 分			

续上表

项目	标准分	评 价 标 准	扣分标准	存在问题	扣分	得分
作业程序	35	1. 应备料具:各类铲锈刀、除锈小锤、钢丝刷、毛刷、扁油刷、棕刷、漆膜测厚仪、“00号”砂布、棉砂头、4号黏度杯、160目钢丝筛、油画笔小油桶、画线尺、小钢尺或木折尺、底漆、面漆、清油、松香水或其他稀料等	料具不齐全,每缺一项扣2分			
		2. 插好作业牌,设置驻车站、远端、现场防护员,持对讲机防护	未按规定插调作业牌或未设置驻车站、远端、现场防护员,扣100分			
		3. 除锈:				
		(1)由一端向另一端进行作业,先上后下,先难后易	未按要求操作,扣3分			
		(2)首先清除杆件缝隙、拐角、铆钉头部及周围的污垢、铁锈、失效漆膜及旧腻子等,而后清除大平面	除锈不彻底,每平方米扣5分			
		(3)个别凸凹不平处和牢固附着的铁锈可用小锤将漆皮、锈皮轻轻敲碎后再进行铲刮,至露出钢灰色表面	凸凹处除锈不彻底,每平方米扣5分			
		(4)若底漆完好,面漆失效,可清除粉化层,用“00号”砂纸打磨擦净后增涂面漆	未打磨,扣3分			
		(5)局部除锈处的外形(为取得边缘整齐,可事先画线)应做成单个或相连方形、矩形、台阶形的整齐几何图形,其各边应分别与梁部或杆件的轴线平行或垂直,漆膜接茬处应做成顺坡	外形不整齐,漆膜接茬处未顺坡,每处扣2分			
		(6)人工除锈应注意防止用力过猛,损伤钢料,一般刮刀刃与工作面成30°~45°角	钢表面有0.5mm及以上刀痕损伤,扣5分			
		(7)铲锈完毕,应仔细检查有无遗漏,钢梁有无裂纹等,确认符合要求后,方可进行各缝隙腻缝及涂漆工作	未检查或腻缝,扣3分			
		4. 打磨:用钢丝刷、砂布打磨,清除残留的污垢、漆膜、铁锈和氧化皮	打磨不彻底,扣3分			
		5. 揩擦:用毛刷和棉纱头,先后将钢料表面的锈末、粉尘等刷掉揩净。若当日不能涂刷底漆时,可用试布或棉砂头沾少量清油涂刷覆盖钢面	灰尘未擦净,每平方米扣2分			
		6. 油漆				

续上表

项目	标准分	评 价 标 准	扣分标准	存在问题	扣分	得分
作业程序	35	(1)漆料符合规定,且清洁,如表面有凝结油皮应去掉,并用木棒仔细搅拌,必要时可用纱布或钢丝筛过滤后使用;若油漆过稠,可按规定要求酌量加入稀释剂 (2)涂漆时,应少沾多刷(漆刷蘸漆深度以刷毛的 1/3,不超过 2/3 为宜),用力平稳,先将油漆均匀地散涂在钢梁表面上,然后横刷、竖刷(或先竖刷后横刷),自上而下,从左到右,先难后易(在用大油刷刷涂整个表面之前,角落、边缘、缝隙、铆头部及周围应用线条式毛刷或油滑,厚度合乎要求)依次刷匀,使漆膜平整、光滑,厚度合乎要求 (3)铲除完毕后,应仔细检查有无遗漏,钢梁有无裂纹,确认符合要求后,方可进行缝隙腻缝及涂漆工作 (4)前层漆未干燥不得涂后一层,每涂一层油漆前,须将表面油漆用“00 号”砂布轻轻打磨一遍,并用棉纱头擦试干净 (5)恢复描绘钢梁上原有的各种标志 (6)作业结束后,清扫现场,清洗工具	未搅拌或过滤,每次扣 3 分;稀释剂超过 2%,扣 3 分 违反操作要求,每次扣 2 分 未检查有无遗漏,钢梁有裂纹、腻缝漏腻,每项扣 5 分 违反操作要求,每次扣 3 分 未恢复标志,每处扣 2 分 未清理现场或工具,扣 3 分			
作业质量	30	1. 严格执行“八无”、“五不涂”。 “八无”:无粗粒和积水;无漏涂(或露底),每层漆膜必须上层盖着下层;无不匀;无皱纹或明显刷痕;无流挂;无膨泡;无斑痕;无脱皮 “五不涂”:除锈不彻底不涂;表面氧化皮未除尽不涂;钢梁表面潮湿不涂;下层未干透不涂;表面未打磨或有砂粒、灰尘等未清除不涂。 2. 旧油漆、腻料开裂失效及铁锈清除彻底,边缘整齐,无污垢、漆皮、锈斑 3. 钢面无 0.5 mm 及以上刀痕损伤	除锈不彻底,有遗漏,有污垢、旧漆皮、铁锈,每 1 平方厘米扣 5 分 旧腻料开裂失效,未修补或漏腻,每处扣 5 分;铁锈清除不彻底,边缘不整齐,有污垢、漆皮、锈斑,每 1 cm^2 扣 5 分 钢料表面有 0.5 mm 深拉伤,每处扣 5 分			

续上表

项目	标准分	评价标准	扣分标准	存在问题	扣分	得分
作业质量	30	4. 涂油面清洁,加涂面漆时,表面打磨彻底,揩擦干净,无污垢及失效漆膜	涂漆面不洁,打磨揩擦不干净,有污垢及失效每处($1\ cm^2$ 为1处)扣5分			
		5. 漆膜均匀,层数、厚度符合规定(一般部位底漆二度,面漆二度,个别易损坏或施工困难部位底漆二度,面漆三度,干膜总厚度为150~200 μm)	漆膜不均匀,层次、厚度不符合规定,每处($1\ cm^2$ 为1处)扣5分			
		6. 油漆无漏涂、裂纹、斑点、脱皮、鼓泡、流淌、皱纹,表面光泽好	油漆漏涂、露底,每项扣5分;有裂纹、斑点、脱皮、鼓泡、流淌、皱纹,每项扣5分;二度底漆厚度少于80~100 μm,每少10 μm扣5分;二度面漆厚度少于60 μm。每少20 μm扣10分;补修油漆少涂一度扣10分			
		7. 上层漆膜应均匀覆盖下层漆膜,新、旧油漆衔接处平顺整齐,允许新涂油漆延伸至未损坏涂层区域50~80 mm坡口	新、旧油漆衔接处不平顺,扣5分;未延伸至没有损坏涂层50~80 mm的坡口,每处扣2分			
		8. 各种标志描绘齐全,字迹清晰,无遗漏	标志未恢复或描绘不清,每处扣2分			
作业安全	15	1. 开行动车地段,在动车组通过前30 min应停止作业,到线路外侧不少于3 m外的安全地点避车,瞭望条件不良地段应增设中间联络员	违反规定或未增设中间联络员,扣100分			
		2. 避车时工具应带出桥外	违反规定,扣15分			
		3. 作业时应戴护目镜、口罩、手套,空工作服	不按规定穿戴防护用品,每项扣2分			
		4. 工具良好,无失落	工具不良或失落,每件扣2分			
		5. 不伤手脚,无事故苗头	轻微受伤,每次扣5分;有事故苗头,扣15分			
效率	10	1. 钢梁上翼缘外侧除锈底漆一度($0.15\ m^2$)或节点槽内除锈底漆一度($0.15\ m^2$),限时120 min。 2. 钢梁下翼缘底面除锈($0.15\ m^2$)底漆一度,限时50 min。	提前不加分,每超1 min扣2分。			
总分	100					
作业点评:						

（七）选 择 题

（1）在油漆表面喷水，(　　)表示漆膜完好。

（A）水很快往里渗透　　（B）水很快扩散

（C）水珠很快流淌

（2）用刮刀铲起漆膜，(　　)说明漆膜良好。

（A）漆膜一触即碎成粉末状　　（B）漆膜成刨花状卷起

（C）底漆色泽暗淡

（3）雨天、雾天、风沙、凝露和相对湿度大于(　　)的天气严禁进行钢梁除锈作业。

（A）70%　　（B）80%　　（C）90%

（4）进行人工除锈作业时，钢表面无(　　)及以上刀痕损伤。

（A）0. 3 mm　　（B）0. 4 mm　　（C）0. 5 mm

（5）人工除锈应注意防用力过猛，损伤钢表面，一般刮刀与工作面成(　　)角。

（A）25° ~35°　　（B）30° ~40°　　（C）30° ~45°

（6）钢梁腻缝，宜在(　　)以上干燥天气进行。

（A）3 ℃　　（B）4 ℃　　（C）5 ℃

（7）油漆干膜最小厚度底漆在干燥和潮湿地区为(　　)

（A）60 μm　　（B）70 μm　　（C）80 μm

（8）油漆干膜最小厚度面漆在潮湿和恶劣天气地区为(　　)

（A）100 μm　　（B）105 μm　　（C）110 μm

（9）钢结构局部维护性涂装使用红丹底漆时钢表面清理一般采用(　　)。

（A）手工清理　（B）喷丸　　（C）喷砂

（10）(　　)不是产生油漆流挂的原因。

（A）油漆过稀　（B）喷涂过厚　（C）漆质不良

（11）用刮刀铲起漆膜，(　　)表示漆膜完好。

（A）漆膜成刨花状卷起　　（B）漆膜一触即成粉末状

（C）底漆色泽暗淡

（12）漆膜损坏的过程一般为(　　)。

(A)失光→粉化、鼓泡、裂纹→变色→剥落→锈蚀

(B)变色→失光→粉化、鼓泡、裂纹→剥落→锈蚀

(C)失光→变色→粉化、鼓泡、裂纹→剥落→锈蚀

(13)除锈完毕至第一度底漆间隔时间应不超过(　　)。

(A)4 h　　(B)6 h　　(C)8 h

(14)底漆的主要作用是(　　)。

(A)抵抗紫外线　　(B)防锈　　(C)使钢梁表面平整

(15)油漆涂装涂层之间最小时间间隔为(　　)。

(A)12 h　　(B)24 h　　(C)48 h

(16)局部维护性涂装使用红丹底漆时,钢表面应达到(　　)清理标准。

(A)Sa3 级　　(B)Sa2 级　　(C)St3 级

(17)钢梁腻子调好后应在(　　)min 内用完。

(A)10　　(B)15　　(C)30

(18)钢表面清理至第一道涂料涂装时间间隔不得不超过(　　)。

(A)4 h　　(B)5 h　　(C)6 h

(19)两道油漆涂装时间间隔不应超过(　　)。

(A)7 d　　(B)14 d　　(C)21 d

(20)桥梁进行油漆作业时,可以用(　　)作为稀释剂。

(A)煤油　　(B)汽油　　(C)松香水

(21)油漆如果超过(　　),须用细砂纸打磨涂层表面后方可涂下一道漆。

(A)7 d　　(B)5 d　　(C)10 d

(22)油漆如果超过 7 d,须用(　　)打磨涂层表面后方可涂下一道漆。

(A)钢丝刷　　(B)细砂纸　　(C)粗砂纸

(23)设有单侧人行道的桥梁应沿桥梁全长每隔(　　)左右在人行道栏杆外侧设一个避车台。

(A)20 m　　(B)30 m　　(C)40 m

(24)钢表面，严禁在雨、雪、凝露和相对湿度大于(　　)及风沙天气进行。

(A)70%　　(B)80%　　(C)90%

(25)涂装涂层最小间隔时间为(　　)。

(A)20 h　　(B)24 h　　(C)30 h

(26)涂装涂层最大间隔时间为(　　)。

(A)7 d　　(B)10 d　　(C)15 d

(27)钢梁连接板层之间小于 0.5 mm 的缝隙可用(　　)封闭。

(A)防腐浆膏　(B)油漆　　(C)腻子

(28)漆膜失效的检查鉴定方法有(　　)。

(A)眼看、手摸、着色

(B)眼看、手摸、刮膜检验、滴水检验

(C)手摸、着色、涂油、刮刀铲

(29)(　　)时，应按照自上而下，从左到右，先难后易，依次刷匀，使漆膜平整、光滑，厚度合乎要求。

(A)电焊　　(B)刷漆　　(C)喷漆

(30)除锈作业宜在气温(　　)以上作业。

(A) +5 ℃　　(B) +6 ℃　　(C) +10 ℃

(31)进行油漆作业时，新旧涂层间应有(　　)过渡带。

(A)30 ~ 50 mm　(B)50 ~ 80 mm　(C)45 ~ 85 mm

➢试题参考答案

选 择 题

(1)C　(2)B　(3)B　(4)C　(5)C　(6)C
(7)B　(8)B　(9)A　(10)C　(11)A　(12)C
(13)A　(14)B　(15)B　(16)C　(17)A　(18)A
(19)A　(20)C　(21)A　(22)B　(23)B　(24)B
(25)B　(26)A　(27)B　(28)B　(29)B　(30)A
(31)B

第三章　支 座 作 业

一、更换支座锚螺栓

(一)作业目的

更换拆断、损伤、锈蚀严重的锚栓,保证支座的稳固性。

(二)作业条件

1. 插设作业标,设驻站、远端、现场防护,桥上用对讲机或电话防护,利用列车间隔时间作业。

2. 带班人由工班长或指派能胜任其工作的桥隧工担任。

3. 在日平均气温 5 ℃以上气温条件下作业。

(三)作业程序

1. 备好锚螺栓。

2. 凿出旧锚栓,在支座旁斜向凿孔,侧面取出。

3. 清除锚栓孔内碎渣、粉末,冲洗干净,掏净积水。

4. 插入新锚栓。

5. 填入部分砂浆,初步捣实,整正位置和高度。

6. 边填边捣,顶部压平抹平,做好排水坡。

7. 用湿草袋等覆盖,及时浇水,养生不少于 7 d。

8. 凝固后方准涂油并拧紧螺栓帽。

9. 清理料具,撤除防护。

(四)作业质量

1. 锚栓直径应符合规定,钢梁一般为 32 mm(至少 25 mm),圬工梁 25 mm。

2. 埋入深度不小于 300 mm,锚栓下端应有倒刺或弯钩等。

3. 位置、高度正确。

4. 小跨度钢梁活动端,如锚栓未串联钢梁底板,应在螺帽下安装压板。

5. 砂浆配合比：一般采用水泥和砂子的质量比为1∶1.5，水灰比0.23～0.25。

6. 填捣密实，顶部压平，抹平，不得积水。

（五）作业安全

1. 开行动车地段，在动车组通过前30 min应停止作业，到线路外侧不少于3 m外的安全地点避车；瞭望条件不良地段应增设中间联络员。

2. 凿孔时要戴护目眼镜、安全帽、口罩，掌钎人要戴手套，打锤人不得戴手套。

3. 墩台高度在2 m以上，未设围栏处所要系安全带，或绑好临时栏杆，必要时应搭设简单脚手架。

4. 作业人员通过桥面到桥墩台运送料具，应注意列车。

5. 在同一支座上，不得同时凿除2根及以上的锚栓。

6. 锤把要牢，锤头、钢钎不得有肥边，二人不得对面打锤。

（六）作业评价

项目	标准分	评价标准	扣分标准	存在问题	扣分	得分
作业条件	10	1. 插设作业标，设驻站、远端、现场防护，桥上用对讲机或电话防护，利用列车间隔时间作业	违反规定，扣100分			
		2. 带班人由工班长或指派能胜任其工作的桥隧工担任	违反规定，扣100分			
		3. 在日平均气温在5℃以上气温条件下作业	违反规定，扣10分			
作业程序	35	1. 备好锚螺栓	未检查备用锚螺栓，扣2分			
		2. 凿出旧锚栓，在支座旁斜向凿孔，侧面取出	违反规定要求，扣3分			
		3. 清除锚栓孔内碎渣、粉末，冲洗干净，掏净积水	未清理碎渣、粉末或冲洗，未掏净积水，扣3分			
		4. 插入新锚栓	作业程序不标准，2分			
		5. 填入部分砂浆，初步捣实，整正位置和高度	位置不正或高度不够，扣5分			

续上表

项目	标准分	评价标准	扣分标准	存在问题	扣分	得分
作业程序	35	6. 边填边捣，顶部压平抹平，做好排水坡 7. 用湿草袋等覆盖，及时浇水，养生不少于7 d 8. 凝固后方准涂油并拧紧螺栓帽 9. 清理料具，撤除防护	未抹平压实，未做排水坡，扣3分 养生不够，扣3分 未涂油或拧紧螺帽，每个扣2分 未清理料具，扣2分			
作业质量	30	1. 锚栓直径应符合规定，钢梁一般为32 mm（至少25 mm），圬工梁25 mm 2. 埋入深度不小于300 mm，锚栓下端应有倒刺或弯钩等 3. 位置、高度正确 4. 小跨度钢梁活动端，如锚栓未串联钢梁底板，应在螺帽下安装压板 5. 砂浆配合比：一般采用水泥和砂子的质量比为1∶1.5，水灰比0.23～0.25 6. 填捣密实，顶部压平，抹平，不得积水	锚栓直径不符合规定，扣5分 埋入深度不足，扣10分 位置、高度不正确，扣5分 不符合要求，扣5分 配合比及水灰比不良，扣10分 捣垫不平、不光、不实、积水，每处扣5分			
作业安全	15	1. 开行动车地段，在动车组通过前30 min应停止作业，到线路外侧不少于3 m外的安全地点避车，瞭望条件不良地段应增设中间联络员 2. 凿孔时要戴护目眼镜、安全帽、口罩，掌钎人要戴手套，打锤人不得戴手套 3. 墩台高度在2 m以上，未设围栏处所要系安全带，或绑好临时栏杆，必要时应搭设简单脚手架 4. 作业人员通过桥面到桥墩台运送料具，应注意列车 5. 在同一支座上，不得同时凿除2根及以上的锚栓 6. 锤把要牢，锤头、钢钎不得有肥边，二人不得对面打锤	违反规定或瞭望条件不良地段未增设中间联络员，扣100分 未正确使用劳保用品，缺一项扣2分 未设围栏处所作业时，未系安全带，扣15分 无专人防护，扣10分 不符合要求，扣10分 操作不安全，每人次扣5分			
效率	10	限时350 min/个	1. 提前不加分 2. 每延长10min，扣10分			
总分	100					
作业点评：						

(七)试　　题

1. 判 断 题

(1)锤把要牢,锤头、钎顶不得有飞边,二人不得对面打锤。 (　　)

(2)更换支座锚螺栓圬工部分,应用湿草袋等覆盖,及时浇水,养生不少于 7 d。 (　　)

(3)锚螺栓直径钢梁一般为 32 mm。 (　　)

(4)锚螺栓直径圬工梁一般为 25 mm。 (　　)

(5)锚螺栓埋入深度在不小于 200 mm。 (　　)

(6)锚栓下端应有倒刺或弯钩等。 (　　)

(7)在同一支座上,不得同时凿除 3 根及以上的锚栓。 (　　)

(8)作业人员从桥面上下墩台运送料具,应注意列车。 (　　)

2. 选 择 题

(1)遇有降雾、暴风雨(雪)、扬沙等恶劣天气影响瞭望时(　　)线上作业。

(A)应继续　　(B)应停止作业　　(C)根据情况

(2)桥上作业时,应插(　　)

(A)作业牌　　(B)专人防护　　(C)停车牌

(3)支座锚栓埋入墩台深度不得少于(　　)mm。

(A)250　　(B)300　　(C)350

(4)支座锚栓直径应符合规定,钢梁一般为(　　)mm。

(A)28　　(B)32　　(C)35

(5)支座锚栓直径应符合规定,圬工梁为(　　)mm。

(A)25　　(B)30　　(C)35

(6)更换支座锚螺栓,开凿锚孔时,在支座旁斜向凿孔,其深度应大于锚栓全长,从(　　)取出旧锚栓。

(A)正面　　(B)侧面　　(C)中间

➢试题参考答案

1. 判 断 题

(1)√　(2)√　(3)√　(4)√　(5)×　(6)√

(7)×　　(8)√

2. 选 择 题

(1)B　　(2)A　　(3)B　　(4)B　　(5)A　　(6)B

二、支座垫砂浆

(一)作业目的

调整支座标高保持桥上线路平稳过渡桥外线路。

(二)作业条件

1. 桥上用对讲机或电话防护,利用施工“天窗”进行,在车站“运统—46”登记。

2. 带班人不低于工长,由车间副主任及以上干部负责现场盯控。

(三)作业程序

1. 作业准备

(1)防护:插好作业牌、插设置移动停车信号,设置驻站、远端、施工现场讲机防护。

(2)料具:顶稿、手锤、钢钎、撬棍、套筒、棕绳、水泥、砂、圬工工具。

(3)预凿支座部分混凝土,支座下凿除面积不超过总面积的1/4。

(4)将支座固定在梁端,做好梁跨中心及捣垫,砂浆高度标记。

(5)由于捣垫支座引起支座锚栓长度不足时,应预先更换标准锚栓。

(6)做好起梁、捣垫机具、材料的准备工作,搭好保险木垛。

(7)联系要点,给施工命令和命令号后,按规章设置防护。

2. 作业顺序

(1)设置移动停车信号:

①驻站联络员抄录并确认施工封锁调度命令,通知现场施工负责人。

②现场施工负责人通知现场防护员按规定在施工地点设置移动停车信号。

③按规定设置好移动停车信号后发出施工命令。

(2)冒起梁端附近线路钢轨及护轨道钉(松开扣件螺栓)或解开钢轨接头。

(3)顶起梁跨,临时支垫,使用两个及以上顶镐时,要同时起落,支垫要随起随垫,如为平板支座时,根据起梁高度的影响,相应的松开梁跨另一端的支座锚栓。起梁时应考虑 1 ~2 mm 的沉落量。

(4)凿除支座下混凝土,清除碎渣,冲洗干净,用布擦干。

(5)支模要牢固。

(6)配制并拌制砂浆或混凝土。

(7)捣垫砂浆或混凝土,捣垫砂浆厚度不宜超过 150 mm,每次填砂浆量以捣实后的厚度为准,不超过 50 mm 为宜。填捣砂浆前,应在混凝土表面涂刷环氧树脂涂料一层(环氧树脂 100 g、邹苯二甲、酸二丁酢本酯 20 g、乙二胺 8 g、水泥 30 g。

(8)落梁、恢复、整修、检查线路及护轨。

(9)撤除移动停车信号

①现场施工负责人和设备管理单位监督检查人员,共同检查确认线路已达到放行列车条件。

②通知现场防护员撤除施工地段的移动停车信号。

③通知车站开通线路。

(10)搬出起梁及捣、垫机具,拆除模板。

(11)填补砂浆、压实、抹光、整修支座周围边缘,达到棱角分明,排水良好,抹压时应在泥抹子上面少蘸乙醇或二甲苯,即可抹光。

(12)清除料具、清扫墩台,初凝后进行养生。

(四)作业质量

1. 采用干硬性环氧树脂砂浆捣垫。

干硬性环氧树脂配合比:环氧树脂 100 g、邹笨二甲酸二丁脂 18 ~20 g、乙二胺 8 ~10 g、425 号水泥 200 g、砂子(中砂)250 g、碎石(1 ~2 cm)350 g。

2. 捣垫坚实无裂纹,支座底板与支承垫石间密贴无缝隙。

3. 外形平整,棱角分明,不积水。

4. 支承垫石从底板边缘向下,外方作 1∶1 ~1∶1.5 斜坡。

(五)作业安全

1. 按规定设好防护。

2. 严把放行列车条件关。

3. 无不安全因素。

4. 墩台高度在 2 m 以上,未设围栏处所要系安全带,或绑好临时栏杆,必要时应搭设简单脚手架。

(六)作业评价

项目	标准分	评价标准	扣分标准	存在问题	扣分	得分
作业条件	10	1. 桥上用对讲机或电话防护,利用施工"天窗"进行,在车站"运统—46"登记	违反规定,扣100分			
		2. 带班人不低于工长,由车间副主任及以上干部负责现场盯控	违反规定,扣100分			
作业程序	35	1. 作业准备				
		(1)防护:插好作业牌、移动停车信号牌、设置驻站、远端、施工现场、远端讲机防护	未按规定设好防护,扣100分			
		(2)料具:顶稿、手锤、钢钎、撬棍、套筒、棕绳、水泥、砂、圬工工具	料具不全,每缺一件,扣2分			
		(3)预凿支座部分混凝土,支座下凿除面积不超过总面积的1/4	凿除面积超过总面积的1/4,扣3分			
		(4)将支座固定在梁端,做好梁跨中心及捣垫,砂浆高度标记	未标记,扣3分			
		(5)由于捣垫支座引起支座锚栓长度不足时,应预先更换标准锚栓	长度不足时,未更换,扣3分			
		(6)做好起梁、捣垫机具、材料的准备工作,搭好保险木垛	未搭保险木垛,扣10分			
		(7)联系要点,给施工命令和命令号后,按规章设置防护	未按规定设置防护,扣100分			
		2. 作业顺序				
		(1)设置移动停车信号	未设置,扣100分			
		①驻站联络员抄录并确认施工封锁调度命令,通知现场施工负责人	未确认,扣100分			
		②现场施工负责人通知现场防护员按规定在施工地点设置移动停车信号	未通知设置移动停车信号,扣100分			
		③按规定设置好移动停车信号后发出施工命令	未设好防护就开始作业,扣100分			

续上表

项目	标准分	评 价 标 准	扣分标准	存在问题	扣分	得分
作业程序	35	(2)冒起梁端附近线路钢轨及护轨道钉(松开扣件螺栓)或解开钢轨接头	钢轨接头与道钉护轨未处理,扣5分			
		(3)顶起梁跨,临时支垫,使用两个及以上顶镐时,要同时起落,支垫要随起随垫,如为平板支座时,根据起梁高度的影响、相应的松开梁跨另一端的支座锚栓,起梁时应考虑1~2 mm的沉落量	起梁作业不标准,每个扣3分;未预留1~2 mm的沉落量,扣20分			
		(4)凿除支座下混凝土,清除碎渣,冲洗干净,用布擦干	未清除、冲洗,每项扣3分			
		(5)支模要牢固	不牢固,扣15分			
		(6)配制并拌制砂浆或混凝土	未按要求配制砂浆,扣5分			
		(7)捣垫砂浆或混凝土,捣垫砂浆厚度不宜超过150 mm,每次填砂浆量以捣实后的厚度为准,不超过50 mm为宜。填捣砂浆前,应在混凝土表面涂刷环氧树脂涂料一层(环氧树脂100 g、邻苯二甲、酸二丁酢本酯20 g、乙二胺8 g、水泥30 g	捣垫厚度不符合要求,扣5分。未按要求操作,扣3分			
		(8)落梁、恢复、整修、检查线路及护轨	未整修或恢复不到位扣5分;恢复达不到放行列车条件,盲目放行列车,扣100分			
		(9)撤除移动停车信号	作业完毕后,未撤除移动停车信号,扣100分			
		①现场施工负责人和设备管理单位监督检查人员,共同检查确认线路已达到放行列车条件	未检查确认,盲目放行列车,扣100分			
		②通知现场防护员撤除施工地段的移动停车信号	未通知,扣15分			
		③通知车站开通线路	未通知车站开通线路,扣50分			
		(10)搬出起梁及捣、垫机具,拆除模板	未搬机具、拆除模板,扣2分			
		(11)填补砂浆、压实、抹光、整修支座周围边缘,达到棱角分明,排水良好,抹压时应在泥抹子上面少蘸乙醇或二甲苯,即可抹光	未压实、抹光或排水不好,每项扣3分			
		(12)清除料具、清扫墩台,初凝后进行养生	料具未清除干净,扣3分。未养生,扣3分			

续上表

项目	标准分	评价标准	扣分标准	存在问题	扣分	得分
作业质量	30	1. 采用干硬性环氧树脂砂浆捣垫 干硬性环氧树脂砂浆配合比:环氧树脂100 g、邹笨二甲酸二丁脂18~20 g、乙二胺8~10 g、425号水泥200 g、砂子(中砂)250 g、碎石(1~2 cm)350 g	未采用干硬性环氧树脂砂浆捣垫,配合比不符合要求,扣5分			
		2. 捣垫坚实无裂纹,支座底板与支承垫石间密贴无缝隙	有缝隙、裂纹、空响、不平,一处扣5分(缝隙大于0.5 mm,深度大于301 mm为一处)			
		3. 外形平整,棱角分明,不积水	不平整、积水、,每项扣3分			
		4. 支承垫石从底板边缘向下,外方作1:1~1:1.5斜坡	坡度不对,扣3分			
作业安全	15	1. 按规定设好防护	不符合,扣10分			
		2. 严把放行列车条件	达不到放行列车条件,盲目放行列车,扣100分			
		3. 2 m以上高空应系安全带(绳)	未正确使用劳保用品扣5分			
		4. 墩台高度在2 m以上,未设围栏处所要系安全带,或绑好临时栏杆,必要时应搭设简单脚手架	未落实扣2分			
效率	10	限时600 min/个。可根据垫砂浆高度和现场条件进行调整	延误封锁时间10min扣完			
总分	100					
作业点评:						

(七)试　　题

1. 判 断 题

(1)支座下凿除面积不得超过支座总面积的1/3。　　(　　)

(2)将支座固定在梁端,做好梁跨中心及捣垫砂浆高度标记。　　(　　)

(3)垫捣砂浆厚度,不宜超过200 mm。　　(　　)

(4)填捣砂浆前,应在混凝土表面涂刷三层环氧树脂涂料。　　(　　)

(5)支座周围边缘应棱角分明,排水良好。 ( )

(6)捣垫砂浆应坚实,无裂纹。 ( )

(7)支座底板与支承垫石间应密贴无缝隙。 ( )

2. 选 择 题

(1)支座捣垫砂浆的水灰比为( )。

(A)0.23~0.25 (B)0.25~0.30 (C)0.25~0.35

(2)捣垫砂浆或混凝土,捣垫厚度不超过( )mm。

(A)100 (B)150 (C)200

(3)预凿支座部分混凝土支座下凿除面积不超过总面积的( )。

(A)1/3 (B)1/4 (C)1/5

(4)每次捣垫砂浆量,以捣实后的厚度不超过( )mm为宜。

(A)30 (B)40 (C)50

(5)水泥砂浆的和易性主要由砂浆( )来决定。

(A)水灰比 (B)稠度 (C)密度

(6)支座捣垫砂浆结束后需养生,用湿草袋上加砂土浇水覆盖,保持湿润( )。

(A)5 d (B)6 d (C)7 d

➢试题参考答案

1. 判 断 题

(1)× (2)√ (3)× (4)× (5)√ (6)√ (7)√

2. 选 择 题

(1)A (2)B (3)B (4)C (5)B (6)C

三、整治支座积水

(一)作业目的

对支座有积水处进行整治,保证排水顺畅,防止支座积水造成锈蚀。

（二）作业条件

1. 插设作业标，设驻站、远端、现场防护，桥上用对讲机或电话防护，利用列车间隔时间作业。

2. 带班人由工班长或指派能胜任其工作的桥隧工担任。

（三）作业程序

1. 作业准备

（1）设好防护、插好作业牌，用对讲机或电话防护。

（2）料具：手锤、钢钎、卷尺、刷子、木条、圬工工具、水泥、砂。

2. 作业程序

（1）按设计要求，在墩台顶面放线。

（2）凿排水槽或流水坡。

（3）清除碎渣，冲洗粉尘。

（4）在新凿圬工表面，涂刷一层纯水泥浆。

（5）按设计砂浆强度拌制砂浆（砂子要过筛）。

（6）补抹砂浆。压实，抹光，达到坡度正确，棱角分明，排水畅通。

（7）检查质量。

（8）湿草袋覆盖，养生不少于 7 d。

（四）作业质量

1. 形状、坡度符合设计要求，排水畅通。

2. 抹面平顺，棱角分明，无空响，无裂纹。

3. 砂浆强度等级不低于 M10。

（五）作业安全

1. 墩台高度在 2 m 以上，无围栏时，作业人员应系安全带，或搭设简易工作台、架。

2. 作业人员应戴安全帽、护目镜、手套。

3. 同一墩台面上，两人同时凿除圬工时，不得对面作业。

4. 作业人员搬运工具、材料，由桥面上下墩台时，注意列车。

(六)作业评价

项目	标准分	评价标准	扣分标准	存在问题	扣分	得分
作业条件	10	1. 插设作业标,设驻站、远端、现场防护,桥上用对讲机或电话防护,利用列车间隔时间作业 2. 带班人由工班长或指派能胜任其工作的桥隧工担任	违反规定,扣100分 违反规定,扣100分			
作业程序	35	1. 作业准备 (1)设好防护、插好作业牌,用对讲机或电话防护 (2)料具:手锤、钢钎、卷尺、刷子、木条、圬工工具、水泥、砂 2. 作业程序 (1)按设计要求,在墩台顶面放线 (2)凿排水槽或流水坡 (3)清除碎渣,冲洗粉尘 (4)在新凿圬工表面,涂刷一层纯水泥浆 (5)按设计砂浆强度拌制砂浆(砂子要过筛) (6)补抹砂浆。压实,抹光,达到坡度正确,棱角分明,排水畅通 (7)检查质量 (8)温草袋覆盖,养生不少于7 d	未按规定设置防护,扣100分 料具不全,每缺一件扣2分 设计不合理,扣15分 未凿排水槽或流水坡,每项扣5分 未清除碎渣,冲洗粉尘,每项扣3分 未涂水泥浆,扣3分 拌制的砂浆不符合标准,扣5分 未压实、抹光或排水不畅,每项扣3分 未回检质量,扣5分 未按要求养生或天数不够,每项扣3分			
作业质量	30	1. 形状、坡度符合设计要求,排水畅通 2. 抹面平顺,棱角分明,无空响,无裂纹 3. 砂浆强度等级不低于M10	坡度不符合要求,排水不畅,每项扣2分 有空响、裂纹,每项扣5分 强度低于M10,扣5分			
作业安全	15	1. 墩台高度在2 m以上,无围栏时,作业人员应系安全带,或搭设简易工作台、架 2. 作业人员应戴安全帽,护目镜,手套 3. 同一墩台面上,两人同时凿除圬工时,不得对面作业 4. 作业人员搬运工具、材料,由桥面上下墩台时,注意列车	不符合安全规定,扣15分 未戴安全防护用品扣5分 有安全隐患,扣5分 来车未及时下道,每次扣15分;料具侵入限界,扣100分			

续上表

项目	标准分	评 价 标 准	扣分标准	存在问题	扣分	得分
效率	10	限时 90 min/个。可根据工作量进行适当调整	超过 10 min 扣 2 分			
总分	100					
作业点评:						

(七)试　　题

1. 判 断 题

(1)同一墩台面上,两人同时凿除圬工时,可以对面作业。 (　　)

(2)墩台高度在 3 m 以上,无围栏时,作业人员可以不系安全带。 (　　)

(3)作业人员应戴安全帽,护目镜,手套。 (　　)

(4)湿草袋覆盖,养生不少于 10 d。 (　　)

(5)砂浆强度等级不低于 M10。 (　　)

(6)抹面平顺,棱角分明,无空响,无裂纹。 (　　)

(7)作业人员搬运工具、材料,由桥面上下墩台时,注意列车。 (　　)

2. 选 择 题

(1)砂浆强度等级不低于(　　)。

(A)M10　　(B)M15　　(C)M20

(2)遇有降雾、暴风雨(雪)、扬沙等恶劣天气影响瞭望时(　　)线上作业。

(A)应继续　　(B)应停止作业　　(C)根据情况

(3)桥上作业时,应设(　　)。

(A)作业牌　　(B)专人防护　　(C)停车牌

(4)在新凿圬工表面,需(　　)一层纯水泥浆。

(A)涂刷　　(B)铺上　　(C)浇灌

(5)混凝土的养生时间不得少于(　　)。

(A)5 d　　　　　　(B)7 d　　　　　　(C)9 d

(6)同一墩台面上,两人同时凿除圬工时,(　　)对面作业。

(A)可以　　　　　　(B)必须　　　　　　(C)不得

➢试题参考答案

1. 判 断 题

(1)×　(2)×　(3)√　(4)×　(5)√　(6)√

(7)√

2. 选 择 题

(1)A　(2)B　(3)A　(4)A　(5)B　(6)C

四、更换板式橡胶支座

(一)作业目的

对橡胶支座损坏、变形、切变超出规定范围,进行更换调整,保证梁体的稳定及行车安全。

(二)作业条件

1. 桥上用对讲机或电话防护,利用 90 min 以上施工"天窗"进行,在车站"运统—46"登记。

2. 带班人不低于工长,由车间副主任及以上干部盯控。

(三)作业程序

1. 作业准备

(1)作业防护:插好作业牌,移动停车信号牌,设置驻站、远端、施工现场。对讲机防护。

(2)料具:顶镐、手锤、钢钎、撬棍、套筒、棕绳、圬工工具、模板。

(3)支承垫石抄平,确定支座各部分标高及尺寸并做好标记。

(4)预制环氧树脂混凝土(或混凝土)垫石块。

(5)支座钢垫板(符合专桥 8131 定型图)及上、下嵌制角钢(竖肢 25 ~ 40 mm)下料并焊接。

(6)搭设施工枕木垛,备好保险枕木垛上用的楔形短枕,安放千斤顶，要平稳，上、下垫木垫。

（7）试顶起梁。

2. 作业顺序

（1）设置移动停车信号：

①驻站联络员抄录并确认施工封锁调度命令，通知现场施工负责人。

②现场施工负责人通知现场防护员按规定在施工地点设置移动停车信号。

③按规定设置好移动停车信号后发出施工命令。

（2）拆除梁端主轨扣件和护轨接头。

（3）顶起梁体一端至所需高度，边顶边塞楔形短枕，保持一定的保险距离，拆除需更换的支座，铲平垫石顶面及剩余锚栓杆。

（4）在梁底镶角板四周焊接橡胶支座嵌制角钢或约束板条。

（5）在原垫石顶垫一层环氧树脂砂浆。安放预制的垫石块，垫石块顶面涂环氧树脂胶液。

（6）安放支座钢垫板，安放橡胶座预制件使之位置正确，嵌入角钢框或约束板条内。

（7）落梁，使橡胶支座上摆嵌入框内。

（8）恢复线路及护轨，达到修理标准，拆除千斤顶及枕木垛。

3. 作业结束

（1）检查线路，达到放行列车条件。

（2）撤除移动停车信号

①现场施工负责人和设备管理单位监督检查人员，共同检查确认线路已达到放行列车条件。

②通知现场防护员撤除施工地段的移动停车信号。

③通知车站开通线路。

（3）清理料具。

（四）作业质量

1. 气温在 −26 ℃ ~40 ℃ 地区选用天然橡胶支座，出厂试验参数符合铁道部有关规定。

2. 安放位置正确，各部尺寸相互密贴，橡胶支座无串动。

3. 橡胶支座与底板平衡牢固，无串动、无缝隙。

4. 嵌制角钢或约束板条位置正确，坚实可靠。

（五）作业安全

1. 按有关规定设好防护，确认施工命令和命令号后，方准开工。

2. 作业人员应戴安全帽、护目镜、手套、口罩。

3. 打锤人员严禁戴手套，不打对面锤，锤把安装牢固，锤面、钢钎不得有肥边。

4. 顶镐负荷能力，应满足起重要求，使用前需经认真检查。底座要平正、坚实，顶面与钢板接触时，应加木垫，防止滑脱。

5. 作业人员搬运机具、材料，由桥面上、下墩台时应注意列车；来车时，应及时下道进入避车台内避车。上、下墩台时应手抓牢、脚踩稳。

6. 工作完毕后，需用肥皂水洗手，医用酒精消毒，严禁不洗手吃东西或接触皮肤。

7. 使用和存放化学材料（丙酮、乙醇、二甲苯、酒精等）注意防火，严禁吸烟。

（六）评价办法

项目	标准分	评价标准	扣分标准	存在问题	扣分	得分
作业条件	10	1. 桥上用对讲机或电话防护，利用90 min以上检修“天窗”进行，在车站“运统—46”登记 2. 带班人不低于工长，由车间副主任及以上干部盯控	违反规定，扣100分 违反规定要求，扣100分			
作业程序	35	1. 作业准备 （1）作业防护：插好作业牌，移动停车信号牌，设置驻站、远端、施工现场，对讲机防护 （2）料具：顶镐、手锤、钢钎、撬棍、套筒、棕绳、圬工工具、模板 （3）支承垫石抄平，确定支座各部分标高及尺寸并做好标记	未按规定设置防护，扣100分 料具不全，每缺一件扣3分 未抄平或确定标高，扣10分			

续上表

项目	标准分	评价标准	扣分标准	存在问题	扣分	得分
作业程序	35	(4)预制环氧树脂混凝土(或混凝土)垫石块	强度不够,扣20分			
		(5)支座钢垫板(符合专桥8131定型图)及上、下嵌制角钢(竖肢25~40 mm)下料并焊接	不符合要求或未焊接,每项扣15分			
		(6)搭设施工枕木垛,备好保险枕木垛上用的楔形短枕,安放千斤顶,要平稳,上、下垫木垫	未垫木垫或安放千斤顶歪斜,每项扣10分。支垫不牢,扣5分			
		(7)试顶起梁	未试顶,扣5分			
		2. 作业顺序				
		(1)设置移动停车信号	未设移动信号,扣20分			
		①驻站联络员抄录并确认施工封锁调度命令,通知现场施工负责人	未抄录、确认施工封锁调度命令,未通知现场施工负责人,扣20分			
		②现场施工负责人通知现场防护员按规定在施工地点设置移动停车信号	未通知现场防护员按规定在施工地点设置移动停车信号,扣100分			
		③按规定设置好移动停车信号后发出施工命令	未设置好移动停车信号后就发出施工命令,扣100分			
		(2)拆除梁端主轨扣件和护轨接头	未拆除梁端主轨扣件和护轨接头,扣10分			
		(3)顶起梁体一端至所需高度,边顶边塞楔形短枕,保持一定的保险距离,拆除需更换的支座,铲平垫石顶面及剩余锚栓杆	顶起梁体一端所需高度不够或未边顶边塞楔形短枕,每项扣20分			
		(4)在梁底镶角板四周焊接橡胶支座嵌制角钢或约束板条	未焊接,每处扣5分			
		(5)在原垫石顶垫一层环氧树脂砂浆。安放预制的垫石块,垫石块顶面涂环氧树脂胶液	未按要求操作,扣3分			
		(6)安放支座钢垫板,安放橡胶座预制件使之位置正确,嵌入角钢框或约束板条内	安放不准、位置不正,扣10分			
		(7)落梁,使橡胶支座上摆嵌入框内	落梁未入框,扣10分			

续上表

项目	标准分	评价标准	扣分标准	存在问题	扣分	得分
作业程序	35	(8)恢复线路及护轨,达到修理标准,拆除千斤顶及枕木垛	延误施工,每 10 min 扣 5 分			
		3. 作业结束				
		(1)检查线路,达到放行列车条件	未检查线路,盲目放行列车,扣 100 分			
		(2)撤除移动停车信号	未撤除防护,扣 5 分			
		①现场施工负责人和设备管理单位监督检查人员,共同检查确认线路已达到放行列车条件	未共同确认放行列车条件,扣 100 分			
		②通知现场防护员撤除施工地段的移动停车信号	未通知现场防护员撤除施工地段的移动停车信号,扣 10 分			
		③通知车站开通线路	线路未达到放行标准,扣 5 分,延误开通时间,每 10 min 扣 5 分			
		(3)清理料具	未清理料具,扣 3 分			
作业质量	30	1. 气温在 -26 ℃ ~ -40 ℃地区选用天然橡胶支座,出厂试验参数符合参数符合铁道部有关规定	支座不标准,扣 10 分			
		2. 安放位置正确,各部尺寸相互密贴,橡胶支座无串动	不密贴,每处扣 2 分;位置不正确,每处扣 5 分			
		3. 橡胶支座与底板平衡牢固,无串动、无缝隙	位置不当或不坚实,每处扣 10 分			
		4. 嵌制角钢或约束板条位置正确,坚实可靠	位置不正,扣 5 分			
作业安全	15	1. 按有关规定设好防护,确认施工命令和命令号后,方准开工	未按规定设置防护或未确认施工命令和命令号后,就开始施工扣 100 分			
		2. 作业人员应戴安全帽、护目镜、手套、口罩	未按要求使用劳保用品,每项扣 5 分			
		3. 打锤人员严禁戴手套,不打对面锤,锤把安装牢固,锤面、钢钎不得有肥边	打锤人员戴手套,打对面锤扣 10 分;锤把安装不牢固,锤面、钢钎有肥边扣 10 分			
		4. 顶镐负荷能力,应满足起重量要求,使用前需经认真检查。底座要平正、坚实,顶面与钢板接触时,应加木垫,防止滑脱	顶镐使用前未仔细检查,扣 10 分;底座不平正、坚实或顶面与钢板接触时,未加木垫扣,每项 10 分			

续上表

项目	标准分	评价标准	扣分标准	存在问题	扣分	得分
作业安全	15	5. 作业人员搬运机具、材料,由桥面上、下墩台时应注意列车;来车时,应及时下道进入避车台内避车。上、下墩台时应手抓牢、脚踩稳	来车下道不及时,未进入避车台内避车,扣100分。机具材料侵入限界扣100分			
		6. 工作完毕后,需用肥皂水洗手,医用酒精消毒,严禁不洗手吃东西或接触皮肤	未按要求消毒,扣5分			
		7. 使用和存放化学材料(丙酮、乙醇、二甲苯、酒精等)注意防火,严禁吸烟	化学原料存放不当,扣5分			
效率	10	限时每4个45 min	超过5 min扣2分			
总分	100					
作业点评:						

(七)试　　题

1. 判断题

(1)更换板式橡胶支座时,桥上用对讲机或电话防护,利用90 min以上检修天窗进行,在车站"运统—17"登记。　(　　)

(2)作业人员搬运机具、材料,由桥面上、下墩台时应注意来车。　(　　)

(3)工作完毕后,需用肥皂水洗手,医用酒精消毒。　(　　)

(4)橡胶支座安放位置正确,各部尺寸相互密贴,橡胶支座可以有稍许串动。　(　　)

2. 选择题

(1)更换板式橡胶支座设好防护后,应进行(　　)工作。

(A)顶梁　　(B)拆除主轨接头　　(C)拆除原支座

(2)更换板式橡胶支座时,带班人不低于(　　),由车间及以上干部盯控。

(A)工长　　(B)班长　　(C)车间主任

(3)更换板式橡胶支座时,应使用(　　)防护。

(A)作业标　(B)移动减速信号牌　(C)移动停车信号牌

(4)使用和存放化学材料(丙酮、乙醇、二甲苯、酒精等),严禁(　　)。

(A)高温　　(B)潮湿　　(C)吸烟

(5)撤除千斤顶前,线路应达到(　　)标准。

(A)维修　　(B)保养　　(C)临时补修

(6)底座要平正、坚实,顶面与钢板接触时,应加木垫,防止(　　)。

(A)歪斜　　(B)错位　　(C)滑脱

(7)打锤人员严禁戴手套,(　　)面对面打锤。

(A)严禁　　(B)不宜　　(C)可以

➢试题参考答案

1. 判断题

(1)×　(2)√　(3)√　(4)×

2. 选择题

(1)B　(2)A　(3)C　(4)C　(5)A　(6)C

(7)A

五、支座除锈与涂油

(一)作业目的

对支座进行除锈,支座活动面进行涂油,保持各类支座洁净、明亮,使支座活动部分灵活、润滑。

(二)作业条件

1. 除锈宜在气温+10 ℃以上进行,遇雪天、雨天、雾天、潮湿天气不宜工作。

2. 桥上用对讲机或电话防护,利用列车间隔时间施工。

3. 带班人由班长或指派胜任的桥隧工担任。

(三)作业程序

1. 作业准备

(1)机具:375 mm 或 475 mm 活口螺栓扳手、敲锈锤、钢丝刷、油桶、油漆刷、黄油枪、刮锈刀等。

(2)材料:黄油、机油、煤油(或柴油)、砂布、棉纱、条状泡沫塑料、塑料薄膜或牛皮纸,底漆、面漆、油灰刀等。

2. 作业顺序

(1)有防尘罩的支座,先卸下螺帽,起开防尘罩。

(2)掏出原有脏黄油。彻底清除支座活动部分的铁锈、污垢。擦净辊轴和下摆及底板的滚动面后,及时压注黄油,在外面贴塑料薄膜或牛纸封住。

(3)活动支座不活动时,弧形支座应顶起梁身,彻底清除上下摆滑面、穿销和椭圆孔内的锈垢杂物;对摇轴或辊轴支座必要时也应顶起梁,进行彻底除锈和清擦干净,然后重新压注黄油,并在外边封一层塑料薄膜或牛皮纸。

(4)上防尘罩。对辊轴支座要用浸油的泡沫塑料条填塞防尘罩的空隙,以防灰尘侵入。

(5)对每个锚栓丝口涂油一次,并拧紧螺帽。

(6)对支座表面进行除锈,刷底漆、面漆各两度。

(7)对各类防尘罩进行清洗,达到无灰尘、无油污、墩台无污物。

(8)清扫作业现场,撤除防护及作业牌。

(四)作业质量

1. 支座的活动面无污垢、尘土、锈蚀。

2. 活动面涂填黄油饱满或擦石墨,并在黄油表面封贴牛皮纸条或塑料薄膜,封贴要严密。

3. 支座各部分零件完好,有腐蚀不良者应更换。

4. 支座上下摆除锈彻底,油漆涂刷均匀,不流挂、不扩大范围。

(五)作业安全

1. 2 m以上作业时应系挂安全带。

2. 放在桥面上的一切材料和机具严禁侵入限界。

3. 除锈过程中，作业人员一定要戴好护目镜，避免伤到眼睛。

4. 螺栓涂油时，严禁同时拆卸几个螺栓。

5. 严格控制质量和安全关，带班人和安全员要严格履行各自职责。

（六）评价办法

项目	标准分	评价标准	扣分标准	存在问题	扣分	得分
作业条件	10	1. 除锈宜在气温 +10 ℃以上进行，遇雪天、雨天、雾天、潮湿天气不宜工作	违反任何一项，扣10分			
		2. 用对讲机或电话防护，利用列车间隔施工	违反规定，扣100分			
		3. 由班长或指派胜任的职工担任	违反规定，扣100分			
作业程序	35	1. 作业准备				
		（1）机具：375 m 或 475 m 活口螺栓扳手、敲锈锤、钢丝刷、油桶、油漆刷、黄油枪、刮锈刀等	机具不全，每缺一件，扣5分			
		（2）材料：黄油、机油、煤油（或柴油）、砂布、棉纱、条状泡沫塑料、塑料薄膜或牛皮纸，底漆、面油漆、油灰刀等	材料不全，每缺一件，扣5分			
		2. 作业顺序				
		（1）有防尘罩的支座，先卸下螺帽，起开防尘罩	不标准扣3分			
		（2）掏出原有脏黄油。彻底清除支座活动部分的铁锈、污垢。擦净辊轴和下摆及底板的滚动面后，及时压注黄油，在外面贴塑料薄膜或牛皮纸封闭	清除不彻底，压注黄油不饱满，未封闭，每项扣5分			
		（3）活动支座不活动时，弧形支座应顶起梁身，彻底清除上下摆滑动面、穿销和椭圆孔内的锈垢杂物；对摇轴或辊轴支座必要时也应顶起梁身，进行彻底除锈和清擦干净，然后重新压注黄油，并在外边封一层塑料薄膜或牛皮纸	除锈不彻底、清洗不干净，每项扣5分			
		（4）上防尘罩。对辊轴支座要用浸油的泡沫塑料条填塞防尘罩的空隙，以防灰尘侵入	未用浸油的泡沫塑料条填塞防尘罩的空隙，扣3分			
		（5）对每个锚栓丝口涂油一次，并拧紧螺帽	锚栓丝口未涂油，或超卸锚栓，扣5分			

续上表

项目	标准分	评价标准	扣分标准	存在问题	扣分	得分
作业程序	35	(6)对支座表面进行除锈，刷底面漆各两度 (7)对各类防尘罩进行清洗，达到无灰尘、无油污、墩台无污物 (8)清扫作业现场，撤除防护及作业牌	除锈不彻底，底面漆度数不够、流挂，每项扣3分 清洗不干净，扣3分 清洗不彻底，作业现场有油污、污物，扣3分			
作业质量	30	(1)支座的活动面无污垢、尘土、锈蚀 (2)活动面涂填黄油饱满或擦石墨，并在黄油表面封贴牛皮纸条或塑料薄膜，封贴要严密 (3)支座各部分零件完好，有腐蚀不良者应更换 (4)支座上下摆除锈彻底，油漆均匀，不流挂、不扩大范围	支座的活动面不洁，有污垢、尘土、锈蚀扣5分 擦石墨不均匀、涂填黄油不饱满、未封闭，每项扣5分 不良零件未更换，扣5分 支座上下摆除锈不彻底，油漆不均匀，有流挂、漏涂，扣15分			
作业安全	15	(1)2 m以上作业时应系挂安全带 (2)放在桥面上的一切材料和机具严禁侵入限界 (3)除锈过程中，作业人员一定要戴好防护镜，避免伤到眼睛 (4)螺栓涂油时，严禁同时拆卸几个螺栓 (5)严格控制质量和安全关，带班人和安全员要严格履行各自职责	未系挂安全带，扣100分 料具侵入限界，每次扣100分 未正确使用劳保用品，扣5分 涂油不均，扣2分，超卸螺栓，扣10分 安全、质量未把关，每项扣5分			
效率	10	1. 限时90 min/个(弧形支座)局限点锈，底漆一度 2. 限时23 min/个(辊轴支座)局限点锈，底漆一度	提前不加分，每超1 min扣2分			
总分	100					
作业点评：						

(七)试　　题

1. 判 断 题

(1)铸钢支座锚栓直径,圬工梁为 25 mm。　　(　　)

(2)铸钢支座各部位应保持完好,钢部件裂纹深度大于等于 10 mm,主要受力部位焊缝开焊时,应及时处理。　　(　　)

(3)铸钢支座钢件磨损、隐凹大于 1 mm 时,应及时处理。　　(　　)

(4)铸钢支座销钉或锚栓折断数量大于 60% 时,应及时处理。　　(　　)

(5)支座位移超限,纵向大于 5 mm,横向大于 2 mm 时,应及时处理。　　(　　)

2. 选 择 题

(1)在地面(　　)以上的高处及陡坡上作业,必须戴好安全帽、系好安全带或安全绳,不准穿带钉或易溜滑的鞋。

(A)2 m　　(B)3 m　　(C)4 m

(2)在墩台上作业必须戴(　　),以免碰伤或砸伤头部。

(A)口罩　　(B)安全帽　　(C)护目镜

(3)铸钢支座锚栓直径,钢梁一般为(　　),至少为 25 mm。

(A)25 mm　　(B)28 mm　　(C)32 mm

(4)铸钢支座锚栓埋入墩台深度不得小于(　　)。

(A)200 mm　　(B)300 mm　　(C)400 mm

(5)桥梁支座"三条脚"病害,采用目视法可看出,支座上下摆间有无(　　)现象。

(A)裂纹　　(B)透光　　(C)流锈

➤试题参考答案

1. 判 断 题

(1)√　　(2)√　　(3)√　　(4)×　　(5)×

2. 选 择 题

(1)A　　(2)B　　(3)C　　(4)B　　(5)B

第四章 隧道作业

一、隧道衬砌防水砂浆抹面

(一)作业目的

保证隧道拱部、边墙混凝土表面大面积或局部不渗漏水。

(二)作业条件

1. 插设作业标,设驻站、远端、现场防护;邻近车站设驻站防护,隧道进出口各设 1 人持对讲机防护,瞭望条件不良地段,应增设中间联络员,隧道内作业地点设专人防护。

2. 起拱线以上利用施工"天窗"进行封锁施工,电气化区段应通知供电部门停电作业。起拱线以下利用维修"天窗"进行施工。

3. 带班人由工长担任;车间、技术员及以上职务干部现场盯控。

4. 作业在气温 5 ℃以上,15 ℃时为宜。

(三)作业程序

1. 作业准备

(1)登记要点,并在"运统—46"上填写,确认施工命令通知现场施工负责人,插好停车作业牌,封锁区间,按规定设置好防护。

(2)机具:手锤、钻子、灰板、灰抿、泥抹、水桶、勾缝器、各种凿子、磅秤、量杯、扁毛刷。

(3)材料:水泥、砂子、氯化铁、氯化钙、水玻璃、帝漆、松节油、二甲苯、汽油、柴油。

2. 作业顺序

(1)搭好梯架或隧道作业架。

(2)凿除旧混凝土表层 15 ~ 20 mm,并将表面用清水清洗干净。

(3)用防水浆膏把一般出水眼腻死,然后在整个凿毛面上涂刷一层水泥浆,约 1 mm 厚,净水泥浆水灰比 0.35 ~0.4。

(4)按比例调制防水砂浆。待毛面涂刷水泥浆半小时后，开始抹防水砂浆 5～8 mm 一层，终凝前抹压 2～3 次，用毛刷将表面在终凝前刷毛。

(5)第一层终凝(一般 24 h 后)，抹第二层防水砂浆(若需三层时可按上述操作)，最后一层终凝前抹压 2～3 次，表面压平整，抹光。

(6)终凝后养后 7 d，相对湿度达 85% 以上时养生 3～5 d。

(7)擦净抹面表层的污灰油迹，并保持干燥，必要时可用喷灯烤干，再在表面喷涂或刷涂覆盖剂二度。

(四)作业质量

1. 选料质量要求：

水泥：普通水泥不低于 325 号，长期潮湿地段五层抹面时也可采用同标号火山灰质水泥。

砂：粒径 1～3 mm，质地坚硬、粗糙、洁净。

水：一般自来水或不含有害杂质的天然水。

2. 抹面表层光洁、平整与旧混凝土衔接牢固。抹面密实，敲击无空响。

3. 抗渗性好，表面无渗水水迹。

4. 最后在抹面表层可喷涂覆盖剂二度，封闭表层收缩开裂的微细裂纹。

5. 大面积抹面需留接茬时，按接茬作法，各层搭接长度不少于 100 mm。

6. 清理料具，撤除防护。销记。

(五)作业安全

1. 电气化区段供电部门是否停电；作业人员和工具与接触网必须保持 2 m 以上的距离。

2. 作业时应戴护目镜、手套。

3. 工具良好，无损坏、丢失。

4. 不伤手脚，无事故苗子。。

5. 登高作业，梯凳必须放稳后在作业。

(六)作业评价

项目	标准分	评价标准	扣分标准	存在问题	扣分	得分
作业条件	10	1. 插设作业标,设驻站、远端、现场防护;邻近车站设驻站防护,隧道进出口各设1人持对讲机防护,瞭望条件不良地段,应增设中间联络员,隧道内作业地点设专人防护	违反规定,扣100分			
		2. 起拱线以上利用施工“天窗”进行封锁施工,电气化区段应通知供电部门停电作业。起拱线以下利用维修“天窗”进行施工	违反“天窗”修规定,或电气化区段作业规定,每项扣100分			
		3. 带班人由工长担任;车间、技术员及以上职务干部现场盯控	违反盯控规定,扣100分			
		4. 在气温5℃以上,15℃时为宜	违反技术要求,扣100分			
作业程序	35	1. 作业前准备				
		(1)登记要点,插好停车作业牌,封锁区间,设好防护	未按要求设置防护扣100分			
		(2)机具:手锤、钻子、灰板、灰抿、泥抹、水桶、勾缝器、各种凿子、磅秤、量杯、扁毛刷	机具不全,每缺一件扣5分			
		(3)材料:水泥、砂子、氯化铁、氯化钙、水玻璃、帝漆、松节油、二甲苯、汽油、柴油	材料不全,每缺一件扣5分			
		2. 作业顺序				
		(1)搭好梯架或隧道作业架	未搭脚手架或不标准,扣5分			
		(2)凿除旧混凝土表层15~20 mm,并将表面用清水清洗干净	凿除不彻底、未清洗,每平方米扣5分			
		(3)用防水浆膏把一般出水眼腻死,然后在整个凿毛面上涂刷一层水泥浆,约1 mm厚,净水泥浆水灰比0.35~0.4	未堵死出水眼,扣5分;未涂刷水泥浆或水灰比不标准,每项扣10分			
		(4)按比例调制防水砂浆。待毛面涂刷水泥浆半小时后,开始抹防水砂浆5~8 mm一层,终凝前抹压2~3次,用毛刷将表面在终凝前刷毛	防水砂浆配制不标准,扣10分;厚薄不均,每平方米扣2分。未压实、刷毛,每平方米扣2分			

续上表

项目	标准分	评价标准	扣分标准	存在问题	扣分	得分
作业程序	35	(5)第一层终凝(一般 24 h 后),抹第二层防水砂浆(若需三层时可按上述操作),最后一层终凝前抹压 2~3 次,表面压平整,抹光	未压 2~3 次,表面未压平整,抹光,每平方米扣 5 分			
		(6)终凝后养后 7 d,相对湿度达 85% 以上时养生 3~5 d	养生不良,扣 5 分			
		(7)擦净抹面表层的污灰油迹,并保持干燥,必要时可用喷灯烤干,再在表面喷涂或刷涂覆盖剂二度	未涂覆盖剂二度,扣 5 分;表层有污灰油迹,扣 5 分			
作业质量	30	1. 选料质量要求:				
		水泥:普通水泥不低于 325 号,长期潮湿地段五层抹面时也可采用同标号火山灰质水泥	泥标号不标准扣 5 分			
		砂:粒径 1~3 mm,质地坚硬、粗糙、洁净	砂的粒径大于 3 mm 扣 5 分。砂不洁净扣 5 分			
		水:一般自来水或不含有害杂质的天然水	水含有杂质扣 5 分			
		2. 抹面表层光洁、平整与旧混凝土衔接牢固。抹面密实,敲击无空响	抹面不光洁,与旧混凝土衔接不牢固,不密实、有空响,每 $0.2\ m^2$ 扣 5 分			
		3. 抗渗性好,表面无渗水水迹	抗渗性不良,扣 10 分。表面渗水,每 $0.2\ m^2$ 扣 5 分			
		4. 最后在抹面表层可喷涂覆盖剂二度,封闭表层收缩开裂的微细裂纹	覆盖剂达不到标准,扣 10 分			
		5. 大面积抹面需留接茬时,按接茬作法,各层搭接长度不少于 100 mm	搭接长度不足,扣 5 分			
		6. 清理料具,撤除防护。销记	未清理料具扣 3 分,未撤出防护、销记扣 100 分			

续上表

<table>
<tr><th>项目</th><th>标准分</th><th colspan="3">评 价 标 准</th><th>扣分标准</th><th>存在问题</th><th>扣分</th><th>得分</th></tr>
<tr><td rowspan="5">作业质量</td><td rowspan="5">30</td><td colspan="3">防水砂浆调制标准</td><td rowspan="3">配合比不符合标准,每次扣10分</td><td rowspan="5"></td><td rowspan="5"></td><td rowspan="5"></td></tr>
<tr><td>分类</td><td>氯化铁砂浆</td><td>硅化砂浆</td></tr>
<tr><td>配合比</td><td>水泥:砂:氯化铁=1:2:3%
水灰比0.45~0.5</td><td>水泥:砂:水玻璃:氯化钙=1:2:9%:6%
水灰比0.48~0.52</td></tr>
<tr><td rowspan="2">调制标准</td><td rowspan="2">1. 按配比将水泥和砂干拌均匀
2. 将用水量的80%~90%与氯化铁混合搅动
3. 将用水量的20%~10%倒入原氯化铁容器内清洗干净
第2项+第3项混合搅动均匀后修倒入第1项进行拌合既成</td><td rowspan="2">1. 按配比将水泥和砂干拌均匀
2. 将用水量的70%~80%与氯化铁混合搅动
3. 将用水量的30%~20%倒入原氯化铁容器内清洗干净
第2项+第3项混合搅动均匀后修倒入第1项拌合既成</td><td rowspan="2">配制时未操作要求操作,每次扣10分</td></tr>
<tr></tr>
</table>

续上表

<table>
<tr><th>项目</th><th>标准分</th><th>评价标准</th><th>扣分标准</th><th>存在问题</th><th>扣分</th><th>得分</th></tr>
<tr><td>作业质量</td><td>30</td><td>涂刷覆盖剂标准
<table>
<tr><th>使用别</th><th>帝畏清漆</th><th>苯乙烯焦油</th><th>再生沥青胶</th><th>附注</th></tr>
<tr><td>第一度</td><td>帝漆:水泥1:0.5</td><td>过稠时掺少量松节油或二甲苯</td><td>过稠时掺入10%汽油或柴油</td><td rowspan="3">低温涂刷困难时可用温水溶热法加温</td></tr>
<tr><td>间隔时间</td><td>12 ~ 24 h</td><td>24 h</td><td>24 h</td></tr>
<tr><td>第二度</td><td>帝漆:水泥1:0.6</td><td>同第一度</td><td>同第一度</td></tr>
</table></td><td>操作不符合标准,每次扣10分

操作不符合标准,每次扣10分

间隔时间不够,每次扣10分</td><td></td><td></td><td></td></tr>
<tr><td rowspan="5">作业安全</td><td rowspan="5">15</td><td>1. 电气化区段供电部门是否停电;作业人员和工具与接触网必须保持2 m以上的距离</td><td>未停电就开始作业,扣100分;工具与接触网未保持2 m以上的距离,扣100分</td><td rowspan="5"></td><td rowspan="5"></td><td rowspan="5"></td></tr>
<tr><td>2. 作业时应戴护目镜、手套</td><td>不按规定戴防护用品,每项扣2分</td></tr>
<tr><td>3. 工具良好,无损坏、丢失</td><td>工具不良、失落,每件扣2分</td></tr>
<tr><td>4. 不伤手脚,无事故苗子</td><td>伤手脚,每次扣5分;有事故苗子,扣10分</td></tr>
<tr><td>5. 登高作业,梯凳必须放稳后在作业</td><td>登高作业,梯凳未放稳就作业,每次扣10分</td></tr>
<tr><td>效率</td><td>10</td><td>限时250 min/m²;搭档高脚手架和现场准备另计时间</td><td>提前不加分,每超30 min扣2分</td><td></td><td></td><td></td></tr>
<tr><td>总分</td><td>100</td><td></td><td></td><td></td><td></td><td></td></tr>
<tr><td colspan="7">作业点评:</td></tr>
</table>

(七)试　　题

1. 判断题

(1)邻近车站设驻站防护,隧道进出口各设1人持对讲机防护,隧道内作业地点不用设专人防护　　(　　)

(2)带班人由工长及以上职务者担任　　(　　)

(3)凿除旧混凝土表层15~20 mm,并将表面用清水清洗干净。　　(　　)

(4)抹面表层光洁,平整与旧混凝土衔接牢固　　(　　)

(5)抗渗性好,表面无渗水水迹　　(　　)

2. 选择题

(1)混凝土的养生时间不得少于(　　)。

(A)5 d　　(B)7 d　　(C)9 d

(2)混凝土在相对(　　)达85%以上,养生3~5 d。

(A)温度　　(B)湿度　　(C)高度

(3)凿除旧混凝土表层(　　)mm,并将表面用清水清洗干净

(A)15~20　　(B)20~25　　(C)25~30

(4)大面积抹面需留接茬时,按接茬作法,各层搭接长度不少于(　　)mm。

(A)100　　(B)200　　(C)300

(5)砂浆抹面时在凿毛面上刷一层水灰比为0.35~0.40的净水泥浆,厚(　　)mm。

(A)1　　(B)2　　(C)3

(6)在第二度涂刷覆盖剂时,帝漆与水泥的配合比是(　　)。

(A)1∶0.2　　(B)1∶0.4　　(C)1∶0.6

➤试题参考答案

1. 判断题

(1)×　　(2)×　　(3)√　　(4)√　　(5)√

2. 选择题

(1)B　　(2)B　　(3)A　　(4)A　　(5)A　　(6)C

二、整修沉降缝作业

（一）作业目的

沉降缝应具有较好的防水作用，不能有漏水或漏土现象发生。

（二）作业条件

1. 插设作业标，设驻站、远端、现场防护，利用列车间隔时间作业，隧道进出口各设1人持对讲机防护，瞭望条件不良地段，应增设中间联络员，作业地点设专人防护（管涵、涵洞作业可不设防护）。

2. 利用列车间隔时间作业。

3. 带班人班长或指派能胜任的桥隧工担任。

（三）作业程序

1. 作业准备

（1）插好业作业牌，设好防护。

（2）机具：手锤、钢钎、扁铲、热沥青锅、水桶、灰盘、泥抹、铁钩、水壶、扫帚。

（3）材料：水泥、砂子、麻辫、沥青、木板条。

2. 作业顺序

（1）搭好脚手架，备好工具、材料。

（2）用钢钎或扁铲将伸缩缝内杂物剔出，破损的缝边用钢钎凿除见新茬并凿整齐。

（3）热好沥青漆，用线麻浸泡，拿出后及时塞入处理好的缝隙中，将缝塞满填实（如无线麻可用木板刷好沥青漆塞入缝隙中代替）。

（4）拌M10砂浆或乳胶水泥将伸缩缝抹平压实，抹缝时要用直木条作靠尺，以保持缝隙的宽度一致及顺直。

（5）也可用石灰拌沥青烙平伸缩缝。

（四）作业质量

（1）长度大于10 m的混凝土边墙，大于15 m的浆砌片石边墙，均应设有1～2 cm伸缩缝，缝内用浸过沥青的麻筋或涂过沥青的木板填塞，达到坚实稳固。

(2)管涵的管节、拱涵的端墙与翼墙、连接缝隙要平整、顺直。

(3)勾缝深度及砂浆拌制符合标准,表面平整、光洁,无翻浆、空洞、裂缝。

(五)作业安全

1. 开行动车地段,在动车组通过前30 min应停止作业,到线路外侧不少于3 m外的安全地点避车;视线不良地段应增设中间联络员。

2. 凿除破损旧缝隙要戴好护目镜和劳动保护用品。

3. 高处作业要系好安全带,脚手架要加强检查。

4. 二人凿除缝隙时,打锤人员与把钎人员要垂直,禁止面对面打锤,持锤人员不得戴手套。

5. 熬热沥青时要注意防火,防止烫伤。

(六)作业评价

项目	标准分	评价标准	扣分标准	存在问题	扣分	得分
作业条件	10	1. 插设作业标,设驻站、远端、现场防护,利用列车间隔时间作业,隧道进出口各设1人持对讲机防护,瞭望条件不良地段,应增设中间联络员,作业地点设专人防护(管涵、涵洞作业可不设防护)	违反规定,扣100分			
		2. 利用列车间隔时间作业	违反规定,扣100分			
		3. 带班人班长或指派能胜任的桥隧工担任	违反规定要求,扣100分			
作业程序	35	1. 作业前准备				
		(1)插好业作业牌,设好防护	未按规定设好防护,扣100分			
		(2)机具:手锤、钢钎、扁铲、热沥青锅、水桶、灰盘、泥抹、铁钩、水壶、扫帚	机具不齐全,每缺一件,扣5分			
		(3)材料:水泥、砂子、麻辫、沥青、木板条	材料不全,每缺一件,扣5分			
		2. 作业顺序				
		(1)搭好脚手架,备好工具、材料	未按要求搭好脚手架或不符合安全要求,扣10分			

续上表

项目	标准分	评价标准	扣分标准	存在问题	扣分	得分
作业程序	35	(2)用钢钎或扁铲将伸缩缝内杂物剔出,破损的缝边用钢钎凿除见新茬并凿整齐	未将伸缩缝内杂物剔出或剔出不彻底,每项扣5分;破损的缝边未凿除见新茬或凿除不整齐,每项扣5分			
		(3)热好沥青漆,用线麻浸泡,拿出后及时塞入处理好的缝隙中,将缝塞满填实(如无线麻可以用木板刷好沥青漆塞入缝隙中代替)	填塞不饱满、密实扣5分;未按要求操作,扣5分			
		(4)拌M10砂浆或乳胶水泥将伸缩缝抹平压实,抹缝时要用直木条作靠尺,以保持缝隙的宽度一致及顺直	未按要求配制砂浆或未抹平、压实、缝隙宽度不一致、顺直,每项扣5分			
		(5)也可用石灰拌沥青烙平伸缩缝	不符合要求扣3分			
作业质量	30	1. 长度大于10 m的混凝土边墙,大于15 m的浆砌片石边墙,均应设有1～2 cm伸缩缝,缝内用浸过沥青的麻筋或涂过沥青的木板填塞,达到坚实稳固	未设伸缩缝,扣10分;填塞不饱满、密实,每米扣2分			
		2. 管涵的管节、拱涵的端墙与翼墙、连接缝隙要平整、顺直	缝隙不平整、顺直,清缝不彻底,每米扣5分			
		3. 勾缝深度及砂浆拌制符合标准,表面平整、光洁,无翻浆、空洞、裂缝	勾缝深度不够、砂浆不符合要求每项扣5分;表面不光、不平整、不光洁,有翻浆、空洞、裂缝,每处扣5分			
作业安全	15	1. 开行动车地段,在动车组通过前30 min应停止作业,到线路外侧不少于3 m的安全地点避车,视线不良地段应增设中间联络员。	违反规定扣100分。视线不良地段未增设中间联络员扣100分			
		2. 凿除破损旧缝隙要戴好劳动保护用品	防护用品不齐或未戴,每项扣10分			
		3. 高处作业要系好安全带,脚手架要加强检查	未检查脚手架或没有系安全带(绳),每项扣10分			
		4. 两人凿除缝隙时,打锤人员与把钎人员要垂直,禁止面对面打锤,持锤人员不得带手套	违反安全操作规定,扣10分			
		5. 熬热沥青时要注意防火,防止烫伤	烫伤手脚,扣100分,有事故苗子,扣15分			

续上表

项目	标准分	评 价 标 准	扣分标准	存在问题	扣分	得分
效率	10	限时 50 min	提前不加分，每超 1 min 扣 2 分			
总分	100					
作业点评：						

(七)试　　题

1. 判 断 题

(1)沉降缝应具有较好的防水作用，不能有漏水或漏土现象发生。（　　）

(2)隧道进出口不用设防护，隧道内作业地点设专人防护。（　　）

(3)可用石灰拌沥青烙平伸缩缝。（　　）

(4)勾缝深度及砂浆拌制符合标准，表面平整、光洁，无翻浆、空洞、裂缝。（　　）

(5)凿除破损旧缝隙不要戴劳动保护用品。（　　）

(6)二人凿除缝隙时，打锤人员与把钎人员要垂直，禁止对面打锤，持锤人员要戴手套。（　　）

2. 选 择 题

(1)长度大于 10 m 的混凝土边墙，大于 15 m 的浆砌片石边墙，均应设有(　　)伸缩缝。

(A)1 ~ 2 cm　　(B)2 ~ 3 cm　　(C)3 ~ 4 cm

(2)紧急停车信号的鸣示方法(　　)。

(A)一长声　　(B)连续短声　　(C)一长声二短声

(3)普通混凝土灌注后的养护期为(　　)。

(A)7 d　　(B)14 d　　(C)28 d

(4)熬热沥青时要注意防火防止(　　)。

(A)爆炸　　(B)烫伤　　(C)泄漏

(5)整修沉降缝时破损的缝边(　　)用钢钎凿除见新茬。

(A)不用　　　　　(B)必须　　　　　(C)可以

(6)管涵的管节、拱涵的端墙与翼墙、连接缝隙要平整(　　)。

(A)顺直　　　　　(B)整齐　　　　　(C)光滑

➢试题参考答案

1. 判断题

(1)√　(2)×　(3)√　(4)√　(5)×　(6)×

2. 选择题

(1)A　(2)B　(3)A　(4)C　(5)B　(6)A

第五章　石 工 作 业

一、浆砌片石

(一)作业目的

保护调节建筑物及防护工程的持久性稳固。

(二)作业条件

1. 插设作业标,设驻站、远端、现场持对讲机防护;用列车间隔时间作业。

2. 作业时室内外昼夜平均气温 5 ℃以上,平均温度 5 ℃以下按冬季施工作业办理。

3. 带班人由工班长或指派能胜任的桥隧工担任。

(三)作业程序

1. 准备作业

(1)防护:插好作业牌,设置驻车站、远端、现场防护员,持对讲机防护。

(2)料具:铁锹、镐、土筐、扁担、水桶、石工、圬工工具、小撬棍、灰盘、线绳、水泥、砂、片石、草袋等。

2. 作业顺序

(1)放线准确,挂基础线和坡度线。

(2)挖基础,基础深度应考虑冲刷深度(经过设计确定),并做碎石垫层 100～150 mm,底层块石大面向下。

(3)选料加工,镶石外露面凹凸不超过 20 mm,侧面棱角及凸出部分必须打掉。

(4)拌和 100 号水泥砂浆,拌和要均匀。

(5)按设计尺寸,质量要求浆砌片石。

① 砌筑顺序自下而上,分层进行;

② 浆砌边坡要留泄水孔,泄水孔要内高外低,以利排水,每

2 m左右用 $\phi 50$ mm 圆棒钎刀砌体,初凝时拔出,内壁处做过滤层;

③ 片石在砌筑前整修好,不准在已砌好的砌体上敲打,砌筑前先将片石湿润,以免吸收砂浆中的水分;

④ 用挤浆法砌筑,严禁使用灌浆法施工;

⑤ 先砌角石,镶面石,再填腹石,腹石要交错放置,缝隙做到最小,砂浆饱满无干缝、空缝。

(6)勾缝抹面,采用原浆勾缝(凹缝)勾缝表面较片石面低3 ~ 5 mm,顶部抹面厚度不小于 20 mm。

(7)养生,在收工时必须将砌体用草袋覆盖 7 d 内保持湿润,及时浇水,保持湿润;当气温低于 5 ℃时,不得浇水。

3. 勾　　缝

勾缝有平缝、凹缝、凸缝。浆砌片石以平缝为宜,凹缝多用于石料方正、墙面平整之处,凸缝多用于不甚平整的石料。勾缝砂浆等级应比砌筑等级略高,通常主体工程采用 M10 水泥砂浆,附属工程采用 M7.5 水泥砂浆。沉降缝、伸缩缝处应平整垂直,留设的泄水孔应做到位置、尺寸、排水坡度正确。

4. 作业结束

将翻至河床内、路肩上、滑坡下的土石方清除干净,清理料具,撤除防护。

(四)作业质量

1. 砌体尺寸、砂浆强度等级符合设计要求,石质无风化、无裂纹、水锈,表面干净。

2. 基底符合要求,平整密实,表面无浮土、杂物。

3. 砌石表面平顺,凹凸不超过 ±50 mm(用 2 m 弦测量小于 30 mm)。

4. 砌石坡度符合要求,表面凹凸用 2 m 弦测量小于 30 mm。

5. 分层砌筑(每层 1 m 左右找平),大面向下,咬接密实,石块间砂浆饱满,无松动和空隙。缝宽不大于 40 mm,不小于 20 mm,错缝距离不小于 80 mm,三角石料相砌,内切圆不大于 70 mm,无干缝、瞎缝,水平缝宽不大于 30 mm。灰缝超限处所每 10 m^2 不超过 2 处。

6. 片石清洁，砂浆饱满，按设计要求，留缝宽15～20 mm。

（五）作业安全

1. 开行动车地段，在动车组通过前30 min应停止作业，到线路外侧不少于3 m外的安全地点避车；瞭望条件不良地段，应增设中间联络员。

2. 在线路附近或经常跨越线路作业时，要插好作业牌，设置驻车站、远端、现场、反向远端防护员，持对讲机防护。

3. 搬运石料要清除道路障碍物，防止绊倒摔伤，搬运大石要量力而行。

4. 加工石料要戴护目镜，打锤不得戴手套，避免脱锤伤人。

5. 砌石时要戴手套，防止挤手碰脚，严禁将石块下摔。

6. 脚手架及工具、材料不能侵限，坡面堆石牢稳，基坑边缘不许堆石，防止滑动坍塌伤人。

7. 在桥下作业，注意来车时坠物伤人。电气化区段，距接触网2 m以内作业应断电。

8. 施工作业不伤手脚。

9. 不浪费材料。

（六）作业评价

项目	标准分	评 价 标 准	扣分标准	存在问题	扣分	得分
作业条件	10	1. 插设作业标，设驻站、远端、现场持对讲机防护；用列车间隔时间作业	违反规定，扣100分			
		2. 室内外昼夜平均气温5 ℃以上，平均温度5 ℃以下按冬季施工作业办理	违反要求，扣100分			
		3. 带班人由工班长或指派能胜任的桥隧工担任	违反规定，扣100分			
作业程序	35	1. 准备作业				
		（1）防护：插好作业牌，设置驻车站、远端、现场防护员，持对讲机防护	未按规定设置防护，扣100分			
		（2）料具：铁锹、镐、土筐、扁担、水桶、石工、圬工工具、小撬棍、灰盘、线绳、水泥、砂、片石、草袋等	料具不全，每缺一件扣5分			

续上表

项目	标准分	评价标准	扣分标准	存在问题	扣分	得分
作业程序	35	2. 作业顺序 (1)放线准确，挂基础线和坡度线 (2)挖基础，基础深度应考虑冲刷深度(经过设计确定)，并做碎石垫层100～150 mm，底层块石大面向下 (3)选料加工，镶石外露面凹凸不超过20 mm，侧面棱角及凸出部分必须打掉 (4)拌和100号水泥砂浆，拌和要均匀 (5)按设计尺寸，质量要求浆砌片石 ① 砌筑顺序自下而上，分层进行 ② 浆砌边坡要留泄水孔，泄水孔要内高外低，以利排水，每2 m左右用ϕ50 mm圆棒钎刀砌体，初凝时拔出，内壁处做过滤层 ③ 片石在砌筑前整修好，不准在已砌好的砌体上敲打，砌筑前先将片石湿润，以免吸收砂浆中的水分 ④ 用挤浆法砌筑，严禁使用灌浆法施工 ⑤ 先砌角石，镶面石，再填腹石，腹石要交错放置，缝隙做到最小，砂浆饱满无干缝、空缝 (6)勾缝抹面，采用原浆勾缝(凹缝)勾缝表面较片石面低3～5 mm，顶部抹面厚度不小于20 mm (7)养生，在收工时必须将砌体用草袋覆盖7 d内保持湿润，及时浇水，保持湿润；当气温低于5 ℃时，不得浇水	 放线不标准、正确，扣5分 未做碎石垫层，扣3分 镶石外露面凹凸超过20 mm，每处扣3分 拌和砂浆不符合要求，每次扣3分 质量未达标准，每平方米扣2分 违反操作要求，每次扣3分 未留泄水孔或未做过滤层，每1处扣3分 未按要求操作，扣3分 违反操作规定，扣10分 砂浆不饱满，有干缝、空缝，每处扣5分 不符合要求，每项扣3分 没有用草袋覆盖、保持湿润浇水养生，扣5分			

续上表

项目	标准分	评 价 标 准	扣分标准	存在问题	扣分	得分
作业程序	35	3. 勾缝 勾缝有平缝、凹缝、凸缝。浆砌片石以平缝为宜,凹缝多用于石料方正、墙面平整之处,凸缝多用于不甚平整的石料。勾缝砂浆等级应比砌筑等级略高,通常主体工程采用M10水泥砂浆,附属工程采用M7.5水泥砂浆。沉降缝、伸缩缝处应平整垂直,留设的泄水孔应做到位置、尺寸、排水坡度正确	勾缝式样不一致扣5分。留设的泄水孔位置、尺寸、排水坡度不正确每项扣5分			
		4. 作业结束:将翻至河床内、路肩上、滑坡下的土石方清除干净,清理料具,撤除防护	作业现场未清除干净、料具未清理,每项扣3分			
作业质量	30	1. 砌体尺寸、砂浆强度等级符合设计要求,石质无风化、无裂纹、水锈,表面干净	砌体尺寸误差大于±5 mm,每次扣2分;砂浆标号低于设计标号10%,扣5分;石质有风化、裂纹、水锈、表面不干净,每项扣3分			
		2. 基底符合要求,平整密实,表面无浮土、杂物	基底不符合要求或不平整密实,每项扣5分;表面有浮土、杂物,每项扣5分			
		3. 砌石表面平顺,凹凸不超过±50 mm(用2 m弦测量小于30 mm)	2 m弦量凹凸超过±50 mm,扣2分			
		4. 砌石坡度符合要求,表面凹凸用2 m弦测量小于30 mm	砌石坡度不符合要求,表面凹陷矢度用2 m弦量大于30 mm,每处扣3分			
		5. 分层填筑(每层1 m左右找平),大面向下,缝宽不大于40 mm,不小于20 mm,错缝距离不小于80 mm,三角石料相砌,内切圆不大于70 mm,无干缝、瞎缝、水平缝宽不大于30 mm。灰缝超限处所每10平方米不超过2处	分层填筑咬接不密实,石块间砂浆不饱满,有松动和空隙每项扣3分。错缝小于80 mm,每处扣2分;有干缝、瞎缝,每处扣2分。灰缝超限处所每10 m^2超过2处,每超1处扣2分			
		6. 片石清洁,砂浆饱满,按设计要求,留缝宽15~20 mm	缝宽不符合要求,砂浆不饱满,每项扣3分			

续上表

项目	标准分	评价标准	扣分标准	存在问题	扣分	得分
作业安全	15	1. 开行动车地段,在动车组通过前 30 min 应停止作业,到线路外侧不少于 3 m 外的安全地点避车,瞭望条件不良地段应增设中间联络员	违反安全规定,扣 100 分;视线不良地段未增设中间联络员,扣 100 分			
		2. 在线路附近或经常跨越线路作业时,要插好作业牌,设置驻车站、远端、现场、反向远端防护员,持对讲机防护	未设置防护,扣 100 分			
		3. 搬运石料要清除道路障碍物,防止绊倒摔伤,搬运大石要量力而行	未清理障碍物,扣 3 分;有摔伤,扣 15 分			
		4. 加工石料要戴护目镜,打锤不得戴手套,避免脱锤伤人	未正确使用劳保用品,扣 3 分			
		5. 砌石时要戴手套,严禁将石块下摔	砌石时未戴手套扣 5 分;将石块下摔,扣 10 分			
		6. 脚手架及工具,材料不能侵限,坡面堆石牢稳,基坑边缘不许堆石,防止滑动坍塌伤人	违反安全规定,有事故隐患,扣 5 分			
		7. 在桥下作业,注意来车时坠物伤人。电气化区段,距接触网 2 m 以内作业应断电	有坠物伤人,每次扣 15 分;违反电气化区段作业规定,扣 100 分			
		8. 施工作业防止挤伤手脚	有挤伤手脚砸伤脚现象,每次扣 15 分			
		9. 不浪费材料	有浪费材料现象,扣 3 分			
效率	10	限时 500 min/m^3。包括挂线、找平;冲洗、拌砂浆;选石、修石;浆砌;整理(高度 2 m 以下)	提前不加分,每超 1 min 扣 1 分			
总分	100					
作业点评:						

(七)试　　题

1. 判断题

(1)浆砌片石砌筑顺序自上而下,分层进行。　(　　)

(2)浆砌边坡要留泄水孔。　(　　)

(3)浆砌片石的作业顺序第一步是放线。　(　　)

(4)浆砌片石作业在砌筑前要整修好,否则应在砌好的砌体

上敲打整修。（　）

(5)砌筑前不应先将片石湿润,以保证吸收砂浆中的水分。（　）

(6)砌筑时应使用灌浆法施工。（　）

(7)砌筑时腹石要交错放置,缝隙做到最小。（　）

(8)浆砌片石挖基础,基础深度应考虑冲刷深度。（　）

(9)电气化区段,距接触网 2 m 以内作业应断电。（　）

2. 选 择 题

(1)浆砌片石作业平均温度(　　)以下按冬季施工作业办理。

(A)5 ℃　(B)8 ℃　(C)10 ℃

(2)浆砌片石挖基础时,基础深度应考虑冲刷深度(经过设计确定),并做碎石垫层(　　),底层块石大面向下。

(A)50 ~ 100 mm　(B)150 ~ 200 mm　(C)100 ~ 150 mm

(3)浆砌片石养生,在收工时必须将砌体用草袋覆盖(　　)内保持湿润。

(A)2 d　(B)7 d　(C)10 d

(4)浆砌片石时选料加工,镶石外露面凹凸不超过(　　)mm。

(A)15　(B)20　(C)30

(5)浆砌片石作业应达到片石清洁,砂浆饱满,按设计要求,留缝宽(　　)mm。

(A)15 ~ 20　(B)20 ~ 25　(C)25 ~ 30

(6)浆砌片石用砂浆应采用(　　)号水泥砂浆拌和。

(A)100　(B)75　(C)125

➢试题参考答案

1. 判 断 题

(1)×　(2)√　(3)√　(4)×　(5)×　(6)×

(7)√　(8)√　(9)√

2. 选 择 题

(1)A　(2)C　(3)B　(4)B　(5)A　(6)A

二、干砌片石

(一)作业目的

保护桥涵护锥、护基、护底、防护设备或调节河流建筑物的稳固。

(二)作业条件

1. 插好作业牌,设置驻车站、远端、现场防护员,持对讲机防护。
2. 带班不低于班长或能胜任的桥隧工担任。

(三)作业程序

1. 对基底进行清挖、夯实,并整平基面。
2. 打桩定位,放样挂线。
3. 铺设垫层。
4. 选料砌石:

(1)选面:应挑选大块在底层,大面朝下(或垂直坡面)。

(2)修面:突出的棱边应稍加凿打。

(3)试放:形状适当的石块使之能互相咬接紧密结合。

(4)安砌:①铺砌护基时,由外面向内铺砌;砌护底时,应由两端向中间铺砌,砌上游河床应将较大石块放在铺砌开始的地方,下游应将较大石块放在靠近涵洞口的地方。②砌筑护底垂裙时,应先砌外侧后砌内侧,外侧应稍高于内侧,以防下滑。③砌护坡时,石料大面应与坡面垂直,不受水流冲击的护坡,也可将大面朝下。

5. 质量检查,清理现场。
6. 必要时应搭脚手架。

(四)作业质量

1. 石质坚硬,无风化和裂纹,石块中部尺寸不小于 15 cm。
2. 砌体底面应铺设具有良好级配的碎石垫层 10 ~ 15 cm,铺设均匀,在坡面上设置垫层,应随片石砌筑高度分层铺设。
3. 砌体尺寸符合设计要求,坡度一般不应陡于 1∶1 。
4. 砌石咬接紧密,支垫稳固,砌缝无贯通,缝宽不大于 4 cm,三块石料相接处的内切圆直径不超过 7 cm。
5. 砌体表面平顺,用 2 m 弦量(拉直检查),凸凹矢度不应超过 5 cm。

6. 砌体厚度在 30 cm 及以下时，用单层裁砌法砌筑，双层砌筑时下层石块厚度不小于 15 cm，上层石块厚度不小于 20 cm，每块片石都要垫实、咬紧、坐稳，在砌面上应选用小石块塞缝，用手锤打紧，达到无松动、无悬空、无塌陷。

7. 砌筑护坡时，应将较大石块砌在下面（或垂直坡面），河床铺砌，应将较大石块砌在上游铺砌开始的地方；对于干砌片石基础或片石垛的填腹部分要交错嵌砌，不得用包馅方式。

（五）作业安全

1. 开行动车地段，在动车组通过前 30 min 应停止作业，到线路外侧不小于 3 m 外的安全地点避车。视线不良地段，应增设中间联络员。

2. 在线路附近或经常跨越线路作业时，要插好作业牌，设置驻车站、远端、现场、反向远端防护员，持对讲机防护。

3. 搬运石料要清除道路障碍物，防止绊倒摔伤，搬运大石要量力而行。

4. 加工石料要戴护目镜，打锤不得戴手套，避免脱锤伤人。

5. 砌石时要戴手套，防止挤手碰脚，严禁将石块下摔。

6. 脚手架及工具、材料不能侵限，坡面堆石稳固，基坑边缘不许堆石，防止滑动坍塌伤人。

7. 在桥下作业，注意来车时坠物伤人。电气化区段，距接触网 2 m 以内作业应断电

8. 施工作业时防止挤伤、砸伤手脚。

9. 不浪费材料。

（六）作业评价

项目	标准分	评价标准	扣分标准	存在问题	扣分	得分
作业条件	10	1. 插好作业牌，设置驻车站、远端、现场防护员，持对讲机防护	违反安全规定，扣 100 分			
		2. 带班不低于班长或能胜任的桥隧工担任	违反规定要求，扣 100 分			

续上表

项目	标准分	评 价 标 准	扣分标准	存在问题	扣分	得分
作业程序	35	1. 对基底进行清挖、夯实并整平基面	未夯实整平基面，扣5分			
		2. 打桩定位，放样挂线	放线不正确，扣3分			
		3. 铺设垫层	未铺设碎石垫层，每平方米扣5分			
		4. 选料砌石				
		(1)选面：应挑选大块在底层，大面朝下（或垂直直面）	操作不符合规定要求，每次扣3分			
		(2)修面：突出的棱边应稍加凿打	突出的棱边未凿打，每次扣3分			
		(3)试放：形状适当的石块使之能互相咬接紧密结合	石块之间咬接不紧密，每平方米扣3分			
		(4)安砌：①铺砌护基时，由外面向内铺砌；护底时，应由两端向中间铺砌，砌上游河床应将较大石块放在铺砌开始的地方，下游应将较大石块放在靠近涵洞口的地方。②砌筑护底垂裙时，应先砌外侧后砌内侧，外侧应稍高于内侧，以防下滑。③砌护坡时，石料大面应与坡面垂直，不受水流冲击的护坡，也可将大面朝下	违反操作要求，每平方米扣3分			
		5. 质量检查，清理现场	未进行质量回检扣5分；未清理现场，扣5分			
		6. 必要时应搭脚手架	未按要求搭设脚手架或不符合搭设安全，扣100分			
作业质量	30	1. 石质坚硬，无风化和裂纹，石块中部尺寸不小于15 cm	有风化和裂纹，石块中部尺寸不小于15 cm，每项扣3分			
		2. 砌体底面应铺设具有良好级配的碎石垫层10～15 cm，铺设均匀，在坡面上设置垫层，应随片石砌筑高度分层铺设务实	未铺碎石垫层或铺设不均匀、标准，扣2分			
		3. 砌体尺寸符合设计要求，坡度一般不应陡于1:1	不符合要求，坡度陡于1:1，扣3分			

续上表

项目	标准分	评价标准	扣分标准	存在问题	扣分	得分
作业质量	30	4. 砌石咬接紧密，支垫稳固，砌缝无贯通，缝宽不大于4 cm，三块石料相接处的内切圆直径不超过7 cm	缝宽大于4 cm，三块石料相接处的内切圆直径7 cm，扣3分			
		5. 砌体表面平顺，用2 m弦量（拉直检查），凸凹矢度不应超过5 cm	凸凹矢度超过5 cm，扣3分			
		6. 砌体厚度在30 cm及以下时，用单层裁砌法砌筑，双层砌筑时下层石块厚度不小于15 cm，上层石块厚度不小于20 cm，每块片石都要垫实、咬紧、坐稳，在砌面上应选用小石块塞缝，用手锤打紧，达到无松动、无悬空、无塌陷	不符合要求，扣3分			
		7. 砌筑护坡时，应将较大石块砌在下面（或垂直坡面），河床铺砌，应将较大石块砌在上游铺砌开始自由地方；对于干砌片石基础或片石垛的填腹部分要交错嵌砌，不得用包馅方式	未按要求操作，扣3分			
作业安全	15	1. 开行动车地段，在动车组通过前30 min应停止作业，到线路外侧不小于3 m外的安全地点避车。视线不良地段，应增设中间联络员	违反安全规定扣100分；视线不良地段未增设中间联络员扣100分			
		2. 在线路附近或经常跨越线路作业时，要插好作业牌，设置驻车站、远端、现场、反向远端防护员，持对讲机防护	未按规定设置防护，扣100分			
		3. 搬运石料要清除道路障碍物，防止绊倒摔伤，搬运大石要量力而行	未清理路障，有摔伤现象，每项扣10分			
		4. 加工石料要戴护目镜，打锤不得戴手套，避免脱锤伤人	未正确使用劳保用品，扣5分			
		5. 砌石时要戴手套，防止挤手碰脚，严禁将石块下摔	砌石时未戴手套，挤、砸伤手脚，扣5分；将石块下摔，每次扣20分			
		6. 脚手架及工具、材料不能侵限，坡面堆石稳固，基坑边缘不许堆石，防止滑动坍塌伤人	材料侵限，坡面堆石不牢稳或基坑边缘堆石，每项扣20分；料石滑动坍塌伤人，扣100分			

续上表

项目	标准分	评价标准	扣分标准	存在问题	扣分	得分
作业安全	15	7. 在桥下作业,注意来车时坠物伤人。电气化区段,距接触网 2 m 以内作业应断电 8. 施工作业时,防止挤伤手脚 9. 不浪费材料	有坠物伤人现象,扣 15 分;违反电气化区段作业规定,扣 100 分 有挤伤手,砸伤脚,每次扣 10 分 有浪费材料现象,扣 3 分			
效率	10	限时 350 min/m^3,包括挂线,选石、修石;垫层;砌石(高度 2 m 以下)	提前不加分,每超 1 min 加 1 分			
总分	100					
作业点评:						

(七)试　　题

1. 判 断 题

(1)在干砌片石进行选面时,应挑选大块在底层,大面朝下。 (　　)

(2)干砌片石进行修面时,对突出的棱边应稍加凿打。 (　　)

(3)干片石砌护坡时,石料大面应与坡面平行。 (　　)

(4)砌体底面应铺设具有良好级配的碎石垫层 10 ~ 15 cm。 (　　)

2. 选 择 题

(1)干砌片石的砌体表面要平顺,用 2 m 弦量(拉直检查),凸凹矢度不应超过(　　)。

(A)3 cm　　(B)5 cm　　(C)7 cm

(2)干砌片石的石质要坚硬,无风化和裂纹,石块中部尺寸不小于(　　)。

(A)10 cm　　(B)15 cm　　(C)20 cm

(3)干砌片石时,砌体尺寸要符合设计要求,坡度一般不应陡于(　　)。

(A)1∶1　　(B)1∶2　　(C)1∶3

(4)干砌片石的砌石咬接紧密，支垫稳固，砌缝无贯通，缝宽不大于(　　)。

(A)2 cm　　(B)3 cm　　(C)4 cm

(5)干砌片石应铺夯垫层，底面上铺(　　)mm 的碎石，随片石砌筑高度分层铺设并进行夯实。

(A)80～130　　(B)100～150　　(C)120～170

➢试题参考答案

1. 判 断 题

(1)√　　(2)√　　(3)×　　(4)√

2. 选 择 题

(1)B　　(2)B　　(3)A　　(4)C　　(5)B

三、浆砌块石

(一)作业目的

保护调节建筑物及防护工程的持久性稳固。

(二)作业条件

1. 插设作业标，设驻站、远端、现场持对讲机防护；用列车间隔时间作业。

2. 作业气温条件为室内外昼夜平均气温 5 ℃以上，平均温度 5 ℃以下按冬季施工作业办理。

3. 带班人由工班长或指派能胜任的桥隧工担任。

(三)作业程序

1. 清挖基底劣实，灌注扩大基础(清理干净岩石基础上的风化石)。

2. 按设计要求，放样挂线，如边墙较长应留好伸缩缝。

3. 选石配料。

(1)按石料平面及棱角，选出丁石与顺石。

(2)用锤、钎将丁、顺石加工合格，编号堆放。

4. 拌 100 号(M7.5)砂浆，其稠度以用手攥成团，松手后不散为宜。

5. 浆砌块石的方法步骤大体和浆砌片石相同，先砌角石后砌面石，接砌前先坐浆，镶面石垂直缝应用砂浆填满捣实，不准灌注。

6. 填腹亦用挤浆法，先坐浆再砌石，垂直灰缝挤入 1/2 ~ 1/3 的砂浆，不满部分再由上部填实。

7. 按砌体高度配好砌石层数，厚石料砌筑下部，石料最薄不小于 20 mm，每一行中必须是丁、顺排列。

（四）作业质量

1. 外露面没有明显凸凹，凹入深度不超过 2 cm。上下左右四个面自外露面向里进修深入度不小于 7 cm，经修整的部位凸凹不超过 2 cm。

2. 石块排列：

（1）分层：可以不按照每块石料厚度分层，每隔 70 ~ 120 cm 找平一次。

（2）垂直缝错开距离不小于 80 cm 。

（3）要丁、顺相间排列，最好是一丁一顺，也可两顺一丁，丁石长度是顺石的一倍半。

（4）灰缝：砌筑面石，垂直灰缝最小为 2 cm，最大为 4 cm，无干缝、瞎缝，水平灰缝宽不大于 3 cm 。

3. 砌筑四大面要平顺，表面凸凹部位用 5 m 线绳量，不超过 2 cm。

（五）作业安全

1. 开行动车地段，在动车组通过前 30 min 应停止作业，到线路外侧不小于 3 m 外的安全地点避车。视线不良地段应增设中间联络员。

2. 在线路附近或经常跨越线路作业时，要插好作业牌，设置驻车站、远端、现场防护员，持对讲机防护。

3. 搬运石料要清除道路障碍物，防止绊倒摔伤，搬运大石要量力而行。

4. 加工石料要戴护目镜，打锤不得戴手套，避免脱锤伤人。

5. 砌石时要戴手套，严禁将石块下摔。

6. 脚手架及工具，材料不能侵限，坡面堆石牢稳，基坑边缘不许堆石，防止滑动塌伤人。

7. 在桥下作业，注意来车时坠物伤人。电气化区段，距接触网 2 m 以内作业应断电。

8. 施工作业时，防止挤砸伤手脚。

9. 不浪费材料。

(六)作业评价

项目	标准分	评价标准	扣分标准	存在问题	扣分	得分
作业条件	10	1. 插设作业标，设驻站、远端、现场持对讲机防护；用列车间隔时间作业	未按规定设置防护，扣 100 分			
作业条件	10	2. 作业气温条件为室内外昼夜平均气温 5 ℃以上，平均温度 5 ℃以下按冬季施工作业办理	违反技术操作要求，扣 100 分			
作业条件	10	3. 带班人由工班长或指派能胜任的桥隧工担任	违反规定要求，扣 100 分			
作业程序	35	1. 清挖基底劣实，灌注扩大基础(清理干净岩石基础上的风化石)	基底未劣实或未清理风化石，扣 20 分			
作业程序	35	2. 按设计要求，放样挂线，如边墙较长应留好伸缩缝	放线不正确，扣 10 分，未留伸缩缝隙，每条扣 5 分			
作业程序	35	3. 选石配料				
作业程序	35	(1) 按石料平面及棱角，选出丁石与顺石	未选出，扣 3 分			
作业程序	35	(2)用锤、钎将丁、顺石加工合格，编号堆放	加工不合格，扣 3 分			
作业程序	35	4. 拌 100 号(M7.5)砂浆，其稠度以用手攥成团，松手后不散为宜	未按要求配制砂浆或配合比不对，扣 5 分			
作业程序	35	5. 浆砌块石的方法步骤大体和浆砌片石相同，先砌角石后砌面石，接砌前先坐浆，镶面石垂直缝应用砂浆填满捣实，不准灌注	操作方法不正确，砂浆未填满捣实，扣 5 分			
作业程序	35	6. 填腹亦用挤浆法，先坐浆再砌石，垂直灰缝挤入 1/3 ~ 1/2 的砂浆，不满部分再由上部填实	操作方法不正确，扣 5 分			
作业程序	35	7. 按砌体高度配好砌石层数，厚石料砌筑下部，石料最薄不小于 20 mm，每一行中必须是丁、顺排列	操作不符合规定要求，扣 5 分			

续上表

项目	标准分	评价标准	扣分标准	存在问题	扣分	得分
作业质量	35	1. 外露面没有明显凸凹，凹入深度不超过 2 cm。上下左右四个面自外露面向里进修深入度不小于 7 cm，经修整的部位凸凹不超过 2 cm	不符合规定，每项扣 2 分			
		2. 石块排列				
		(1)分层：可以不按照每块石料厚度分层，每隔 70 ~ 120 cm找平一次	未找平，扣 3 分			
		(2)垂直缝错开距离不少于 80 cm	垂直缝错开距离少于 80 cm，扣 5 分			
		(3)要丁、顺相间排列，最好是一丁一顺，也可两顺一丁，丁石长度是顺石的一倍半	不符合规定要求，扣 3 分			
		(4)灰缝：砌筑面石，垂直灰缝最小为 2 cm，最大为 4 cm，无干缝、瞎缝，水平灰缝宽不大于 3 cm	超出标准，不符合规定，每项扣 3 分			
		3. 砌筑四大面要平顺，表面凸凹部位用 5 m 线绳量，不超过 2 cm	超出标准，不符合规定，每项扣 3 分			
作业安全	10	1. 开行动车地段，在动车组通过前 30 min 应停止作业，到线路外侧不小于 3 m 外的安全地点避车，视线不良地段应增设中间联络员	违反安全规定，扣 100 分；视线不良地段未增设中间联络员扣 100 分			
		2. 在线路附近或经常跨越线路作业时，要插好作业牌，设置驻车站、远端、现场防护员，持对讲机防护	未按要求设置防护，扣 100 分			
		3. 搬运石料要清除道路障碍物，防止拌倒摔伤，搬运大石要量力而行	未清理路障，扣 5 分；有摔伤、砸脚现象，每次扣 10 分			
		4. 加工石料要戴护目镜，打锤不得戴手套，避免脱锤伤人	未正确使用劳保用品或违反安全要求，每项扣 5 分			
		5. 砌石时要戴手套，防止挤手碰脚，严禁将石块下摔	有挤手碰脚现象，每次扣 10 分			
		6. 脚手架及工具，材料不能侵限，坡面堆石牢稳，基坑边缘不许堆石，防止滑动塌伤人	材料有侵限，坡面堆石不牢稳每项扣 10 分。基坑边缘堆石，有滑动塌伤人，每项扣 100 分			
		7. 在桥下作业，注意来车时坠物伤人。电气化区段，距接触网 2 m 以内作业应断电	有坠物伤人现象，扣 15 分；违反电气化区段作业规定，扣 100 分			

续上表

项目	标准分	评 价 标 准	扣分标准	存在问题	扣分	得分
作业安全	10	8. 施工作业时,防止挤、砸伤手脚 9. 不浪费材料	有挤伤手,砸伤脚,每次扣10分;料具侵限扣100分 有浪费材料现象,扣3分			
效率	10	限时500 min/m^3。包括挂线、找平;冲洗、拌砂浆;选不修石、浆砌;整理(高度2 m以下)	提前不加分,每超1 min扣1分			
总分	100					
作业点评:						

(七)试　　题

1. 判 断 题

(1)按设计要求,放样挂线,如边墙较长可不留伸缩缝。 (　　)

(2)拌100号(M7.5)砂浆,其稠度以用手攥成团,松手后不散为宜。 (　　)

(3)浆砌块石的方法是,应先砌角石后砌面石。 (　　)

(4)浆砌块石的镶面石,垂直缝应用砂浆填满捣实,可以灌注。 (　　)

(5)浆砌块石的砌筑面石,垂直灰缝最大为4 cm。 (　　)

(6)浆砌块石砌筑的四大面要平顺,表面凸凹部位用5 m线绳量,不超过2 cm。 (　　)

(7)浆砌块石垂直缝错开距离不小于80 cm。 (　　)

2. 选 择 题

(1)浆砌块石,填腹亦用挤浆法,先坐浆再砌石,垂直灰缝挤入(　　)的砂浆,不满部分再由上都填实。

(A)1/2 ~ 1/3　　(B)2/2 ~ 1/3　　(C)1/2 ~ 2/3

(2)按砌体高度配好砌石层数,厚石料砌筑下部,石料最薄不小于(　　)。

(A)10 mm　　(B)15 mm　　(C)20 mm

(3)浆砌块石外露面没有明显凸凹,凹入深度不超过(　　)。

(A)1 cm　　(B)2 cm　　(C)3 cm

(4)当石块排列分层时,可以不按照每块石料厚度分层,每隔(　　)找平一次。

(A)50 ~ 100 cm　　(B)70 ~ 120 cm　　(C)80 ~ 120 cm

(5)砌筑面石时,垂直灰缝最小为(　　)。

(A)1 cm　　(B)2 cm　　(C)3 cm

(6)浆砌块石的灰缝应无干缝、瞎缝,水平灰缝宽不大于(　　)。

(A)1 cm　　(B)2 cm　　(C)3 cm

➢试题参考答案

1. 判 断 题

(1)×　(2)√　(3)√　(4)×　(5)√　(6)√

(7)√

2. 选 择 题

(1)A　(2)C　(3)B　(4)B　(5)B　(6)C

第六章　圬 工 作 业

一、圬工压浆

(一)作业目的

圬工拱圈内部及混凝土内部缝隙进行压浆提高其内部强度。

(二)作业条件

1. 插设作业标,设驻站、远端、现场防护;邻近车站设驻站防护,隧道进出口各设1人持对讲机防护,瞭望条件不良地段,应增设中间联络员,隧道内作业地点设专人防护。

2. 起拱线以上利用施工“天窗”进行封锁施工,电气化区段应通知供电部门停电作业。起拱线以下利用维修“天窗”进行施工。

3. 带班人不低于班长。

4. 气温低于3 ℃以下时,无保温设备不准做压浆作业。

(三)作业程序

1. 准备作业

(1)防护:作业准备:插好作业牌,设置驻车站、远端、现场防护员,持对讲机防护。

(2)料具:空压机、灌浆机、胶管、注浆管、混凝土电钻、圬工工具、手锤、钢钎、水泥、砂和其他拌料。

2. 作业顺序

(1)选孔:孔眼位置可交错配置,距建筑物的边缘应不小于0.4~0.6 m,各孔间的距离一般为0.9~1.5 m;可按下列部位选孔的位置,蜂窝、裂纹、渗水、冒浆、漏水、砌缝、工作缝及锤敲声响不正常处所,支座附近有渗水流浆者在锚螺栓附近选孔,圬工表面破损或裂纹严重处所不宜选孔,以免钻孔或灌浆时造成圬工更大损坏。

(2)钻孔:可按选定位置钻孔,孔眼的直径一般为 38 ~50 mm,可视注浆管的外径而定,可以埋入注浆管即可。在平面上灌浆孔应钻成垂直孔,在立面上灌浆孔应钻成向下倾斜 10°斜孔,孔的深度视建筑物的大小而定。在裂缝处钻孔时,在缝侧钻孔比骑缝钻孔效果好,可避免灰渣堵塞缝隙,有利压浆。孔钻好后,可将注浆管插入塞紧,管头露出圬工表面不宜过长,能连接胶皮管接头就行。

(3)冲洗,注浆管装好后,压浆前先要冲洗孔眼,用 0.2 MPa 的压力(最大不超过 0.4 MPa)向注浆孔内灌注清水,冲洗裂纹和空隙,自上而下地逐孔进行,直到从邻孔流出清水,清洗完毕后,用 0.2 MPa 的压缩空气吹风 20 ~ 30 min,直至吹出缝隙内的清水为止,然后用木塞将全部注浆孔塞紧,圬工表面较大的裂纹和缝隙,也要用麻刀填塞紧密。

(4)压浆在平面上由中间的孔眼开始逐孔向四周进行,在立面上由最下层的孔眼开始向上层进行,灌浆最好用 325 号普通水泥,灌浆开始时水泥的水灰比用 10:1,压力用 0.05 ~0.1 MPa,以后水灰比逐渐增加到 1:1,压力也逐渐增加到 0.5 ~ 0.6 MPa(5 ~ 6 kgf/cm^2)。圬工破裂严重时,应先做包箍再灌浆。当发现注浆孔周围木塞或圬工表面镶在缝内的麻丝出现潮湿时,表示灰浆已经灌注适当,可以再灌下一个孔眼。当最后一个孔眼灌满后,应再压入压缩空气并保持 0.1 ~0.15 MPa(1 ~1.5 kgf/cm^2)风压约 2 h,以便挤出多余的水分。以后再灌一次填满挤出水分的空隙,灌浆完毕拆出注浆管,并用 1:1 砂浆堵塞抹平。

(5)为了加速灰浆凝结可掺入水泥重量的 2% ~5% 的氯化钙。在灌浆时发现压力小而大量进浆时,表示有漏浆处所,应查明并堵塞漏浆处所后再灌;如找不到原因应停止灌浆,待所灌灰浆凝结后(约 48 ~72 h)再继续灌浆。压浆工作不能中途停顿,但也不能超过 8 h,在 8 h 内不能完成全部压浆时,应间歇 48 ~72 h 后再继续压浆。

(6)压浆工作完毕后拆出注浆管,并用1:1砂浆堵塞抹平全部注浆孔。

3. 作业结束

清理现场料具,清洗压浆机械,撤除防护。

(四)作业质量

1. 在压孔之间适当加设检查孔,对压浆质量进行检查。

2. 要求灌满圬工内部缝隙和空隙,增强圬工的整体性、强度和不渗水性。

3. 胶皮管接头及胶皮管与注浆管的连接应严密牢固,不漏水。

(五)作业安全

1. 开行动车地段,在动车组通过前30 min应停止作业,到线路外侧3 m外的安全地点避车。视线不良地段应增设中间联络员。

2. 不浪费材料,料石、工具不侵限。

3. 施工作业不伤手脚。

4. 作业人员的劳保用品佩戴齐全,脚手架搭设的性能状况良好,高空作业戴好安全带(帽),机械的操作应符合使用安全规定。

(六)评价办法

项目	标准分	评价标准	扣分标准	存在问题	扣分	得分
作业条件	10	1. 插设作业标,设驻站、远端、现场防护;邻近车站设驻站防护,隧道进出口各设1人持对讲机防护,瞭望条件不良地段,应增设中间联络员,隧道内作业地点设专人防护	未按规定设置防护,扣100分			
		2. 起拱线以上利用施工“天窗”进行封锁施工,电气化区段应通知供电部门停电作业。起拱线以下利用维修“天窗”进行施工	违反“天窗”规定,扣100分;违反电气化区段作业规定,扣100分			
		3. 带班人不低于班长	违反要求,扣100分			
		4. 气温低于3 ℃以下时,无保温设备,不准做压浆作业	违反技术要求,扣20分			

续上表

项目	标准分	评价标准	扣分标准	存在问题	扣分	得分
作业程序	35	1. 准备作业 (1)防护:作业准备:插好作业牌,设置驻车站、远端、现场防护员,持对讲机防护	未按规定要求设置防护,扣100分			
		(2)料具:空压机、灌浆机、胶管、注浆管、混凝土电钻、圬工工具、手锤、钢钎、水泥、砂和其他拌料	料具不全,每缺一件扣5分			
		2. 作业顺序 (1)选孔:孔眼位置可交错配置,距建筑物的边缘应不小于0.4~0.6 m,各孔间的距离一般为0.9~1.5 m;可按下列部位选孔的位置,蜂窝、裂纹、渗水、冒浆、漏水、砌缝、工作缝及锤敲声响不正常处所,支座附近有渗水流浆者在锚螺栓附近选孔,圬工表面破损或裂纹严重处所不宜选孔,以免钻孔或灌浆时造成圬工更大损坏	选孔不正确,每个扣3分			
		(2)钻孔:可按选定位置钻孔,孔眼的直径一般为38~50 mm,可视注浆管的外径而定,可以埋入注浆管即可,在平面上灌浆孔应钻成垂直孔,在立面上灌浆孔应钻成向下倾斜10°斜孔,孔的深度视建筑物的大小而定。在裂缝处钻孔时,在缝侧钻孔比骑缝钻孔效果好,可避免灰渣堵塞缝隙,有利压浆。孔钻好后,可将注浆管插入塞紧,管头露出圬工表面不宜过长,能连接胶皮管接头就行	孔眼的直径不符合要求,每个扣3分			
		(3)冲洗,注浆管装好后,压浆前先要冲洗孔眼,用0.2 MPa(2 kgf/cm^2)的压力(最大不超过0.4 MPa即4 kgf/ cm^2)向注浆孔内灌注清水,冲洗裂纹和空隙,自上而下地逐孔进行,直到从邻孔流出清水,清洗完毕后,用0.2 Mpa(2 kgf/cm^2)的压缩空气吹风20~30 min,直至吹出缝隙内的清水为止,然后用木塞将全部注浆孔塞紧,圬工表面较大的裂纹和缝隙,也要用麻刀填塞紧密。	未清洗或压力不够,每项扣3分。清洗不彻底或缝隙内清水未吹净扣5分;较大的裂纹和缝隙,未用麻刀塞紧,扣3分			

续上表

项目	标准分	评价标准	扣分标准	存在问题	扣分	得分
作业程序	35	(4)压浆在平面上由中间的孔眼开始逐孔向四周进行，在立面上由最下层的孔眼开始向上层进行，灌浆最好用325号普通水泥，灌浆开始时水泥的水灰比用10∶1，压力用0.05～0.1 MPa(0.5～1.0 kgf/cm^2)，以后水灰比逐渐增加到1∶1，压力也逐渐增加到0.5～0.6 MPa(5～6 kgf/cm^2)。圬工破裂严重时，应先做包箍再灌浆。当发现注浆孔周围木塞或圬工表面镶在缝内的麻丝出现潮湿时，表示灰浆已经灌注适当，可以再灌下一个孔眼。当最后一个孔眼灌满后，应再压入压缩空气并保持0.1～0.15 MPa(1～1.5 kgf/cm^2)风压约2 h，以便挤出多余的水分。以后再灌一次填满挤出水分的空隙，灌浆完毕后拆出注浆管，并用1∶1砂浆堵塞抹平	水灰比不正确扣5分；没有挤出多余的水分扣5分			
		(5)为了加速灰浆凝结可掺入水泥重量的2%～5%的氯化钙。在灌浆时发现压力小而大量进浆时，表示有漏浆处所，应查明并堵塞漏浆处所后再灌；如找不到原因应停止灌浆，待所灌灰浆凝结后(约48～72 h)再继续灌浆。压浆工作不能中途停顿，但也不能超过8 h，在8 h内不能完成全部压浆时，应间歇48～72 h后再继续压浆	加速灰浆凝结没有掺入水泥重量的2%～5%的氯化钙，扣5分。发生漏浆时，没有应查明原因和堵塞漏浆处所扣5分			
		(6)压浆工作完毕后拆出注浆管，并用1∶1砂浆堵塞抹平全部注浆	灌浆完毕，没有用1∶1砂浆堵塞抹平或漏堵、漏抹，扣5分			
		3. 作业结束				
		清理现场料具，清洗压浆机械，撤除防护	未清理现场和机械料具，每项扣3分			
作业质量	30	1. 在压孔之间适当加设检查孔，对压浆质量进行检查	未检查，扣5分			
		2. 要求灌满圬工内部缝隙和空隙，保证圬工的整体性，强度和不渗水性	未灌满圬工内部缝隙和空隙，扣5分			

续上表

项目	标准分	评 价 标 准	扣分标准	存在问题	扣分	得分
作业质量	30	3. 胶皮管接头及胶皮管与注浆管的连接应严密牢固,不漏水	连接不牢固、漏水,每项扣5分			
作业安全	15	1. 开行动车地段,在动车组通过前30 min应停止作业,到线路外侧3 m外的安全地点避车;视线不良地段应增设中间联络员 2. 不浪费材料,料石、工具不侵限 3. 施工作业不伤手脚 4. 作业人员的劳保用品佩戴齐全,脚手架搭设的性能状况良好,高空作业戴好安全带(帽),机械的操作应符合使用安全规定	违反规定,扣100分;视线不良地段未增设中间联络员,扣100分 有浪费材料现象,扣3分;料具侵入限界,扣100分 有伤手脚现象,每次扣3分 未正确使用劳保用品,扣5分;脚手架搭设不符合安全规定,扣100分;违反机械操作要求,扣100分			
效率	10	限时65 min/处	提前不加分,每超1 min扣1分			
总分	100					
作业点评:						

(七)试　　题

1. 判 断 题

(1)可按下列部位选孔的位置,蜂窝、裂纹、渗水、冒浆、漏水、砌缝、工作缝及锤敲声响不正常处所。 (　　)

(2)支座附近有渗水流浆者应远离锚螺栓选孔。 (　　)

(3)孔眼的直径一般为38～50 mm,可视注浆管的外径而定,可以埋入注浆管即可。 (　　)

(4)在裂缝处钻孔时,在骑缝钻孔比缝侧钻孔效果好。 (　　)

(5)注浆管装好后,先向注浆孔内灌注清水,冲洗裂纹和空隙,自上而下逐孔进行。 (　　)

(6)压浆在平面上由中间的孔眼开始逐孔向四周进行,在立

面上由最上层的孔眼开始向下层进行。 ( )

(7)压浆工作不能中途停顿,但也不能超过 8 h。 ( )

(8)在 8 h 内不能完成全部压浆时,应间歇 36 h 后再继续压浆。 ( )

(9)压浆工作完毕后,应用水泥砂浆填塞全部注浆孔。 ( )

(10)当发现注浆孔周围木塞或圬工表面镶在缝内的麻丝出现潮湿时,表示灰浆已经灌注适当。 ( )

2. 选 择 题

(1)气温低于( )℃以下时,无保温设备,不准做压浆工作。

(A)3 (B)5 (C)8

(2)圬工压浆时,孔眼位置可( )配置。

(A)平行 (B)交错 (C)随便

(3)圬工压浆时,孔眼距建筑物的边缘应不小于( )m。

(A)0.4~0.6 (B)0.1~0.2 (C)0.8~0.9

(4)圬工压浆时,各孔间的距离一般为( )。

(A)0.4~0.9 (B)1.5~2.0 (C)0.9~1.5 m

(5)圬工表面破损或裂纹严重处所( )选孔。

(A)不宜 (B)严禁 (C)可以

(6)在平面上灌浆孔应钻成垂直孔,在立面上灌浆孔应钻成向下倾斜( )斜孔。

(A)10° (B)20° (C)30°

➢试题参考答案

1. 判 断 题

(1)√ (2)× (3)√ (4)× (5)√ (6)×

(7)√ (8)× (9)√ (10)√

2. 选 择 题

(1)A (2)B (3)A (4)C (5)A (6)A

二、灌注混凝土

(一)作业目的

制作各种混凝土及混凝土物件。

(二)作业条件

1. 插设作业标,设驻站、远端、现场防护,桥上用对讲机或电话防护,利用列车间隔时间作业。

2. 日平均气温在 5 ℃以下时,不宜进行作业,否则应按冬季施工办理。

3. 带班人由班长或指派能胜任此项工作的桥隧工担任。

(三)作业程序

1. 准备作业

(1)防护:插好作业牌,设置驻车站、远端、现场防护员,持对讲机防护。

(2)料具:搅拌机、抬筐、小斗车、振动器、灰盘、铁锹、捣固铲、水泥、砂、碎石、清洁水。

2. 作业顺序

(1)灌注前检查施工机具配备及可用情况,模板、钢筋、预埋件是否与设计图相符,并有足够的保护层。

(2)冲洗模板、涂润滑剂,便于拆卸。

(3)配件各种材料符合设计要求,并按规定的比例配制和搅拌。

(4)灌注:

① 自由倾落高度应保持最低限度,超过 2 m 应架设溜槽或串筒。

② 灌注前对水平施工缝表面先铺一层 10 ~ 15 mm 与混凝土内灰砂比相同而水灰比略小的水泥浆,再接灌新混凝土。

③ 混凝土应分层灌注,每层厚度机械捣固时为振动器作用部分的 1.25 倍,人工捣固时为 150 ~ 250 mm。

④ 捣固时间适当,以表面上开始泛浆为度,保证混凝土应有

的密实度,避免振动时间过量而产生离析现象。

⑤ 灌注混凝土应连续进行,不得间断,必须间断时,间歇时间应尽量缩短,应在前层混凝土开始凝结前将次层混凝土灌注完毕,否则应用直径大于 20 mm 钢筋做接缝处理,但混凝土梁不得有接缝。

⑥ 捣固器在工作时,不允许支持在钢筋上,并避免碰撞钢筋及各种埋设部件。

(5)在混凝土初凝前进行压光,做好泄水坡面。

(6)随时填写施工日志和检查记录,分组留出 3 个试块。

(7)清洗机具,终凝后覆盖养生。

3. 作业结束

清理现场料具,清洗机械,撤除防护。

(四)作业质量

1. 各种材质及混凝土强度符合设计规定。

2. 外表光滑、平整、无漏浆。

3. 内部均匀、密实、无蜂窝。

4. 新旧混凝土结合良好。

(五)作业安全

1. 不浪费材料,料石、工具不侵限。

2. 施工作业不伤手脚。

3. 作业人员的劳保用品佩戴齐全,双层作业要戴好安全带(帽),拌和场所机械的操作要符合使用安全规定。

(六)评价办法

项目	标准分	评 价 标 准	扣分标准	存在问题	扣分	得分
作业条件	10	1. 插设作业标,设驻站、远端、现场防护,桥上用对讲机或电话防护,利用列车间隔时间作业	未按规定设置防护,扣 100 分			
		2. 日平均气温在 5 ℃以下时,不宜进行作业,否则应按冬季施工办理	违反技术规定要求,扣 100 分			
		3. 带班人由班长或指派能胜任此项工作的桥隧工担任	违反规定要求,扣 100 分			

续上表

项目	标准分	评 价 标 准	扣分标准	存在问题	扣分	得分
作业程序	35	1. 准备作业				
		(1)防护:插好作业牌,设置驻车站、远端、现场防护员,持对讲机防护	违反规定,扣100分			
		(2)料具:搅拌机、抬筐、小斗车、振动器、灰盘、铁锹、捣固铲、水泥、砂、碎石、清洁水	料具不全,每缺一件,扣3分			
		2. 作业顺序				
		(1)灌注前检查施工机具配备及可用情况,模板、钢筋、预埋件是否与设计图相符,并有足够的保护层	未检查机具,扣5分;保护层不足,扣5分			
		(2)冲洗模板、涂润滑剂,便于拆卸	未冲洗模板、涂润滑剂,扣5分			
		(3)配件各种材料符合设计要求,并按规定的比例配制和搅拌	不符合要求,每项扣5分			
		(4)灌注:				
		①自由倾落高度应保持最低限度,超过2 m应架设溜槽或串筒	超过2 m未架设溜槽或串筒;扣5分			
		②灌注前对水平施工缝表面先铺一层10～15 mm与混凝土内灰砂比相同而水灰比略小的水泥浆,再接灌新混凝土	未铺设,扣5分			
		③混凝土应分层灌注,每层厚度机械捣固时为振动器作用部分的1.25倍,人工捣固时为150～250 mm	捣固时间和次数不够,扣5分			
		④捣固时间适当。以表面上开始泛浆为度,保证混凝土应有的密实度,避免振动时间过量而产生离析现象	有离析现象,扣5分			
		⑤灌注混凝土应连续进行,不得间断,必须间断时,间歇时间应尽量缩短,应在前层混凝土开始凝结前将次层混凝土灌注完毕,否则应用直径大于20 mm钢筋做接缝处理,但混凝土梁不得有接缝	未做接缝处理,扣5分			

续上表

项目	标准分	评价标准	扣分标准	存在问题	扣分	得分
作业程序	35	⑥捣固器在工作时，不允许支持在钢筋上，并避免碰撞钢筋及各种埋设部件 (5)表面压光，在混凝土初凝前进行压光，做好泄水坡面 (6)随时填写施工日志和检查记录，分组留出3个试块 (7)清洗机具，终凝后覆盖养生 3. 作业结束 清理现场料具，清洗机械，撤除防护	有碰撞钢筋及各种埋设部件现象，每次扣3分 未压光及做泄水坡面，每项扣5分 未填写或未留试块，扣5分 未清洗机具或未养生扣3分 未清洗机械料具，扣3分；未及时撤除防护，扣5分			
作业质量	30	1. 各种材质及混凝土强度符合设计规定 2. 外表光滑、平整、无漏浆 3. 内部均匀、密实、无蜂窝、麻面 4. 新旧混凝土结合良好	强度不符合规定，扣100分 外表不光滑、平整、有漏浆现象，每项扣3分 不均匀、密实，有蜂窝麻面，每项扣3分 新旧混凝土衔接不良，扣3分			
作业安全	15	1. 不浪费材料，料石、工具不侵限 2. 施工作业不伤手脚 3. 作业人员的劳保用品佩戴齐全，双层作业要戴好安全带(帽)，拌和场所机械的操作使用要符合安全	有浪费材料现象，扣3分，料具侵入限界，扣100分 有伤手脚现象，每次扣3分 未正确使用劳保用品，扣5分；脚手架搭设不符合安全规定，扣100分；违反机械操作要求和规定，扣100分			
效率	10	限时940 min/m^3。包括配料、拌合；灌注、捣固；抹面；养生(手工)	提前不加分，每超1 min扣1分			
总分	100					
作业点评：						

(七)试　　题

1. 判 断 题

(1)灌注前对水平施工缝表面先铺一层 10 ~ 15 mm 与混凝土内灰砂比相同而水灰比略小的水泥浆，再接灌新混凝土。 (　　)

(2)灌注时捣固时间适当，以表面上开始泛浆为度。 (　　)

(3)灌注时捣固时间越长越好。 (　　)

(4)捣固器在工作时，不允许支持在钢筋上，可以碰撞钢筋及各种埋设部件。 (　　)

(5)在混凝土初凝前进行压光，做好泄水坡面。 (　　)

(6)灌注混凝土应连续进行，不得间断，必须间断时，间歇时间应尽量缩短。 (　　)

2. 选 择 题

(1)日平均气温在(　　)℃以下时，不宜进行灌注混凝土作业，否则应按冬季施工办理。

(A)5　　(B)9　　(C)15

(2)灌注混凝土时自由倾落高度应保持最低限度，超过(　　)m 应架设溜槽或串筒。

(A)1　　(B)2　　(C)3

(3)混凝土水平，应分层灌注，每层厚度机械捣固时为振动器作用部分的 1.25 倍，人工捣固时为(　　)mm。

(A)50 ~ 100　　(B)100 ~ 150　　(C)150 ~ 250

(4)捣固器在工作时，(　　)支持在钢筋上，并避免碰撞钢筋及各种埋设部件。

(A)不宜　　(B)可以　　(C)不允许

➤试题参考答案

1. 判 断 题

(1)√　(2)√　(3)×　(4)×　(5)√　(6)√

2. 选 择 题

(1)A　(2)B　(3)C　(4)C

三、水泥砂浆抹面

(一)作业目的

防止圬工桥隧建筑物平面或主面风化、脱落,延长桥隧建筑物的使用寿命。

(二)作业条件

1. 设驻站、远端、现场防护,桥上用对讲机或电话防护,利用列车间隔时间作业。

2. 带班人由工、班长或指派能胜任的桥隧工担任。

3. 宜在室外昼夜平均5 ℃以上气温条件下作业,低于5 ℃时按冬季施工办理。

(三)作业程序

1. 凿除风化混凝土,不留痕迹。

2. 凿除的新麻面要用水冲洗干净,在抹面前要刷一层素灰浆。

3. 抹100号(M7.5)砂浆、筛、洗砂子,拌和砂浆时要干拌三道,湿拌三道;水灰比一般不超过0.65。

4. 抹面:

(1)砂浆可分层抹面,先紧贴坡面抹底层,底层表面可用抿刀做成波浪状或锯齿状粗糙面。当底层表面出现细微裂纹,一般为五六成干时,立即开始抹第二层。每层厚度为10~15 mm,下层抹面时,砂浆面拉毛,使层次联结紧密,如有第三层,则第二层表面亦应做成粗糙面,并待其稍干后抹第三层。面层表面要抹平。当抹面作业中断时间较长时,停工处灰体应做成斜形粗糙面抹面。

(2)压实提浆:灰体初凝后,稍待数小时,先用木抹子赶平压实,反复磨压提浆,再用铁抹子压光。一般应进行2~3次。后一次提浆需在前一次提浆后,表面略微干燥时进行。

(3)养生:一般抹面后10~12 h(炎热天气2~3 h),灰浆即初凝,应立即用麻袋、草帘等遮盖并浇水养生,养生期约7 d。

（四）作业质量

1. 抹面必须平顺、光滑、无裂纹、无空响，并尽量成为规则的几何图形。

2. 砂浆拌和均匀，颜色一致无流砂，接茬平顺。

3. 补修面应凿成麻面，并冲洗干净。

4. 砂浆强度符合设计要求，一般不低于100号（M7.5），使用水泥不低于325号。

5. 抹面厚度，一般10～30 mm，当厚度大于15 mm时，应分层补抹。抹第二层时，需待第一层砂浆达到初凝状态才能进行。

6. 厚度大于30 mm时，应用混凝土修补。

（五）作业安全

1. 开行动车地段，在动车组通过前30 min应停止作业，到线路外侧3 m外的安全地点避车。视线不良地段应增设中间联络员。

2. 高空作业搭脚手架牢固，作业人员系安全带，禁止双层作业。

3. 凿除混凝土要戴好劳保用品。

4. 凿除混凝土打锤人员与把钎人员要垂直成90°，禁止面对面打锤，锤把安牢，锤头、钢钎不得有飞边。

5. 电气化区段距接触网2 m以内作业应断电。

（六）作业评价

项目	标准分	评价标准	扣分标准	存在问题	扣分	得分
作业条件	10	1. 设驻站、远端、现场防护，桥上用对讲机或电话防护，利用列车间隔时间作业	未规定设置防护，扣100分			
		2. 带班人由工、班长或指派能胜任的桥隧工担任	违反规定，扣100分			
		3. 宜在室外昼夜平均5 ℃以上气温条件下作业，低于5 ℃时按冬季施工办理	违反技术操作规定，扣100分			

续上表

项目	标准分	评 价 标 准	扣分标准	存在问题	扣分	得分
作业程序	30	1. 凿除风化混凝土,不留痕迹	凿除不彻底,扣5分			
		2. 凿除的新麻面要用水冲洗干净,在抹面前要刷一层素灰浆	未冲洗、不干净或未涂刷素灰浆,每项扣3分			
		3. 抹100号(M7.5)砂浆、筛、洗砂子,拌和砂浆时要干拌三道,湿拌三道;水灰比一般不超过0.65	拌和砂浆不标准,配合比不正确,每项扣5分			
		4. 抹面:				
		(1)砂浆可分层抹面,先紧贴坡面抹底层,底层表面可用抿刀做成波浪状或锯齿状粗糙面。当底层表面出现细微裂纹,一般为五六成干时,立即开始抹第二层。每层厚度为10~15 mm,下层抹面时,砂浆面拉毛,使层次联结紧密,如有第三层,则第二层表面亦应做成粗糙面,并待其稍干后抹第三层。面层表面要抹平。当抹面作业中断时间较长时,停工处灰体应做成斜形粗糙面抹面	操作不符合要求,扣5分			
		(2)压实提浆:灰体初凝后,稍待数小时,先用木抹子赶平压实,反复磨压提浆,再用铁抹子压光。一般应进行2~3次。后一次提浆需在前一次提浆后,表面略微干燥时进行	未压实、提浆或抹光,每项扣3分			
		(3)养生:一般抹面后10~12 h(炎热天气2~3 h),灰浆即初凝,应立即用麻袋、草帘等遮盖并浇水养生,养生期约7 d	未用麻袋、草帘等物遮盖和浇水养生,养生时间不够,每项扣5分			
作业质量	35	1. 抹面必须平顺、光滑、无裂纹、无空响,并尽量成为规则的几何图形	不平顺、光滑、有裂纹、空响,每项扣5分			
		2. 砂浆拌和均匀,颜色一致无流砂,接茬平顺	砂浆拌和不均匀,颜色不一致有流砂现象,接茬不平顺,每项扣5分			
		3. 补修面应凿成麻面、冲洗干净	未凿成麻面、冲洗或冲洗不干净,每项扣3分			

续上表

项目	标准分	评 价 标 准	扣分标准	存在问题	扣分	得分
作业质量	35	4. 砂浆强度符合设计要求，一般不低于100号（M7.5），使用水泥不低于325号，拌和均匀，颜色一致	砂浆配比不正确或不均匀，颜色不一致，每项扣5分			
		5. 抹面厚度，一般10～30 mm，当厚度大于15 mm时，应分层补抹。抹第二层时，需待第一层砂浆达到初凝状态才能进行	厚薄不均匀扣3分；厚度大于15 mm时，未分层补抹，扣5分			
		6. 厚度大于30 mm时，应用混凝土修补	厚度大于30 mm时，未用混凝土修补，扣5分			
作业安全	15	1. 开行动车地段，在动车组通过前30 min应停止作业，到线路外侧3 m外的安全地点避车，视线不良地段应增设中间联络员	违反规定，扣100分；视线不良地段未增设中间联络员，扣100分			
		2. 高空作业搭脚手架牢固，作业人员系安全带，禁止双层作业	搭设脚手架不符合规定，扣15分			
		3. 凿除混凝土要戴好劳保用品	未正确使用劳保用品，扣10分			
		4. 凿除混凝土打锤人员与把钎人员要垂直成90°，禁止面对面打锤，锤把安牢，锤头、钢钎不得有飞边	工具不良、扣5分			
		5. 电气化区段距接触网2 m以内作业应断电	违反电气化区段作业规定，扣100分			
效率	10	限时90 min/m²，包括：凿毛；冲洗；拌砂浆、抹面；养生（高度2 m以下）	提前不加分，每超1 min扣1分			
总分	100					
作业点评：						

（七）试　　题

1. 判 断 题

（1）宜在室外昼夜平均5 ℃以上气温条件下作业。　（　　）

（2）拌和砂浆时，要拌和不少于三次。　（　　）

(3)砂浆强度符合设计要求,一般不低于 100 号(M7.5),使用水泥不低于 325 号,拌和均匀,颜色一致。 (　　)

(4)电气化区段距接触网 2 m 以内作业应断电。 (　　)

(5)凿除的新麻面要用水冲洗干净,在抹面前要刷一层素灰浆。 (　　)

2. 选 择 题

(1)砂浆抹面时,砂浆可分层抹面,每层厚度为(　　)mm。

(A)10~15　　(B)10~20　　(C)10~30

(2)砂浆抹面时,当气温(　　)5 ℃时按冬季施工办理。

(A)高于　　(B)低于　　(C)等于

(3)砂浆抹面时的水灰比是(　　)。

(A)0.25　　(B)0.55　　(C)0.65

(4)砂浆抹面灰浆即初凝后,应立即用麻袋、草帘等遮盖并浇水养生,养生期约(　　)d。

(A)3　　(B)5　　(C)7

(5)凿除混凝土打锤人员与把钎人员要垂直成(　　),禁止面对面打锤,锤把安牢,锤头、钢钎不得有飞边。

(A)30°　　(B)90°　　(C)180°

➤试题参考答案

1. 判 断 题

(1)×　　(2)×　　(3)√　　(4)√　　(5)√

2. 选 择 题

(1)A　　(2)B　　(3)C　　(4)C　　(5)B

四、水泥砂浆勾缝

(一)作业目的

防止水、污垢侵入圬工砌体内部损坏桥隧建筑物,延长桥隧建筑物的使用寿命。

（二）作业条件

1. 插好作业牌，设置驻车站、远端、现场护员，持对讲机防护。利用列车间隔时间作业。

2. 带班人由班长或指派能胜任的桥梁工担任。

3. 宜在5 ℃以上气温条件下作业。

（三）作业程序

1. 应备工具、材料：钢丝刷、棕刷、托灰板、水泥抿、灰斗、手锤、钎子、水桶、喷水壶、水泥、砂、水等

2. 必要时搭设脚手架。

3. 凿缝：①清除掉旧灰缝处的灰尘、草皮、苔藓；②凿缝深3～5 cm，宽：料石1～2 cm，片石2～4 cm，不得有瞎缝。

4. 清缝：将灰缝内的石渣、粉末清除干净；新砌体需将缝周围黏附的砂浆清除，挤出的不实砂浆剔净。旧砌体需将旧缝凿除，清除干净。

5. 冲洗灰缝：将缝内石锈、石渣粉清除干净，自上而下用净水冲洗（用有压力的水冲洗更好），保持灰缝湿润。

6. 拌砂浆：配M10水泥砂浆，干、湿拌各至少三次，水灰比为0.52～0.60，砂浆稠度以手捏成小团，松手后不散为宜

7. 勾缝：先涂刷素水泥浆一度，厚度1～2 mm。①勾平缝时：先将水泥砂浆自下而上，从左至右抹入灰缝，将灰缝补满刮平，缝过深时，应分两次进行。砂浆达到初凝时，用小抹子压缝抹光，缝边找平压实，用毛刷扫去毛刺和飞边。为了避免灰缝产生飞边而出现开裂现象，灰缝面不得超过砌石面。②勾凹缝将砂浆填入灰缝内，再用勾缝器（或定型灰抹）反复压实成凹缝。灰缝面约比石料面低5 mm左右。

8. 养生：用草袋覆盖，养生7 d。

（四）作业质量

1. 勾缝式样有平缝、凹缝、凸缝三种。

2. 勾缝宽度，式样一致，新旧缝相接良好，旧缝凿深30～50 mm。凹缝勾缝深3～5 mm，应略低于砌石面2～5 mm，平缝应

赶平，中间凹凸不大于 5 mm，凸缝高为 15 mm，无瞎死。

3. 砂浆配合比、拌和质量符合要求。砂浆强度不小于 100 号（M7.5），水泥 325 号以上，砂子粒径不大于 2 mm。

4. 缝宽：片石 2 ~ 4 cm，料石 1 ~ 2 cm。

5. 勾缝要压实、抹光，无裂纹、无飞边断道，空响处所不超过 5% 。

6. 勾缝圆顺、美观。

（五）作业安全

1. 开行动车地段，在动车组通过前 30 min 应停止作业，到线路外侧不少于 3 m 外的安全地点避车。视线不良地段，应增设中间联络员。

2. 搭设脚手架符合有关规定。

3. 在边坡上作业时，应注意防止滑倒、摔伤。

4. 凿除灰缝要戴护目镜，持锤手不许戴手套

5. 工具良好、无损坏、丢失。

6. 不伤手脚，无事故苗子。

7. 在距地面 2 m 以上的高处及陡坡上作业，必须戴安全帽、系好安全带或安全绳。

8. 不准穿带钉或易溜滑的鞋。

9. 电化区段，距接触网 2 m 以内要在断电时作业。

（六）作业评价

项目	标准分	评价标准	扣分标准	存在问题	扣分	得分
作业条件	10	1. 插好作业牌，设置驻车站、远端、现场防护员，持对讲机防护。利用列车间隔时间作业	未按规定设置防护，违反规定，扣 100 分			
		2. 带班人由班长或指派能胜任的桥梁工担任	违反规定要求，扣 100 分			
		3. 宜在 5 ℃以上气温条件下作业	违反技术规定要求，扣 100 分			
作业程序	35	1. 应备工具、材料：钢丝刷、棕刷、托灰板、水泥抿、灰斗、手锤、钎子、水桶、喷水壶、水泥、砂、水等	工具不齐全，每缺一项扣 5 分			

续上表

项目	标准分	评 价 标 准	扣分标准	存在问题	扣分	得分
作业程序	35	2. 必要时搭设脚手架	脚手架搭设不符合安全规定,扣100分			
		3. 凿缝:①清除掉旧灰缝处的灰尘、草皮、苔藓;②凿缝深3~5 cm,宽:料石1~2 cm,片石2~4 cm,不得有瞎缝	凿缝深度、宽度不够,有瞎缝,每项扣5分			
		4. 清缝:将灰缝内的石渣、粉末清除干净;新砌体需将缝周围黏附的砂浆清除,挤出的不实的砂浆剔净。旧砌体需将旧缝凿除,清除干净	凿除旧缝,清缝不彻底、干净,每项扣3分			
		5. 冲洗灰缝:将缝内石锈、石渣粉清除干净,自上而下用净水冲洗(用有压力的水冲洗更好),保持灰缝湿润	未用水冲清洗,扣5分			
		6. 拌砂浆:配M10水泥砂浆,干、湿拌各至少三次,水灰比为0.52~0.60,砂浆稠度以手捏成小团,松手后不散为宜	拌和砂浆不符合要求,扣5分			
		7. 勾缝:先涂刷水泥浆一度,厚度1~2 mm;①勾平缝时:先将水泥砂浆自下而上,从左至右抹入灰缝,将灰缝补满刮平,缝过深时,应分两次进行。砂浆达到初凝时,用小抹子压缝抹光,缝边找平压实,用毛刷扫去毛刺和飞边。为了避免灰缝产生飞边而出现开裂现象,灰缝面不得超过砌石面。②勾凹缝将砂浆填入灰缝内,再用勾缝器(或定型灰抹)反复压实成凹缝。灰缝面约比石料面低5 mm左右	未压实抹光,缝边未找平压实,有毛边、毛刺,每项扣3分			
		8. 养生:用草袋覆盖,养生7 d	未按要求养生,扣5分			
作业质量	30	1. 勾缝式样有平缝、凹缝、凸缝三种	勾缝式样不统一,扣5分			
		2. 勾缝宽度,式样一致,新旧缝相接良好,旧缝凿深30~50 mm。凹缝勾缝深3~5 mm,应略低于砌石面2~5 mm,平缝应赶平,中间凹凸不大于5 mm,凸缝高为15 mm,无瞎死	勾缝深度、宽度、高度不符合要求,扣5分			

续上表

项目	标准分	评 价 标 准	扣分标准	存在问题	扣分	得分
作业质量	30	3. 砂浆配合比、拌和质量符合要求。砂浆强度不小于100号(M7.5),水泥325号以上,砂子粒径不大于2 mm	砂浆强度、配合比不符合要求,砂子大于2 mm,每项扣5分			
		4. 缝宽:片石2~4 cm,料石1~2 cm	缝宽不符合要求,扣3分			
		5. 勾缝要压实、抹光,无裂纹、飞边、断道,空响处所不超过5%	勾缝没有压实、抹光,有裂纹、肥边、断道、空间处所超过5%,扣5分			
		6. 勾缝圆顺、美观	不圆顺、不美观,扣3分			
作业安全	15	1. 开行动车地段,在动车组通过前30 min应停止作业,到线路外侧不小于3 m外的安全地点避车,视线不良地段,应增设中间联络员	违反规定,扣100分;视线不良地段未增设中间联络员扣100分			
		2. 搭设脚手架符合有关规定	搭设脚手架不符合安全规定,扣15分			
		3. 在边坡上作业时,应注意防止滑倒、摔伤	有滑倒、摔伤现象,每次扣3分			
		4. 凿除灰缝要戴护自镜,持锤手不许戴手套	未正确使用劳保用品,每项扣5分			
		5. 工具良好、无损坏、丢失	工具丢失、损坏,扣2分			
		6. 不伤手脚,无事故苗子	碰伤手脚,扣5分。有事故隐患,扣15分			
		7. 在距地面2 m以上的高处及陡坡上作业,必须戴安全帽、系好安全带或安全绳	未正确使用劳保用品,扣10分			
		8. 不准穿带钉或易溜滑的鞋	穿带钉或易溜滑的鞋,扣10分			
		9. 电化区段,距接触网2 m以内要在断电时作业	违反电气化区段作业规定,扣100分			
效率	10	1. 55 min/m^2;包括凿缝、冲洗、拌砂浆、勾缝、养生(高度2 m以下平缝)	提前不加分,每超1 min扣1分			
		2. 65 min/m^2;包括凿缝、冲洗、拌砂浆、勾缝、养生(高度2 m以下凸缝)				
总分	100					
作业点评:						

(七)试　　题

1. 判 断 题

(1)水泥砂浆勾缝,宜在 5 ℃以上气温条件下作业。(　　)

(2)电化区段,距接触网 3 m 以内要在断电时作业。(　　)

(3)桥上用对讲机或电话防护,利用列车间隔时间作业。(　　)

(4)勾缝应压实、压光,无断道、空响、裂纹。(　　)

(5)水泥砂浆勾缝时自下而上用净水冲洗冲洗灰缝,将缝内石锈、石渣粉清除干净,保持灰缝湿润。(　　)

(6)养生时,用草袋或其他物品遮盖灰缝,并洒水养生,不少于 5 d。(　　)

(7)凿除灰缝要戴护目镜,持锤手可以戴手套。(　　)

(8)拌砂浆时,配 M10 水泥砂浆,应干拌、湿拌各至少二次。(　　)

(9)勾缝时,先涂刷纯水泥浆一层,厚度 1 ~ 2 mm。(　　)

2. 选 择 题

(1)砂浆强度不小于 100 号(M7.5),水泥 325 号以上,砂子粒径不大于(　　)mm。

(A)1　　(B)2　　(C)3

(2)勾缝宽度,式样一致,新旧缝相接良好,旧缝凿深(　　)mm。

(A)30 ~ 50　　(B)35 ~ 50　　(C)30 ~ 55

(3)水泥砂浆勾缝的式样有(　　)种。

(A)1　　(B)2　　(C)3

(4)圬工勾缝拌砂浆的水灰比不超过(　　)

(A)0.42 ~ 0.5　　(B)0.52 ~ 0.6　　(C)0.6 ~ 0.7

(5)凹缝勾缝深 3 ~ 5 mm,应略低于砌石面 2 ~ 5 mm,平缝应赶平,中间凹凸不大于 5 mm,凸缝高为(　　)mm,无瞎死。

(A)10　　(B)15　　(C)20

(6)缝宽:片石 2 ~ 4 cm,料石(　　)cm。

(A)1 ~ 2　　　　(B)1 ~ 3　　　　(C)2 ~ 4

(7)砌体凿缝时要(　　)旧灰缝处的灰尘、草皮、苔藓。

(A)清除掉　　　　(B)保护　　　　(C)不管

(8)拌砂浆时,配 M10 水泥砂浆,应干拌、湿拌各至少(　　)次。

(A)二　　　　(B)三　　　　(C)四

(9)混凝土的养生时间不得少于(　　)。

(A)5 d　　　　(B)7 d　　　　(C)9 d

➤试题参考答案

1. 判 断 题

(1)√　(2)×　(3)√　(4)√　(5)×　(6)×

(7)×　(8)×　(9)√

2. 选 择 题

(1)B　(2)A　(3)C　(4)B　(5)B　(6)A

(7)A　(8)B　(9)B

五、增设疏通圬工梁泄水孔

(一)作业目的

对拱顶的积水部分整治,使其排水顺畅。

(二)作业条件

1. 插设作业标,设驻站、远端、现场防护,桥上用对讲机或电话防护,利用维修"天窗"进行检查作业。

2. 带班人不低于班长。

(三)作业程序

1. 准备作业

(1)防护:插好作业牌,设置驻站、远端、施工现场防护员,持对讲机防护。

(2)料具:大锤、钢钎、铁锹、镐、圬工工具、排水管、水泥砂浆(环氧树脂或乳胶水泥)。

(3)搭设好必要的脚手架。

2. 作业顺序

(1)检查渗漏部位,清除该部位的道砟,选择孔位,在渗漏严重的部位下面选定凿设渗水孔位置。

(2)凿眼:按外低内高开始打眼,其坡度不小于3%,孔眼大小合适,深度以贯通内部为宜,孔眼根部尽可能做好过滤层。

(3)安设排水铁管,伸出墙外不少于100 mm,并且安装牢固。

(4)对旧有排水管用钢钎进行疏通。

(5)用环氧树脂砂浆或乳胶水泥,对嵌入铁管进行固定,做到衔接平顺,排水畅通。

(6)对圬工裂纹(缝)因排水不良出现的流白浆等部位,勾缝或抹面。

(7)回填开挖过的道砟。

3. 作业结束

清理料具、清扫现场,拆除脚手架,撤除防护。

(四)作业质量

1. 新增排水孔选位正确,排水良好。

2. 旧有排水孔疏通彻底,无锈蚀。

3. 渗漏部位勾缝抹面处理后,无继续渗漏现象。

4. 排水不污染梁体。

(五)作业安全

1. 开行动车地段,在动车组通过前30 min应停止作业,到线路外侧不小于3 m外的安全地点避车,视线不良地段应增设中间联络员。

2. 作业人员按规定距离下道避车;避车时工具应带出桥外。

3. 在2 m以上高空或陡坡作业时,要系好安全带,脚手架要搭设牢固并加强检查。

4. 打眼时,打锤人员与掌钎人员相垂直,打锤人员不准戴手套,禁止面对面打锤。

5. 专人防护,来车时及时下道。

6. 凿除圬工时,作业人员要戴好劳动保护用品。

(六)评价办法

项目	标准分	评价标准	扣分标准	存在问题	扣分	得分
作业条件	10	1. 插设作业标,设驻站、远端、现场防护,桥上用对讲机或电话防护,利用维修"天窗"进行检查作业	未按规定设置防护,违反"天窗"修规定,扣100分			
		2. 带班人不低于班长	带班人低于班长,扣100分			
作业程序	35	1. 准备作业				
		(1)防护:插好作业牌,设置驻站、远端、施工现场防护员,持对讲机防护	未按规定设置防护,防护方法不正确,扣100分			
		(2)料具:大锤、钢钎、铁锹、镐、圬工工具、排水管、水泥砂浆(环氧树脂或乳胶水泥)	料具不全,每缺一件扣5分			
		(3)搭设好必要的脚手架	搭设脚手架不符合安全规定,扣15分			
		2. 作业顺序				
		(1)检查渗漏部位,清除该部位的道砟,选择孔位,在渗漏严重的部位下面选定凿设渗水孔位置	孔位不当,未凿除渗水部位,每处扣3分			
		(2)凿眼:按外低内高开始打眼,其坡度不小于3%,孔眼大小合适,深度以贯通内部为宜,孔眼根部尽可能做好过滤层	坡度不正确,每处扣3分			
		(3)安设排水铁管,伸出墙外不少于100 mm,并且安装牢固	长度不足,每处扣10分			
		(4)对旧有排水管用钢钎进行疏通	未疏通,每处扣3分			
		(5)用环氧树脂砂浆或乳胶水泥,对嵌入铁管进行固定,做到衔接平顺,排水畅通	黏结不牢,衔接不平顺,排水不畅通;每处扣10分			
		(6)对圬工裂纹(缝)因排水不良出现的流白浆等部位,勾缝或抹面	对流白浆部位未勾缝、抹面,每处扣3分			
		(7)回填开挖过的道砟	未回填道砟,扣15分			
		3. 作业结束				
		清理料具、清扫现场,拆除脚手架,撤除防护	未清理现场和料具,扣3分;未拆除脚手架,扣10分;未撤除防护扣10分			

续上表

项目	标准分	评 价 标 准	扣分标准	存在问题	扣分	得分
作业质量	30	1. 新增排水孔选位正确，排水良好	排水不畅，每处扣3分			
		2. 旧有排水孔疏通彻底，无锈蚀	未疏通排水孔或疏通不彻底，扣3分			
		3. 渗漏部位勾缝抹面处理后，无继续渗漏现象	有继续渗漏现象，每处扣5分			
		4. 排水不污染梁体	排水污染梁体，每处扣10分			
作业安全	15	1. 开行动车地段，在动车组通过前30 min应停止作业，到线路外侧不少于3 m外的安全地点避车，视线不良地段应增设中间联络员	违反规定或视线不良地段未增设中间联络员，扣100分			
		2. 作业人员按规定距离下道避车；避车时工具应带出桥外	下道不及时，工具未带出桥外，扣100分			
		3. 在2 m以上高空或陡坡作业时，要系好安全带，脚手架要搭设牢固并加强检查	未正确使用劳保用品，扣15分；搭设脚手架不符合安全要求，扣100分			
		4. 打眼时，打锤人员与掌钎人员相垂直，打锤人员不准戴手套，禁止面对面打锤	违反安全规定，扣15分			
		5. 专人防护，来车时及时下道	未设专人防护，扣100分			
		6. 凿除圬工时，作业人员要戴好劳动保护用品	未正确使用劳保用品，扣15分			
效率	10	限时30 min	提前不加分，每超1 min扣1分			
总分	100					
作业点评：						

（七）试　　题

1. 判 断 题

（1）增设疏通圬工梁泄水孔作业应采用对讲机或电话防护。（　　）

（2）对旧有排水管应用木棍进行疏通。（　　）

(3)增设疏通圬工梁泄水孔作业前,应在渗漏严重的部位旁选定凿孔位置。 (　　)

(4)对圬工裂缝因排水不良出现的流白浆等部位,应进行勾缝或抹面。 (　　)

(5)新增排水孔位置应正确,排水应良好。 (　　)

(6)打眼时,打锤人应戴上手套,禁止面对面打锤。 (　　)

(7)增设疏通圬工梁泄水孔作业可不设专人防护,但来车时应及时下道。 (　　)

2. 选 择 题

(1)增设疏通圬工梁泄水孔作业应利用(　　)施工。

(A)施工"天窗"　(B)列车间隔　(C)维修"天窗"

(2)增设疏通圬工梁泄水孔作业带班人不得低于(　　)。

(A)车间主任　(B)工长　(C)班长

(3)增设疏通圬工梁泄水孔作业凿眼时应按(　　)进行打眼。

(A)外低内高　(B)内低外高　(C)水平

(4)增设疏通圬工梁泄水孔作业凿眼时,其坡度不小于(　　)。

(A)2%　(B)3%　(C)4%

(5)增设疏通圬工梁泄水孔作业安设排水铁管时,伸出墙外不少于(　　)cm。

(A)5　(B)10　(C)15

(6)凿眼人员要戴好(　　)。

(A)劳保用品　(B)防护备品　(C)防暑降温备品

(7)手工打眼,打锤人员与掌钎人员(　　)。

(A)并排　(B)面对面　(C)垂直

(8)对圬工裂纹(缝)因排水不良出现的流白浆等部位,勾缝或抹面后应做好(　　)工作。

(A)回填开挖过的道砟　(B)清理料具　(C)撤除防护

➢试题参考答案

1. 判 断 题

(1)√　(2)×　(3)×　(4)√　(5)√　(6)×
(7)×

2. 选 择 题

(1)C　(2)C　(3)A　(4)B　(5)B　(6)A
(7)C　(8)A

六、制作钢筋混凝土人行道板

(一)作业目的

更换失效的人行道板,保证维修作业人员的安全。

(二)作业条件

1. 线下作业,冬季可以室内作业。

2. 带班人由工班长或指派胜任其工作的桥梁工担任。

(三)作业程序

1. 作业准备:调查或按设计的尺寸准备材料及工具。

2. 工具材料:八磅锤、手锤、铁砧、剁子、钢丝刷、扳手、钢筋弯制工作台、扳柱、克丝钳、钢筋钩子、灰盘、铁锹、磅秤、木抹板、泥抹、捣固工具(铲、锤、钎)、木工工具(斧、锯、刨等)、钢筋(ϕ6～8 mm)、砂布、铁线、水泥(M32.5 或 M42.5 号)、中砂、碎石、水、木板、方木、铁线钉等。

3. 作业程序:

(1)根据人行道板尺寸,计算主筋、箍筋下料长度、根数。

① 下料计算公式

钢筋采用搭接(搭接焊或绑扎接头)时,

下料长度=直段长度+斜段长度+弯钩增加长度+搭接长度－弯曲伸长值。

钢筋不用搭接时:

下料长度=直段长度+斜段长度+弯钩增加长度－弯曲伸

长值。

② 箍筋下料长度计算：

下料长度 = 箍筋周长 + 弯钩增加长度 - 弯曲伸长值。

(2)除锈、弯制、绑扎符合设计要求。

(3)制作安设模板：尺寸正确、联结牢固、接缝严密，并涂刷肥皂水。

(4)安设钢筋网，设置平稳，保护层厚度不大于 10 mm。

(5)灌注混凝土，混凝土配制、拌和、灌注准确，拌和均匀，捣固密实。

(6)初凝前刻画防滑花纹。

(7)养生，用湿草袋遮盖洒水，冬季要保温。

(8)混凝土达到设计强度的 50% 方可拆模。

(9)作业结束后，清扫现场，清洗搅拌机及工具。

(四)作业质量

1. 混凝土强度不低于 C200 级，步行板尺寸符合承重标准和设计要求。

2. 钢筋除锈彻底，绑扎符合设计要求。

3. 混凝土配合比符合规定要求，灌注底面支承密贴，不翘角。

4. 厚度 50 ~ 70 mm 捣固密实，表面平整，无蜂窝，麻面、裂纹。

5. 按规定养生，时间不少于 7 d，拆模时混凝土无伤损。

(五)作业安全

1. 钢筋下料时不要用力过猛，防止钢筋头、锤头飞起伤人。

2. 作业人员戴护目镜、手套。

3. 工具良好。

(六)作业评价

项目	标准分	评价标准	扣分标准	存在问题	扣分	得分
作业条件	10	1. 线下作业，冬季可以室内作业 2. 带班人由工班长或指派胜任其工作的桥梁工担任	违反冬季作业条件，扣 100 分 违反规定要求，扣 100 分			

续上表

项目	标准分	评价标准	扣分标准	存在问题	扣分	得分
作业程序	35	1. 作业准备:调查或按设计的尺寸准备材料及工具	未调查或未按要求准备料具,扣5分			
		2. 工具材料:八磅锤、手锤、铁砧、剁子、钢丝刷、扳手、钢筋弯制工作台、扳柱、克丝钳、钢筋钩子、灰盘、铁锹、磅秤、木抹板、泥抹、捣固工具(铲、锤、钎)、木工工具(斧、锯、刨等)、钢筋(∮6~8 mm)、砂布、铁线、水泥(325或425号)、中砂、碎石、水、木板、方木、铁线钉等	工具不齐全,每缺一件扣5分			
		3. 作业程序				
		(1)根据人行道板尺寸,计算主筋、箍筋下料长度、根数	未计算,扣5分			
		(2)除锈、弯制、绑扎符合设计要求	除锈不彻底或弯制、绑扎不符合标准,每项扣5分			
		(3)制作安设模板:尺寸正确、联结牢固、接缝严密,并涂刷肥皂水	尺寸不正确联结不牢固、接缝不严密,每项扣5分			
		(4)安设钢筋网,设置平稳,保护层厚度不大于10 mm	设置不平稳,保护层大于10 mm者,扣3分			
		(5)灌注混凝土,混凝土配制、拌和、灌注准确,拌和均匀,捣固密实	混凝土配比不正确扣5分;拌和不均匀扣5分;捣固不密实,扣5分			
		(6)初凝前刻画防滑花纹	未刻画防滑花纹,扣2分			
		(7)养生,用湿草袋遮盖洒水,冬季要保温	养生不符合标准,扣3分			
		(8)混凝土强度达到设计强度的50%方可拆模	未达到强度,拆模或拆模时有损伤,每项扣3分			
		(9)作业结束后,清扫现场,清洗搅拌机及工具	未清理现场、料具,扣3分			
作业质量	30	1. 混凝土强度不低于C200级,步行板尺寸符合承重标准和设计要求	混凝土强度不足,扣20分;尺寸不符合设计要求,扣40分			
		2. 钢筋除锈彻底,绑扎符合设计要求	除锈不彻底,绑扎方法不符合设计要求,每项扣10分			

续上表

项目	标准分	评 价 标 准	扣分标准	存在问题	扣分	得分
作业质量	30	3. 混凝土配合比符合规定要求,灌注底面支承密贴,不翘角	配合比不符合要求,扣15分,灌注底面支承不密贴或有翘角现象,每项扣5分			
		4. 厚度50~70 mm捣固密实,表面平整,无蜂窝,麻面、裂纹	捣固不密实,表面不平整,有蜂窝、麻面、裂纹,每项扣5分			
		5. 按规定养生,时间不少于7 d,拆模时混凝土无伤损	未进行养生,扣10分;拆模损伤混凝土,每处扣2分			
作业安全	15	1. 钢筋下料时不要用力过猛,防止钢筋头、锤头飞起伤人	轻微受伤,每次扣5分;轻伤扣10分			
		2. 作业人员戴护目镜、手套	不按规定穿戴防护用品,每项扣2分			
		3. 工具良好	工具不良,每次扣2分			
效率	10	限时160 min	提前不加分,每超1 min扣1分			
总分	100					
作业点评:						

(七)试　　题

1. 判 断 题

(1)钢筋混凝土结构中,钢筋主要承受拉应力,混凝土主要承受压应力。 (　　)

(2)与普通钢筋混凝土结构相比,预应力混凝土结构大大推迟了混凝土裂纹出现的时间。 (　　)

(3)砂浆拌和时的配合比,以质量计时,其允许误差不得超过±2%。 (　　)

(4)混凝土应连续灌注避免间断,相邻两层灌注间歇时间不得超过水泥的初凝时间。 (　　)

2. 选 择 题

(1)更换人行道步行板,要安放牢稳,避免出现(　　)现象。

(A)一条腿　　(B)二条腿　　(C)三条腿

(2)预制混凝土人行道板的模板需混凝土强度达到设计强度的(　　)方可进行。

(A)30%　　(B)50%　　(C)80%

(3)预制混凝土人行道板按规定养生,时间不少于(　　)d。

(A)7　　(B)5　　(C)3

(4)预制混凝土人行道板,安设钢筋网,设置平稳,保护层厚度大于(　　)mm,小于15 mm。

(A)8　　(B)10　　(C)12

(5)预制混凝土人行道板,混凝土强度不低于(　　)级,步行板尺寸符合承重标准和设计要求。

(A)150　　(B)200　　(C)250

➢试题参考答案

1. 判 断 题

(1)√　(2)√　(3)√　(4)√

2. 选 择 题

(1)C　(2)B　(3)A　(4)B　(5)B

七、安装更换L形挡砟板

(一)作业目的

保证桥上线路道砟的稳定,不散落在人行道上或流于桥下,使桥上外观整齐。

(二)作业条件

1. 插好作业牌,设置驻车站、远端、现场防护员("三位一体"防护),持对讲机防护。

2. 利用90 min维修"天窗"时间,并在车站登记。

3. 带班人不低于工班长或能胜任的桥隧工担任。

4. 气温达到30 ℃时,严禁动道作业。

(三)作业程序

1. 准备作业

（1）防护：插好作业牌，设置驻车站、远端、现场防护员，持对讲机防护。

（2）料具：手锤、小撬棍、卷尺、铁锹、三齿耙子、叉子、抬运工具、弦线、L 形挡砟板。

2. 作业顺序

（1）按设计要求清除桥上枕头以外道砟，深度根据桥上情况而定。

（2）挂好弦线与正轨成水平距离（尽量做到全桥一致）。

（3）安装 L 形挡砟板，底部垫稳，高低一致，靠人行道一侧成一直线（或同桥上正轨曲线一致）。

（4）按线路道砟堆码标准回填道砟。

（5）L 形挡砟板与桥上步行板的结合处用水泥砂浆进行勾补。

3. 作业结束

运出旧料、清扫桥面、撤除防护。

（四）作业质量

1. 安装平顺、间隙均匀，无串动，无翘角。

2. 梁端处应断开。

3. 各部尺寸符合设计要求。

（五）作业安全

1. 开行动车地段，在动车组通过前 30 min 应停止作业，到线路外侧不小于 3 m 外的安全地点避车，视线不良地段应增设中间联络员。

2. 避车时工具应带出桥外。

3. 料具不得侵入限界。

4. 施工作业不伤手脚。

5. 气温达到 30 ℃时，严禁动道，防止胀轨跑道。

（六）作业评价

项目	标准分	评价标准	扣分标准	存在问题	扣分	得分
作业条件	10	1. 插好作业牌，设置驻车站、远端、现场防护员（“三位一体”防护），持对讲机防护	未按规定设置防护，扣 100 分			

续上表

项目	标准分	评价标准	扣分标准	存在问题	扣分	得分
作业条件	10	2. 利用90 min维修"天窗"时间;并在车站登记	违反"天窗"修规定,扣100分			
		3. 带班人不低于工班长或能胜任的桥隧工担任	违反规定,扣100分			
		4. 气温达到30℃时,严禁动道作业	违反高温作业条件,扣100分			
作业程序	35	1. 准备作业				
		(1)防护:插好作业牌,设置驻车站、远端、现场防护员,持对讲机防护	未按规定设置防护,扣100分			
		(2)料具:手锤、小撬棍、卷尺、铁锹、三齿扒镐、叉子、抬运工具、弦线、L形挡砟板	料具不全,每缺一件扣5分			
		2. 作业顺序				
		(1)按设计要求清除桥上枕头以外道砟,深度根据桥上情况而定	不符合要求,扣5分			
		(2)挂好弦线与正轨成水平距离(尽量做到全桥一致)	未挂弦线,扣3分			
		(3)安装L形挡砟板,底部垫稳,高低一致,靠人行道一侧成一直线(或同桥上正轨曲线一致)	高低不平,有歪斜现象,每块板扣3分			
		(4)按线路道砟堆码标准回填道砟	未回填道砟或堆码超限,扣100分			
		(5)L形挡砟板与桥上步行板的结合处用水泥砂浆进行勾补	未用水泥砂浆勾补,每块板扣3分			
		3. 作业结束				
		运出旧料、清扫桥面、撤除防护	未清理桥面、运出旧料,撤除防护,每项扣5分			
作业质量	30	1. 安装平顺、间隙均匀,无串动,无翘角	安装不平顺、有串动,翘角,每块板扣3分			
		2. 梁端处应断开	梁端未断开,一处扣10分			
		3. 各部尺寸符合设计要求	不符合要求,一处扣5分			

续上表

项目	标准分	评价标准	扣分标准	存在问题	扣分	得分
作业安全	15	1. 开行动车地段，在动车组通过前 30 min 应停止作业，到线路外侧不少于 3 m 外的安全地点避车，瞭望条件不良地段应增设中间联络员	违反安全规定，扣 100 分；视线不良地段未增设中间联络员，扣 100 分			
		2. 避车时工具应带出桥外	避车时工具未带出桥外，扣 100 分			
		3. 料具不得侵入限界	料具侵入限界，扣 100 分			
		4. 施工作业不伤手脚	作业中有碰伤手脚，每次扣 5 分			
		5. 气温达到 30 ℃时，严禁动道，防止胀轨跑道	违反无缝线路高温作业规定，扣 100 分；发生胀轨，扣 100 分			
效率	10	限时30 min/m	提前不加分，每超 1 min扣 1 分			
总分	100					
作业点评：						

（七）试　　题

1. 判 断 题

（1）安装 L 形挡砟板，靠桥梁中心一侧应成一直线。（　　）

（2）L 形挡砟板与桥上步行板的结合处用水泥砂浆进行勾补。（　　）

（3）安装 L 形挡砟板可以有少量的串动。（　　）

（4）安装 L 形挡砟板时，挂好弦线应与正轨成水平距离并尽量做到全桥一致。（　　）

（5）安装 L 形挡砟板后应按线路道砟堆码标准回填道砟。（　　）

（6）安装 L 形挡砟板可以有少许翘角。（　　）

2. 选 择 题

（1）安装更换 L 形挡砟板作业应利用（　　）时间。

（A）维修“天窗”　（B）列车间隔时间　（C）施工“天窗”

(2)安装更换L形挡砟板作业带班人不低于(　　)。

(A)班长　　(B)工长　　(C)胜任的职工

(3)安装更换L形挡砟板作业,梁端处应(　　)。

(A)不顶死　　(B)连接　　(C)断开

(4)安装L形挡砟板应设好(　　)。

(A)停车牌　　(B)减速标　　(C)作业标

➢试题参考答案

1. 判 断 题

(1)×　(2)√　(3)×　(4)√　(5)√　(6)×

2. 选 择 题

(1)A　(2)A　(3)C　(4)C

八、钢筋绑扎

(一)作业目的

根据各种构件钢筋的尺寸及纵横筋布局,制作稳固、不变形、不歪斜、尺寸符合要求的钢筋网。

(二)作业条件

1. 线下作业,冬季可室内作业。

2. 带班由不低于班长或能胜任的桥隧工担任。

(三)作业程序

1. 作业准备

根据步行板尺寸及纵横筋布局,计算用料长度及根数。

2. 工具材料

(1)材料准备:ϕ0.9 镀锌铁丝、ϕ6 mm 钢筋、ϕ8 mm 钢筋。

(2)工具准备:弯制钢筋工作台、铝丝钩、5 m 钢卷尺、手摇板、钢筋扳手、3 磅手锤、钢丝刷、250 mm 破坏剪、1 根石笔(粉笔)。

3. 操作程序

(1)矫直钢筋,无击伤,无局部硬弯,中心线对直线的偏差不超过钢筋全长的百分之一。

（2）钢筋除锈彻底，表面无锈蚀，无油垢。

（3）钢筋焊接，绑扎符合规定，骨架成型稳定、牢固。

（4）钢筋接长，搭接长度的规定为：承受拉力时不小于 $30d$，承受压力时不小于 $20d$。直径大于 25 mm 的钢筋，应用电弧焊接，搭接长度不小于 $4d$。

（5）钢筋绑扎无特殊规定时，箍筋应与主筋围筋相垂直，箍筋转角与主筋的交点均应绑扎，箍筋弯钩的叠合处，在构件中应交错布置。

（6）箍筋应与主筋围筋，箍筋与主筋交叉点处应以铁丝围紧，结头绑扎应牢固。

（四）作业质量

1. 除锈彻底，矫正钢筋顺直。

2. 在工作台上弯制弯钩，误差在 ±0.5 mm 内。

3. 弯钩角度符合要求，弯钩内径不得小于 $2.5d$，钩的直线长度不小于 $3d$。

4. 钢筋网尺寸符合设计要求。

5. 绑扎稳固、不歪斜、变形、尺寸符合要求。

（五）作业安全

1. 使用钢筋切断机时，应先检查刀片安装是否正确牢固，润滑油是否充足，经空转正常后，方得使用。

2. 用踏口（克子）下料时，两操作人员面向应垂直，周围禁止站人，切短筋时应用大锤轻击振断，防止用力过猛，钢筋头崩起伤人。

3. 除锈人员要将袖口扎紧，戴好口罩、护目镜、手套，以防铁锈粉末侵入人体，双层作业，应戴安全帽。

4. 手工弯筋时，扳手要托平，人要站稳，用力要慢，不应过猛，防止扳手脱落伤人。

5. 脚手架及钢筋骨架上，不得放置工具、箍筋、短钢筋等，以免掉落伤人。

6. 使用电器设备，按有关安全规定办理以防触电。

(六)作业评价

项目	标准分	评价标准	扣分标准	存在问题	扣分	得分
作业条件	10	1. 线下作业,冬季可室内作业 2. 带班人由不低于班长或能胜任的桥隧工担任	违反冬季作业条件,扣15分 违反规定要求,扣15分			
作业程序	35	1. 作业准备 根据步行板尺寸及纵横筋布局,计算用料长度及根数 2. 工具材料 (1)材料准备:ϕ0.9 镀锌铁丝、ϕ6 mm 钢筋、ϕ8 mm 钢筋 (2)工具准备:弯制钢筋工作台、铝丝钩、5 m 钢卷尺、手摇板、钢筋扳手、3 磅手锤、6 行钢丝刷、250 mm 破坏剪、1 根石笔(粉笔) 3. 操作程序 (1)矫直钢筋,无击伤,无局部硬弯,中心线对直线的偏差不超过钢筋全长的百分之一 (2)钢筋除锈彻底,表面无锈蚀,无油垢 (3)钢筋焊接,绑扎符合规定,骨架成型稳定、牢固 (4)钢筋接长,搭接长度的规定为:承受拉力时不小于 $30d$,承受压力时不小于 $20d$。直径大于 25 mm 的钢筋,应用电弧焊接,搭接长度不小于 $4d$ (5)钢筋绑扎无特殊规定时,箍筋应与主筋围筋相垂直,箍筋转角与主筋的交点均应绑扎,箍筋弯钩的叠合处,在构件中应交错布置 (6)箍筋应与主筋围筋,箍筋与主筋交叉点处应以铁丝围紧;结头绑扎应牢固	未计算扣5分 材料不全、不符合要求,每件扣5分 工具不全、不符合要求,每件扣5分 未矫直钢筋,扣5分 未除锈或除锈不彻底,扣5分 骨架成型不稳定、牢固,扣3分 搭接不符合要求,每处扣3分 不垂直或未绑扎,每处扣2分 绑扎不牢固,每处扣2分			
作业质量	30	1. 除锈彻底,矫正钢筋顺直	除锈不彻底、矫正钢筋不顺直,每根扣2分			

续上表

项目	标准分	评 价 标 准	扣分标准	存在问题	扣分	得分
作业质量	30	2. 在工作台上弯制弯钩，误差在 ±0.5 mm 内	误差大于 ±0.5 mm 或标错每处扣 5 分			
		3. 弯钩角度符合要求，弯钩内径不得小于 2.5d，钩的直线长度不小于 3 d	弯钩内径小于 2.5d，钩的直线长度小于 3d，每处扣 3 分			
		4. 钢筋网尺寸符合设计要求	尺寸误差超限每处扣 5 分			
		5. 绑扎稳固、不歪斜、变形、尺寸符合要求	绑扎不稳固、歪斜、变形、尺寸不符合要求，每项扣 3 分			
作业安全	15	1. 使用钢筋切断机时，应先检查刀片安装是否正确牢固，润滑油是否充足，经空转正常后，方得使用	未检查，扣 5 分			
		2. 用踏口（克子）下料时，两操作人员面向应垂直，周围禁止站人，切短钢筋时，应用大锤轻击振断，防止用力过猛，钢筋头崩起伤人	未按要求操作，扣 3 分；有伤人现象，扣 10 分			
		3. 除锈人员要将袖口扎紧，戴好口罩、护目镜、手套，以防铁锈粉末侵入人体，双层作业，应戴安全帽	未正确使用劳保用品，扣 3 分			
		4. 手工弯筋时，扳手要托平，人要站稳，用力要慢，不应过猛，防止扳手脱落伤人	未按要求操作，扣 2 分			
		5. 脚手架及钢筋骨架上，不得放置工具、箍筋、短钢筋等，以免掉落伤人	未按规定操作，扣 5 分			
		6. 使用电器设备，按有关安全规定办理，以防触电	未安装触电保护器扣 10 分；未按电器设备操作要求操作，扣 5 分			
效率	10	限时45 min/m^2	提前不加分，每超 1 min扣 1 分			
总分	100					
作业点评：						

（七）试　　题

1. 判 断 题

（1）带有直线段的半圆形弯钩，是最可靠、最常用的弯钩形

式。 ( )

(2)小角度钢筋弯起角度通常有30°、45°及60°等几种。

( )

(3)钢筋弯曲后的直线段长度应不小于2.5d。 ( )

(4)钢筋斜弯钩按45°角弯起,弯钩的内径不小于3.5d。

( )

(5)钢筋采用搭接(搭接焊或绑扎接头)时,下料长度=直段长度+斜段长度+弯钩增加长度+搭接长度-弯曲伸长值。

( )

(6)钢筋不用搭接时,下料长度=直段长度+斜段长度+弯钩增加长度-弯曲伸长值。 ( )

(7)箍筋下料长度=箍筋周长+弯钩增加长度-弯曲伸长值。 ( )

2. 选择题

(1)铝丝钩的弯钩与手柄应成( )角,这样绑扎钢筋比较省力。

(A)45° (B)90° (C)180°

(2)直径在( )以下的盘圆钢筋,称为细钢筋。

(A)8 mm (B)10 mm (C)12 mm

(3)直径在( )以上的直条状钢筋,称为粗钢筋。

(A)8 mm (B)10 mm (C)12 mm

(4)为使钢筋能可靠地锚固在混凝土内,钢筋端部一般均设有( )。

(A)弯钩 (B)直钩 (C)直弯钩

(5)弯钩的作用是为了增强钢筋和混凝土的黏结力,当构件受力后,钢筋不至于在混凝土中( )。

(A)滚动 (B)移动 (C)滑动

(6)钢筋弯钩的内径不小于( )。

(A)2.5d (B)3d (C)3.5d

(7)钢筋的直线段长度应不小于( )。

(A)2.5d　　(B)3d　　(C)3.5d

➢试题参考答案

1. 判 断 题

(1)√　(2)×　(3)×　(4)×　(5)√　(6)√

(7)√

2. 选 择 题

(1)B　(2)B　(3)C　(4)A　(5)C　(6)A

(7)B

九、环氧树脂修补圬工裂纹

(一)作业目的

防止水、污垢侵入混凝土内部造成钢筋锈蚀、损坏混凝土,延长其使用寿命。

(二)作业条件

1. 插设作业标,设驻站、远端、现场防护,桥上用对讲机或电话防护,利用列车间隔时间作业。

2. 按要求搭设脚手架。

3. 带班人不低于班长。

4. 作业宜在气温10℃以上无雨、雾天气条件下进行。

(三)作业程序

1. 作业准备

(1)防护:插好作业牌,设置驻车站、远端、现场防护员,持对讲机防护。

(2)料具:手锤、凿子、小台称、量杯、毛刷、画笔、卷尺、拌和盆、油灰刀、圬工工具、环氧树脂、二丁酯、乙二胺、丙酮、酒精、钢丝刷、皮老虎、水泥、干砂、手套、劳保平光眼镜、口罩、安全带等。

2. 作业程序:

(1)搭设好必要的脚手架,戴好安全带及劳动保护用品。

(2)画线:用画线工具沿裂纹画出凿除的范围线。

(3)凿缝:①修补宽为0.15 ~ 0.3 mm的裂纹时,沿裂纹凿一条外口宽约20 mm,深约3 mm的"V"形槽;②修补宽为大于0.3 mm的裂纹时,沿裂纹凿一条外口宽约20 mm,内口宽约6 mm,深约7 mm的梯形槽。

(4)清缝:用钢丝刷刷除缝内粉渣,用皮老虎吹除缝内的粉渣,再用丙酮擦洗干净。

(5)配制拌和环氧砂浆,按环氧树脂补圬工的配合比及工艺进行配制。在配制中,应抽出一部分树脂浆配成树脂涂料。

(6)勾缝:先用画笔在凿槽内涂上一层厚0.2 mm的树脂涂料,用环氧砂浆填缝,动作要快,用力压实、压平、抹光。

(7)修补完毕应用丙酮将工具、容器清洗干净。

3. 作业结束

清理料具、清扫现场,拆除脚手架,撤除防护。

(四)作业质量

1. 凿槽符合规定要求,混凝土表面的油漆、脱落、破损部分铲除干净、彻底。

2. 槽内灰渣清除彻底,用丙酮刷洗干净。

3. 配料、秤料准确,砂浆拌和均匀,色泽一致。

(1)环氧树脂砂浆配合比

环氧树脂:100 g

邻苯二甲酸二丁酯:<20 g

乙二胺(间苯二胺):8(10)g

普通水泥M325号以上:100 g

立德粉:50(60)g

细砂、粒径:0.5 ~ 0.7 mm　450(480)g

(2)环氧树脂涂料配合比

环氧树脂:100 g

邻苯二甲酸二丁酯:<20 g

乙二胺(间苯二胺):8(10)g

4. 涂料涂刷均匀,无漏涂。

5. 工完料尽,砂浆、涂料剩余量不大于20%。

6. 修补密实牢固,表面平整、压实、光滑,无空响、断道、脱落、飞边、毛刺。

(五)作业安全

1. 开行动车地段,在动车组通过前30 min应停止作业,到线路外侧不小于3 m外的安全地点避车,瞭望条件不良地段应增设中间联络员。

2. 脚手架的搭设必须符合规定。

3. 2 m以上的高空作业必须带安全带。

4. 作业时应戴护目镜、口罩、手套。

5. 拌和砂浆应站在上风方向

6. 丙酮、二甲苯、酒精系易燃物质,应注意防火。

7. 工具良好,无失落。

8. 工作完毕,应用肥皂洗手。

(六)作业评价

项目	标准分	评价标准	扣分标准	存在问题	扣分	得分
作业条件	10	1. 插设作业标,设驻站、远端、现场防护,桥上用对讲机或电话防护,利用列车间隔时间作业	未按规定设置防护,扣100分			
		2. 按要求搭设脚手架	脚手架搭设不符合安全规定,扣100分			
		3. 带班人不低于班长	违反规定,扣100分			
		4. 作业宜在气温10 ℃以上无雨、雾天气条件下进行	违反技术要求,扣100分			
作业程序	35	1. 作业准备				
		(1)防护:插好作业牌,设置驻车站、远端、现场防护员,持对讲机防护	未按规定设置防护,扣100分			
		(2)料具:手锤、凿子、小台称、量杯、毛刷、画笔、卷尺、拌和盆、油灰刀、圬工工具、环氧树脂、二丁酯、乙二胺、丙酮、酒精、钢丝刷、皮老虎、水泥、干砂、手套、劳保平光眼镜、口罩、安全带等	料具不齐全,每缺一项扣5分			

续上表

项目	标准分	评 价 标 准	扣分标准	存在问题	扣分	得分
作业程序	35	2. 作业程序 (1)搭设好必要的脚手架,戴好安全带及劳动保护用品 (2)画线:用画线工具沿裂纹画出凿除的范围线 (3)凿缝:①修补宽为0.15~0.3 mm的裂纹时,沿裂纹凿一条外口宽约20 mm,深约3 mm的"V"形槽;②修补宽为大于0.3 mm的裂纹时,沿裂纹凿一条外口宽约20 mm,内口宽约6 mm,深约7 mm的梯形槽 (4)清缝:用钢丝刷刷除缝内粉渣,用皮老虎吹除缝内的粉渣,再用丙酮擦洗干净擦洗干净 (5)配制拌和环氧砂浆,按环氧树脂补圬工的配合比及工艺进行配制。在配制中,应抽出一部分树脂浆配成树脂涂料 (6)勾缝:先用画笔在凿槽内涂上一层厚0.2 mm的树脂涂料,用环氧砂浆填缝,动作要快,用力压实、压平、抹光 (7)修补完毕应用丙酮将工具、容器清洗干净 3. 作业结束 清理料具、清扫现场,拆除脚手架、撤除防护	 未按要求搭设脚手架或不符合安全规定,扣100分;未戴安全带及劳动保护用品,每项扣15分 未按要求画线,扣3分 缝宽超过±2 mm,深不足或超过2 mm,每段(10 cm为一段)扣3分 未用钢丝刷刷除粉尘或未用皮老虎吹除粉渣或未用丙酮擦洗、擦洗不干净,每段(10 cm为一段)扣3分 配合比不符合规定,扣15分 未涂刷树脂涂料,扣5分;未压实、压平、抹光,每项扣3分 未清洗工具、容器,每件扣2分 未清理料具、清扫现场,拆除脚手架、撤除防护,每项扣2分			
作业质量	30	1. 凿槽符合规定要求,混凝土表面的油漆、脱落、破损部分铲除干净、彻底	缝宽超过±20 mm,深不足或超过3 mm,每段(10 cm为一段)扣3分;破损部分铲除不干净、不彻底,扣3分			

续上表

项目	标准分	评价标准	扣分标准	存在问题	扣分	得分
作业质量	30	2. 槽内灰渣清除彻底,丙酮刷洗干净	清灰不彻底,刷洗不干净,每段(10 cm 为一段),扣3分			
		3. 配料、秤料准确,砂浆拌和均匀,色泽一致	配合比不符合规定或秤料不准(以计算数据为准),每项扣15分;色泽不一致,扣3分			
		(1)环氧树脂砂浆配合比(g): 环氧树脂:100 g 邻苯二甲酸二丁酯:<20 g 乙二胺(间苯二胺):8(10)g 普通水泥325号以上:100 g 立德粉:50(60)g 细砂、粒径:0.5 ~ 0.7 mm:450(480)g (2)环氧树脂涂料配合比(g): 环氧树脂:100 邻苯二甲酸二丁酯:<20 乙二胺(间苯二胺):8(10)				
		4. 涂料涂刷均匀,无漏涂	涂料涂刷不均匀扣5分,漏涂扣10分			
		5. 工完料尽,砂浆、涂料剩余量不大于20%	砂浆、涂料剩余量大于20%,扣3分			
		6. 修补密实牢固,表面平整、压实、光滑,无空响、断道、脱落、飞边、毛刺	表面凸凹不平大于1 mm或有飞边、毛刺,每段(10 cm 为一段)扣3分;有空响、断裂、脱落,每项扣5分			
作业安全	15	1. 开行动车地段,在动车组通过前30 min应停止作业,到线路外侧不少于3 m外的安全地点避车。瞭望条件不良地段应增设中间联络员。	违反规定扣100分;瞭望条件不良地段未增设中间联络员扣100分			
		2. 脚手架的搭设必须符合规定	脚手架搭设不符合安全规定,扣15分			

续上表

项目	标准分	评价标准	扣分标准	存在问题	扣分	得分
作业安全	15	3. 2 m以上的高空作业必须带安全带	高空作业未带安全带,扣5分			
		4. 作业时应戴护目镜、口罩、手套	不戴劳动防护用品,每项扣5分			
		5. 拌和砂浆应站在上风方向	拌合砂浆未站在下风方向拌料,每次扣3分			
		6. 丙酮、二甲苯、酒精系易燃物质,应注意防火	未做好防火工作,有事故苗头,扣15分			
		7. 工具良好,无失落	工具失落,每件扣2分			
		8. 工作完毕,应用肥皂洗手	未用肥皂洗手,扣3分			
效率	10	限时60 min/m,包括搭简易脚手架、凿缝、清缝、配料、拌和、刷浆、勾缝、拆架	提前不加分,每超1 min扣1分			
总分	100					
作业点评:						

(七)试　　题

1. 判断题

(1)丙酮、二甲苯、酒精系易燃物质,应注意防火。　　(　　)

(2)环氧树脂修补圬工裂纹应做到工完料尽,砂浆、涂料剩余量不大于30%。　　(　　)

(3)环氧树脂修补圬工裂纹工作完毕,应用清水洗手。　　(　　)

(4)环氧树脂修补圬工裂纹作业时应戴护目镜、口罩、手套。　　(　　)

(5)环氧树脂修补圬工裂纹作业应做到修补密实牢固,表面平整、光滑,无空响、断裂、脱落、飞边、毛刺。　　(　　)

(6)修补完毕应用清水将工具、容器清洗干净。　　(　　)

2. 选择题

(1)环氧树脂修补圬工裂纹作业带班人不得低于(　　)。

(A)工长　　　　　(B)班长　　　　　(C)正式职工

(2)环氧树脂修补圬工裂纹作业应设置(　　)防护。

(A)作业标　　　　(B)移动停车信号　(C)移动减速信号

(3)修补宽为0.15～0.3 mm的裂纹时,沿裂纹凿一条外口宽约(　　)mm,深约3 mm的"V"形槽。

(A)15　　　　　　(B)20　　　　　　(C)30

(4)修补宽为大于0.3 mm的裂纹时,沿裂纹凿一条外口宽约20 mm,内口宽约(　　)mm,深约7 mm的梯形槽。

(A)4　　　　　　(B)5　　　　　　(C)6

(5)凿缝后应进行(　　)工作。

(A)勾缝　　　　　(B)清缝　　　　　(C)拌和环氧砂浆

(6)勾缝时,应先用画笔在凿槽内涂上一层0.2 mm厚的(　　)。

(A)树脂涂料　　　(B)树脂砂浆　　　(C)普通涂料

(7)(　　)m以上的高空作业必须系好安全带。

(A)2　　　　　　(B)3　　　　　　(C)4

(8)拌和砂浆应站在(　　)方向。

(A)下风　　　　　(B)上风　　　　　(C)顺风

➢试题参考答案

1. 判断题

(1)√　(2)×　(3)×　(4)√　(5)√　(6)×

2. 选择题

(1)B　(2)A　(3)B　(4)C　(5)B　(6)A

(7)A　(8)B

十、乳胶砂浆修补圬工裂损

(一)作业目的

防止水、污垢侵入混凝土内部造成钢筋锈蚀、损坏混凝土,保证圬工内部结构完好,延长其使用寿命。

（二）作业条件

1. 插设作业标，设驻站、远端、现场防护，用对讲机或电话防护，利用列车间隔时间作业。

2. 按要求搭设脚手架。

3. 带班人不低于班长。

（三）作业程序

1. 作业准备

（1）防护：插好作业牌，设置驻车站、远端、现场防护员，持对讲机防护。

（2）料具：手锤、钢纤、钢丝刷、拌和工具、圬工工具、325 号水泥、细砂（直径 0.5 ~0.7 mm）、聚醋酸乙烯乳液（PVAc 塑料）。

2. 作业顺序

（1）凿除破损的圬工表面损坏部分及勾缝脱落处所，凿除彻底。

（2）清除圬工表面石屑和杂物，并清除干净。

（3）用钢丝刷除去粉尘或松动石屑，并清除、冲洗干净。

3. 配制方法

（1）用 0.15 ~0.2 份的 PVAc 塑料乳液加 0.4 ~0.5 份的水混合均匀。

（2）用 1 份水泥加 2 ~3 份砂子充分搅拌；

（3）将（1）和（2）混合，充分搅拌即成塑料水泥（以水泥 1 分为基准）。拌和时先将水加入 PVAc 塑料中搅拌均匀，再将拌好的 PVAc 塑料乳液倒入拌好的灰砂内搅拌均匀，即成塑料水泥。

（4）拌和量要适当，宜在 1 h 内完成。

（5）严格控制用水量，否则影响塑料水泥强度。

4. 作业方法

（1）将旧缝或表面灰屑除净，用钢丝刷除去粉尘，冲洗干净。

（2）在表面或裂纹处涂一层 0.2 mmPVAc 乳液。

（3）待 PVAc 涂层稍干后，用手摸已不十分湿润，将已拌好的塑料水泥抹上并压实。

(4)填补厚度不宜太厚,每层厚不超过1 cm,以免发生裂纹。

(四)作业质量

1. 补修圬工联结牢固。

2. 表面补修平整,新旧接茬密实,无飞边、断裂。

(五)作业安全

1. 开行动车地段,在动车组通过前30 min应停止作业,到线路外侧不小于3 m外的安全地点避车,瞭望条件不良地段应增设中间联络员。

2. 脚手架的搭设必须轻便、灵活、符合规定。

3. 2 m以上的高空作业必须系好安全带。

4. 凿除圬工表面要戴好护目镜、手套。

5. 工具良好,无失落。

6. 无轻伤、事故隐患。

7. 电气化区段距接触网2 m以内作业要断电。

(六)作业评价

项目	标准分	评价标准	扣分标准	存在问题	扣分	得分
作业条件	10	1. 插设作业标,设驻站、远端、现场防护,桥上用对讲机或电话防护,利用列车间隔时间作业	未按规定设置防护,扣100分。违反"天窗"修规定,扣100分			
		2. 按要求搭设脚手架	未按要求搭设脚手架或不符合安全规定,扣100分			
		3. 带班人不低于班长	违反规定要求,扣100分			
作业程序	35	1. 作业准备				
		(1)防护:插好作业牌,设置驻车站、远端、现场防护员,持对讲机防护	未按规定设置防护,扣100分			
		(2)料具:手锤、钢钎、钢丝刷、拌和工具、圬工工具、325号水泥、细砂(直径0.5~0.7 mm)、聚醋酸乙烯乳液(PVAc塑料)	料具不齐全,每缺一项扣5分			

续上表

项目	标准分	评价标准	扣分标准	存在问题	扣分	得分
作业程序	35	2. 作业顺序				
		(1)凿除破损的圬工表面损坏部分及勾缝脱落处所，凿除要彻底	未凿除破损的圬工表面或凿除不彻底，每项扣3分			
		(2)清除圬工表面石屑和杂物，并清除干净	圬工表面石屑和杂物清除干净，每项扣3分			
		(3)用钢丝刷除去粉尘或松动石屑，并清除、冲洗干净	没有用钢丝刷除去圬工表面粉尘或松动石屑，未用水冲洗或冲洗不干净，每项扣3分			
		3. 配制方法				
		(1)用0.15～0.2份的PVAc塑料乳液加0.4～0.5份的水混合均匀	配合比不符合要求或混合不均匀，每项扣3分			
		(2)用1份水泥加2～3份砂子充分搅拌	搅拌不均匀，扣3分			
		(3)将(1)和(2)混合，充分搅拌即成塑料水泥(以水泥1分为基准)。拌和时先将水加入PVAc塑料中搅拌均匀，再将拌好的PVAc塑料乳液倒入拌好的灰砂内搅拌均匀，即成塑料水泥	配制顺序颠倒，未按要求配制，每项扣5分			
		(4)拌和量要适当，宜在1 h内完成	拌和量大于20%，扣3分			
		(5)严格控制用水量，否则影响塑料水泥强度	用水超量，扣5分			
		4. 作业方法				
		(1)将旧缝或表面灰屑除净，用钢丝刷除去粉尘，冲洗干净	未用钢丝刷除去粉尘，冲洗不干净，每项扣3分			
		(2)在表面或裂纹处涂一层PVAc乳液	未涂一层PVAc乳液，扣2分			
		(3)待PVAc涂层稍干后，用手摸已不十分湿润，将已拌好的塑料水泥抹上并压实	未压实，扣3分			
		(4)填补厚度不宜太厚，每层厚不超过1 cm，以免发生裂纹	厚度超过1 cm或发生裂纹扣5分			

续上表

项目	标准分	评价标准	扣分标准	存在问题	扣分	得分
作业质量	30	1. 补修圬工联结牢固 2. 表面补修平整，新旧接茬密实，无飞边断裂	联结不牢固，扣5分 修补不平整、新旧接茬不密实，有飞边断裂，每项扣3分			
作业安全	15	1. 开行动车地段，在动车组通过前30 min应停止作业，到线路外侧不少于3 m外的安全地点避车，瞭望条件不良地段，应增设中间联络员 2. 脚手架的搭设必须轻便、灵活、符合规定 3. 2 m以上的高空作业必须系好安全带 4. 凿除圬工表面要戴好护目镜、手套 5. 工具良好，无失落 6. 无轻伤、事故隐患 7. 电气化区段距接触网2 m以内作业要断电	违反规定或瞭望不良地段未增设中间联络员扣100分 脚手架搭设不符合安全规定，扣100分 高空作业未系好安全带，扣5分 未戴劳动防护用品，每项扣2分 工具失落，每件扣2分 有轻微受伤及事故苗头，每次扣15分 违反电气化区段作业规定，扣100分			
效率	10	限时45 min/m，包括搭简易脚手架、凿缝、清洗、配料、拌合和抹面、拆架	提前不加分，每超10 min扣2分			
总分	100					
作业点评：						

(七)试　题

1. 判 断 题

(1)拌和乳胶砂浆时，用水量不会影响塑料水泥强度。　　(　　)

(2)乳胶砂浆修补圬工残损时，待PVAc涂层稍干后，用手摸已不十分湿润，将已拌好的塑料水泥抹上并压实。　　(　　)

2. 选 择 题

(1)拌全乳胶砂浆时要适量，拌和物宜在(　　)h内完成。

(A)0.5　　　(B)1　　　(C)1.5

(2)乳胶砂浆填补厚度不宜太厚,每层厚度不超过(　　)cm,以免发生裂纹。

(A)0.2　　　(B)1.5　　　(C)1

(3)电气区段距接触网(　　)m以内作业要断电。

(A)2　　　(B)2.5　　　(C)3

➢试题参考答案

1. 判 断 题

(1)×　　(2)√

2. 选 择 题

(1)B　　(2)C　　(3)A

十一、ZV6型界面处理剂作业

(一)作业目的

混凝土表面补修,增加新旧混凝土界面黏结强度。

(二)作业条件

1. 插设作业标,设驻站、远端、现场防护,桥上用对讲机或电话防护,利用列车间隔时间作业。

2. 带班人不低于班长。

3. 平均气温在5℃以下不宜进行作业。

4. 按要求搭设脚手架,脚手架要轻便灵活。

(三)作业程序

1. 作业准备

(1)防护:插好作业牌,设置驻站、远端、施工现场防护员,持对讲机防护。

(2)料具:水桶、灰板、灰锹、抹刀、钢丝刷、毛刷、拌砂浆工具、ZV6界面剂、水泥、细砂、灰条。

(3)桥高时搭设好脚手架。

2. 作业顺序

(1)将旧混凝土表面或有缺陷处,用钢丝刷刷去浮尘,打磨油污表面,清理干净。

(2)用清水冲洗干净,并保持湿润。

(3)将 ZV6 型界面剂和水泥按 1∶1质量比,拌均匀成浆。

(4)用毛刷将拌成浆的水泥和 ZV6 界面剂的混合物涂刷在旧混凝土表面 3 ~4 道。

(5)在稀浆未干情况下,抹砂浆或混凝土。

(6)将砂浆分层抹上,直至需要的厚度,最后抹平、抹光。

(四)作业质量

1. 稀浆涂刷均匀,无不均现象。

2. 砂浆压实,抹面平顺、光滑、无毛刺。

3. 裂纹、空响面积不超过 2% 。

(五)作业安全

1. 开行动车地段,如在桥面作业时,应在动车组通过前30 min 应停止作业,到线路外侧不少于 3 m 外的安全地点避车,瞭望条件不良地段应增设中间联络员。

2. 避车时工具应带出桥外。

3. 搭设脚手架要轻便灵活,来车及时下道避车。

4. 2 m 以上高空作业必须系戴安全带(帽),佩戴劳保用品。

5. 工具要妥善安放,不得侵入限界。

6. 无轻伤及事故苗头。

(六)作业评价

项目	标准分	评 价 标 准	扣分标准	存在问题	扣分	得分
作业条件	10	1. 插设作业标,设驻站、远端、现场防护,桥上用对讲机或电话防护,利用列车间隔时间作业	未按规定设置防护,扣 100 分			
		2. 带班人不低于班长	违反规定,扣 100 分			
		3. 平均气温在 5 ℃ 以下不宜进行作业	违反技术要求,扣 15 分			
		4. 按要求搭设脚手架,脚手架要轻便灵活	脚手架搭设不符合安全规定,扣 100 分			

续上表

项目	标准分	评价标准	扣分标准	存在问题	扣分	得分
作业程序	35	1. 作业准备				
		(1)防护:插好作业牌,移动停车信号牌,设置驻站、远端、施工现场防护员,持对讲机防护	未按规定设置防护,扣100分			
		(2)料具:水桶、灰板、灰锹、抹刀、钢丝刷、毛刷、拌砂浆工具、ZV6界面剂、水泥、细砂、灰条	料具不齐全,每缺一项扣5分			
		(3)桥高时搭设好脚手架	未按规定搭设或脚手架搭设不符合安全规定,扣100分			
		2. 作业顺序				
		(1)将旧混凝土在面或有缺失处,用钢丝刷刷去浮尘,打磨油污表面,清理干净	未用钢丝刷刷去浮尘,油污表面未打磨,未清理干净,每项扣3分			
		(2)用清水冲洗干净,并保持湿润	未用清水冲洗或冲洗不干净,扣5分			
		(3)将ZV6型界面剂和水泥按1∶1质量比,拌均匀成浆	配比不正确或搅拌不均匀,每项扣5分			
		(4)用毛刷将拌成浆的水泥和ZV6界面剂的混合物涂刷在旧混凝土表面3~4道	未按要求操作,扣3分			
		(5)在稀浆未干情况下,抹砂浆或混凝土	操作不符合要求,每项扣2分			
		(6)将砂浆分层抹上,直至需要的厚度,最后抹平、抹光	未抹平、抹光,每项扣3分			
作业质量	30	1. 稀浆涂刷均匀,无不均现象	涂刷不均匀,扣3分			
		2. 砂浆压实,抹面平顺、光滑、无毛刺	砂浆未压实,抹面不平顺光滑有毛刺,每项扣3分			
		3. 裂纹、空响面积不超过2%	裂纹、空响面积超过2%,每项扣5分			
作业安全	15	1. 开行动车地段,如在桥面作业时,应在动车组通过前30 min应停止作业,到线路外侧不少于3 m外的安全地点避车,瞭望条件不良地段应增设中间联络员	违反规定,扣100分;或瞭望条件不良地段未增设中间联络员,扣100分			

续上表

项目	标准分	评 价 标 准	扣分标准	存在问题	扣分	得分
作业安全	15	2. 避车时工具应带出桥外	避车时工具未带出桥外,扣15分			
		3. 搭设脚手架要轻便灵活,来车及时下道避车	搭设脚手架不轻便灵活,扣15分;来车未及时下道避车,扣100分			
		4. 2 m以上高空作业必须系戴安全戴(帽),佩戴劳保用品	高空作业未戴安全带(帽),扣100分;不佩戴劳保用品,扣15分			
		5. 工具要妥善安放,不得侵入限界	工具失落,每件扣2分;工具侵入限界,扣100分			
		6. 无轻伤及事故苗头	有轻伤及事故苗头,扣15分			
效率	10	限时45 min/m,包括搭简易脚手架、凿缝、清洗、配料、拌和、抹面、拆架	提前不加分,每超10 min扣2分			
总分	100					
作业点评:						

(七)试　　题

1. 判 断 题

(1)ZV6型界面剂配合比是将ZV6型界面剂和水泥按1∶1质量比,拌均匀成浆。　(　　)

(2)在进行ZV6型界面处理剂作业时,是在ZV6型界面剂彻底干透的情况下,再抹砂浆或混凝土。　(　　)

(3)涂刷在ZV6型界面剂混合物时,稀浆涂刷要均匀,无不均现象。　(　　)

2. 选 择 题

(1)在进行ZV6型界面处理剂作业时,裂纹、空响面积不得超过(　　)。

(A)1%　　(B)2%　　(C)3%

(2)在进行 ZV6 型界面处理剂作业时，平均气温在(　　)以上不宜进行作业。

(A)5 ℃　　(B)10 ℃　　(C)15 ℃

(3)开行动车地段，在动车组通过前(　　)min 应停止作业，到线路外侧不小于 3 m 外的安全地点避车，避车时工具应带出桥外。

(A)10　　(B)20　　(C)30

➢试题参考答案

1. 判 断 题

(1)√　(2)×　(3)√

2. 选 择 题

(1)B　(2)A　(3)C

第七章　标志作业

一、桥隧涵各种标志刷新

(一)作业目的

便于桥涵检查及维修。

(二)作业条件

1. 设驻站、远端、现场防护,桥上用对讲机或电话防护,利用列车间隔时间作业。

2. 由工班长或指派能胜任其工作的桥隧工带班。

(三)作业程序

1. 准备作业

(1)防护:插好作业牌,设置驻车站、远端、现场防护员,持对讲机防护。

(2)料具:刮刀、钢丝刷、排笔、油刷、油漆、字版。

2. 作业顺序

(1)铲除、清刷标志上的旧字、污垢。

(2)涂刷白调和漆至少两遍。

(3)喷涂、描写新字号。

(4)编号顺序按规定依次排列。

3. 作业结束

清理现场、清洗工具、撤除防护。

(四)作业质量

1. 位置或样板符合要求。

2. 字样准确,标志清晰。

3. 喷涂底字无流淌。

(五)作业安全

1. 开行动车地段,在动车组通过前 30 min 应停止作业,到线路外侧不小于3 m外的安全地点避车。视线不良地段应增设中间联络员。

2. 避车时工具应带出桥外，工具不侵限。

3. 施工作业不伤手脚。

4. 不浪费材料。

(六)作业评价

项目	标准分	评价标准	扣分标准	存在问题	扣分	得分
作业条件	10	1. 设驻站、远端、现场防护，桥上用对讲机或电话防护，利用列车间隔时间作业	未规定设置防护，扣100分			
		2. 由工班长或指派能胜任其工作的桥隧工带班	违反规定，扣15分			
作业程序	35	1. 准备作业				
		(1)防护：插好作业牌，设置驻车站、远端、现场、远端防护员，持对讲机防护	未规定设置防护，扣100分			
		(2)料具：刮刀、钢丝刷、排笔、油刷、油漆、字版	料具不全，每缺一件扣5分			
		2. 作业顺序				
		(1)铲除、清刷标志上的旧字、污垢	未铲除标志上的旧字、污垢，扣3分			
		(2)涂刷白调合漆至少两遍	少刷一遍，扣3分			
		(3)喷涂、描写新字号	喷涂、描写不清楚、有花边，扣3分			
		(4)编号顺序按规定依次排列	未按要求操作，扣3分			
		3. 作业结束 清理现场、清洗工具、撤除防护	未清理现场、清洗工具、撤除防护，每项扣3分			
作业质量	30	1. 位置或样板符合要求	字样不符合要求，扣5分			
		2. 字样准确，标志清晰	标志不清晰，扣5分			
		3. 喷涂底字无流淌	喷涂底字有流淌、花边，每项扣3分			

续上表

项目	标准分	评价标准	扣分标准	存在问题	扣分	得分
作业安全	15	1. 开行动车地段，在动车组通过前 30 min 应停止作业，到线路外侧不少于 3 m 外的安全地点避车。瞭望条件不良地段应增设中间联络员	违反规定扣 100 分；瞭望不良地段未增设中间联络员扣 100 分			
		2. 工具不侵限	工具侵入限界，扣 100 分			
		3. 施工作业不伤手脚	有轻伤，每次扣 10 分			
		4. 不浪费材料	有浪费材料现象，扣 5 分			
效率	10	1. 刷新标号标 35 min/个	提前不加分，每超 1 min扣 1 分			
		2. 刷新隧道公尺标 3 min/个				
		3. 刷新水标尺 32 min/m(2 m 以下)				
		4. 刷新水尺标 65 min/m(2 m 以上)				
总分	100					
作业点评：						

(七)判 断 题

(1)桥涵各种标志刷新时，桥上用对讲机防护，利用列车间隔时间作业。（　）

(2)桥涵各种标志刷新作业由工长指派能胜任其工作的桥工担任。（　）

(3)桥涵各种标志刷新时应先铲除、清刷标志上的旧字、污垢。（　）

(4)桥涵各种标志刷新，涂刷白底漆应至少一遍。（　）

(5)作业结束后应清理现场、清洗工具、撤除防护。（　）

(6)桥涵各种标志刷新应做到位置或样板符合要求。（　）

(7)桥涵各种标志刷新应做到字样准确，标志清晰。（　）

(8)桥涵各种标志刷新应做到喷涂底字无流淌。（　）

➢试题参考答案

判 断 题

(1)√ (2)× (3)√ (4)× (5)√ (6)√

(7)√ (8)√

二、隧道画箭头

(一)作业目的

标示隧道安全处所,以便作业人员避车。

(二)作业条件

1. 插好作业牌,设置驻车站、远端、现场防护员,持对讲机防护。
2. 带班不低于班长或能胜任的桥隧工担任。

(三)作业程序

1. 插好作业牌,设置驻车站、远端、现场防护员,持对讲机防护。
2. 定出箭头位置,清除污垢。
3. 画出箭头尺寸线。
4. 备好熟石灰或白色油漆。
5. 搅拌均匀后粉刷。

(四)作业质量

1. 箭头距离钢轨面的高度 1.5 m,高度误差 ±3 cm,箭头至避车洞中心线距离 10 m,距离误差 ±5 cm。

2. 箭头尺寸:箭头长 80 cm,尾部长 80 cm,尾部宽度 20 cm,箭头的斜角至尾部宽度 15 cm。

3. 避车洞白边宽 30 cm。

4. 涂刷整齐、洁白。

(五)作业安全

1. 开行动车地段,在动车组通过前 30 min 应停止作业,进入避车洞内避车。

2. 避车时工具应带入避车洞内。

3. 作业时应戴手套、护目镜。

(六)作业评价

项目	标准分	评价标准	扣分标准	存在问题	扣分	得分
作业条件	10	1. 插好作业牌,设置驻车站、远端、现场持对讲机防护	未按规定设置防护,扣100分			
		2. 带班不低于班长或能胜任的桥隧工担任	违反规定要求,扣15分			
作业程序	30	1. 插好作业牌,设置驻车站、远端、现场持对讲机防护	未按规定设置防护,扣100分			
		2. 定出箭头位置,清除污垢	未标出箭头位置或未清理污垢,扣3分			
		3. 画出箭头尺寸线	未画线,扣5分			
		4. 备好熟石灰或白色油漆	未按要求准备,扣3分			
		5. 搅拌均匀后粉刷	搅拌不均匀,扣3分			
作业质量	35	1. 箭头距离钢轨面的高度1.5 m,箭头至避车洞中心线距离10 m,距离误差±5 cm	箭头高度误差±3 cm,距离误差±5 cm,扣5分			
		2. 箭头尺寸:箭头长80 cm,尾部长80 cm,尾部宽度20 cm,箭头的斜角至尾部宽度15 cm	箭头尺寸误差±2 cm,扣3分			
		3. 避车洞白边宽30 cm	宽窄不一致,有毛边,扣5分			
		4. 涂刷整齐、洁白	不整齐、洁白、每项扣3分			
作业安全	15	1. 开行动车地段,在动车组通过前30 min应停止作业,进入避车洞内避车	违反规定未进入避车洞内避车,扣100分			
		2. 避车时工具应带入避车洞内	工具侵入限界,扣100分			
		3. 作业时应戴手套、护目镜	未正确使用劳保用品,每项扣5分			
效率	10	限时15 min/个	提前不加分,每超1 min扣1分			
总分	100					
作业点评:						

(七)试　　题

1. 判 断 题

(1)避车洞箭头的尾部长 70 cm。（　　）

(2)避车洞箭头的箭头尺寸:箭头的斜角至尾部宽度 15 cm。（　　）

(3)箭头距离钢轨面高度误差不得超过 ±5 cm。（　　）

(4)箭头至避车洞中心线距离距离误差不得超过 ±5 cm。（　　）

2. 选 择 题

(1)箭头距离钢轨面高度是(　　)m。

(A)1.5　　(B)1.8　　(C)2.0

(2)箭头至避车洞中心线距离(　　)m。

(A)15　　(B)20　　(C)30

(3)避车洞白边宽(　　)cm。

(A)20　　(B)25　　(C)30

(4)箭头长(　　)cm。

(A)60　　(B)70　　(C)80

(5)箭头的尾部宽度(　　)cm。

(A)15　　(B)20　　(C)25

➢试题参考答案

1. 判 断 题

(1)×　　(2)√　　(3)×　　(4)√

2. 选 择 题

(1)A　　(2)B　　(3)C　　(4)C　　(5)B